EBJ 3

HEINZ WESTEN

Unbillige Behinderung von Wettbewerbern durch Verkäufe unter Einstandspreis

AF860532

AUSGESONDERT

PELTZER & RIESENKAMPFF
- Rechtsanwälte -
Niedenau 68 - Tel. 069 / 71 73 66
6000 Frankfurt / Main

Schriften zum Wirtschaftsrecht

Band 56

Unbilligе Behinderung von Wettbewerbern durch Verkäufe unter Einstandspreis

Von

Heinz Westen

DUNCKER & HUMBLOT / BERLIN

CIP-Kurztitelaufnahme der Deutschen Bibliothek

Westen, Heinz:
Unbillige Behinderung von Wettbewerbern durch Verkäufe unter Einstandspreis / von Heinz Westen. — Berlin : Duncker und Humblot, 1987.
(Schriften zum Wirtschaftsrecht ; Bd. 56)
ISBN 3-428-06168-3

NE: GT

Alle Rechte vorbehalten
© 1987 Duncker & Humblot GmbH, Berlin 41
Satz: Hermann Hagedorn GmbH & Co, Berlin 46
Druck: Berliner Buchdruckerei Union GmbH, Berlin 61
Printed in Germany

ISBN 3-428-06168-3

Vorwort des Verfassers

Bei der vorliegenden Untersuchung handelt es sich um eine von der Rechtswissenschaftlichen Fakultät der Ruhr-Universität Bochum angenommene Dissertation. Der Tag der mündlichen Prüfung war der 5. Februar 1986. Die nach diesem Zeitpunkt veröffentlichte Literatur ist bis zum Spätsommer 1986 nach Möglichkeit berücksichtigt worden.

Ich möchte die Gelegenheit nutzen, an dieser Stelle Herrn Prof. Dr. Eberhard Schwark für die wissenschaftliche Betreuung der Arbeit und die zahlreichen Anregungen zu danken. Dank schulde ich auch Herrn Prof. Dr. Rolf Wank, der der Dissertation als Zweitgutachter verständnisvolles Interesse entgegengebracht hat.

Düsseldorf, im Dezember 1986

Heinz Westen

Inhaltsverzeichnis

4. Kapitel

5. Kapitel

Abkürzungsverzeichnis

a. A.	anderer Ansicht
a. a. O.	am angegebenen Ort
a. E.	am Ende
AG	Die Aktiengesellschaft
BB	Der Betriebsberater
BKartA	Bundeskartellamt
BGBl.	Bundesgesetzblatt
BGH	Bundesgerichtshof
BGHZ	Entscheidungen des Bundesgerichtshofes in Zivilsachen
BMWi	Bundesminister(ium) für Wirtschaft
BT	Bundestag
BT-Drs.	Bundestagsdrucksache
BVerfGE	Entscheidungen des Bundesverfassungsgerichts
DB	Der Betrieb
DBW	Die Betriebswirtschaft
FIW	Forschungsinstitut für Wirtschaft und Wettbewerb
FS	Festschrift
FK	Frankfurter Kommentar, Kaufmann-Rautmann-Strickrodt, Kommentar zum GWB, 1958 ff.
GEDELFI	Großeinkaufsgesellschaft deutscher Lebensmittelfilialbetriebe
GFM	Gesellschaft für Marktforschung mbH, Hamburg
GG	Grundgesetz
GK	Müller-Henneberg / Schwartz / Benisch, Gemeinschaftskommentar zum GWB, 4. Aufl. 1982
GRUR	Gewerblicher Rechtschutz und Urheberrecht
GRUR Int.	GRUR – Internationaler Teil
GWB	Gesetz gegen Wettbewerbsbeschränkungen
Halbs.	Halbsatz
HdSW	Beckerath / Bente / Brinkmann (Hrsg.), Handwörterbuch der Sozialwissenschaften, Stuttgart 1956-1968
Hrsg.	Herausgeber
IM	Immenga / Mestmäcker, GWB, Kommentar zum Kartellgesetz, München 1981
JW	Juristische Wochenschrift
JZ	Juristenzeitung
JuS	Juristische Schulung
Kap.	Kapitel
KG	Kammergericht
KK	Zöllner, u. a. (Hrsg.), Kölner Kommentar zum Aktiengesetz
LZ	Lebensmittelzeitung
MA	Der Markenartikel

Münch-Komm	Rebmann / Säcker (Hrsg.), Münchener Kommentar zum Bürgerlichen Gesetzbuch, 2. Aufl.
MuW	Markenschutz und Wettbewerb
m. w. N.	mit weiteren Nachweisen
NJW	Neue Juristische Wochenschrift
OLG	Oberlandesgericht
ORDO	Jahrbuch für die Ordnung der Wirtschaft und Gesellschaft
Rdnr.	Randnummer
RG	Reichsgericht
RGZ	Entscheidungen des Reichsgerichts in Zivilsachen
Tz.	Textziffer
u. a.	unter anderem
UWG	Gesetz gegen den unlauteren Wettbewerb
VVDStRL	Veröffentlichungen der Vereinigung der Deutschen Staatsrechtslehrer
WD	Wirtschaftsdienst, Wirtschaftspolitische Monatsschrift
WiST	Wirtschaftswissenschaftliches Studium
WM	Wertpapiermitteilungen
WRP	Wettbewerb in Recht und Praxis
WuW	Wirtschaft und Wettbewewrb
WuW / E	WuW-Entscheidungssammlung zum Kartellrecht
ZBJV	Zeitschrift des Bernischen Juristenvereins
ZGR	Zeitschrift für Unternehmens- und Gesellschaftsrecht
ZHR	Zeitschrift für das gesamte Handels- und Wirtschaftsrecht
ZRP	Zeitschrift für Rechtspolitik

1. Kapitel

Einführung in die Problematik

„Der Verkauf unter dem Einstandspreis[1] ist nicht das gravierendste aber doch das ärgerlichste und seit Jahren meistdiskutierte wettbewerbspolitische Problem des Einzelhandels[2]". Diese Äußerung des Justitiars der Hauptgemeinschaft des Deutschen Einzelhandels macht deutlich, daß — jedenfalls aus der Sicht des Handels — UEP-Verkäufe neben dem Mißbrauch der Nachfragemacht zu einem Schwerpunktthema der Wettbewerbspolitik geworden sind[3].

Die wettbewerbspolitische Bedeutung dieses Phänomens für den Handel unterstreicht die Tatsache, daß etwa 80 % aller Einzelhandelsbetriebe UEP-Verkäufe durchführen[4], wobei Einstandspreisunterschreitungen von bis zu 30 % nicht außergewöhnlich sind[5].

Wie konnte es zu einer solchen Intensivierung des Preiswettbewerbs — insbesondere im Lebensmittelhandel — kommen? Die eigentlichen Ursachen dürften in der im Lebensmittelhandel am stärksten verbreiteten Distributionsform, dem Selbstbedienungshandel, liegen. Ein kurzer Blick auf die Entwicklung des Selbstbedienungsprinzips und seine Folgen mag dies verdeutlichen. Zu Beginn dieses Jahrhunderts verkaufte der dem Kunden persönlich bekannte Einzelhändler anonyme Waren. Für die Qualität dieser Waren „bürgte" der Einzelhändler. Mit der Einführung und zunehmenden Verbreitung des verbrauchergerecht verpackten Markenartikels trat an die Stelle des Vertrauensverhältnisses zwischen Händler und Verbraucher das Vertrauensverhältnis zwischen Verbraucher und der „Marke"[6]. Nicht mehr der Einzelhändler war aus der Sicht des Kunden der Garant für die Qualität der Waren, sondern die Marke. Da somit für die Kaufentscheidung des Verbrauchers nicht mehr das persönliche

---

1 Im folgenden: UEP-Verkauf.

2 Vgl. HB v. 29. 2. 1982, S. 17.

3 In diesem Sinne auch *Sölter*, HB v. 1./2. 7. 1983, S. 18.

4 So das Ergebnis einer Studie des IFO-Instituts zur Konzentrationsentwicklung im Lebensmitteleinzelhandel; vgl. *Greipl/Würl*, Nahrungsmitteldistribution, S. 234ff.

5 Vgl. auch LKartA Bay WuW/E LKartB 223 ff. „Kaufmarkt"; BKartA WuW/E BKartA 2029ff. „Co op Bremen"; BKartA, Verfügung v. 10. 6. 1983, AZ: B 9 ß 712000 ß T ß 1019/81 „Real-Kauf".

6 Zur Wandlung des Verhältnisses zwischen Händler und Verbraucher, *Stehlin*, Der Wandel des Verkaufssystems..., S. 75; *Schulz-Klingant*, Selbstbedienung, S. 38ff., insbes. S. 46; ebenso *Sölter*, HB v. 1. / 2. 7. 1983, S. 18.

Verhältnis zum Händler ausschlaggebend war, konnte sich eine anonyme Distributionsform, der Selbstbedienungshandel, entwickeln. Dieser Prozeß wurde beschleunigt durch eine quantitative Vergrößerung des Angebots[7]. Da heute eine Ware i. d. R. ihre Qualitätsgarantie in Form des aufgedruckten Markensymbols gewissermaßen „auf der Stirn" trägt, bedarf der Kunde nicht mehr der Beratung durch den Händler. Aus diesem Grund kann im Selbstbedienungshandel auf Service, Beratung etc. weitestgehend verzichtet werden. Dem Verbraucher bleibt daher im wesentlichen nur die Möglichkeit, den Preis eines Produkts bzw. die Preiswürdigkeit des von dem einzelnen Handelsunternehmen angebotenen Gesamtsortiments zum Maßstab für seine Kaufentscheidung zu machen[8]. Die Intensivierung des Preiswettbewerbs erscheint danach als eine notwendige Folge der Entwicklung des anonymen Selbstbedienungshandels.

Für den Wettbewerbs- und Kartellrechtler, dessen Augenmerk sich in der Vergangenheit nahezu ausschließlich auf überhöhte Preise richtete[9], stellt sich die Frage, warum der UEP-Verkauf in zunehmender Weise in ein wettbewerbspolitisch negatives Licht gerückt ist. Diese Fragestellung gewinnt unter zwei Gesichtspunkten besondere Bedeutung. Zum einen gilt als ein besonderer Vorzug der Distribution durch Selbstbedienung deren große Wirtschaftlichkeit[10]. Zum anderen erschien der Preiswettbewerb bisher als das Elixier des Wettbewerbs[11]. Von den Befürwortern eines Verbots von UEP-Verkäufen wird angeführt, derartige Niedrigpreisstrategien seien ein hervorragendes Instrument zur Vermachtung der Märkte[12]. Mittelständische Unternehmen seien von vornherein nicht in der Lage, den extensiven UEP-Strategien der Handelsriesen Paroli zu bieten. Sie müßten daher entweder aus dem Markt ausscheiden[13] oder seien gezwungen, sich zu gegengewichtigen Kooperationsgemeinschaften zusammenzuschließen.

Die Gegner von Beschränkungen des Preiswettbewerbs argumentieren, das Verbot von UEP-Verkäufen habe für den Wettbewerb ausschließlich negative Wirkungen. Eine Untersagung von UEP-Verkäufen ziele weniger auf den Schutz des Wettbewerbs als vielmehr auf die Errichtung von Schutzzäunen für

---

[7] Vgl. insoweit *Mellerowicz*, Die wirtschaftliche Bedeutung der Lockvogelwerbung, MA 1969, S. 43.

[8] Ebenso *Mellerowicz*, a. a. O. (siehe Fn. 7).

[9] *Kramm*, Verlustpreisunterbietung, MA 1983, S. 46.

[10] So auch *Diller*, Markenschädigung durch Untereinstandspreisverkäufe?, MA 1983, S. 52.

[11] Hierzu *Lindacher*, Lockvogel- und Sonderangebote, S. 11, der überzeugend auf wettbewerbsbelebende Wirkungen von Niedrigpreisstrategien hinweist.

[12] So ausdrücklich *Sölter*, a. a. O. (siehe Fn. 3).

[13] Vgl. *Sölter*, a. a. O. (siehe Fn. 3). Ein solcher Wirkungszusammenhang wird jedenfalls von 70 % der Einzelhändler gesehen, die den UEP-Verkäufen den „schwarzen Peter" für die zunehmende Verdrängung von mittelständischen Unternehmen aus dem Markt zuschieben. Hierzu *Andersen*, Lockvogelangebote, S. 101.

solche Unternehmen ab, die dem wettbewerblichen Druck ihrer Konkurrenten nicht mehr gewachsen seien und damit ihre wettbewerbliche Existenzberechtigung verloren hätten[14].

Dieser Streit hat für das Kartellrecht an Bedeutung gewonnen, nachdem sich der Gesetzgeber die negative Einschätzung von UEP-Verkäufen zu eigen gemacht hat und im Rahmen der 4. Kartellnovelle im Jahre 1980 den § 37a Abs. 3 in das GWB eingefügt hat. Diese Vorschrift ermächtigt die Kartellbehörden, einem Unternehmen, das aufgrund seiner gegenüber kleinen und mittleren Wettbewerbern überlegenen Marktmacht in der Lage ist, die Marktverhältnisse wesentlich zu beeinflussen, ein Verhalten zu untersagen, das diese Wettbewerber unmittelbar oder mittelbar unbillig behindert und geeignet ist, den Wettbewerb nachhaltig zu beeinträchtigen. Wenngleich diese Norm als ein an besondere Voraussetzungen geknüpfter allgemeiner Behinderungstatbestand konstruiert ist, so verfolgte der Gesetzgeber mit der Schaffung dieser Vorschrift doch das Ziel, aggressive mittelstandsschädigende Niedrigpreisstrategien zu unterbinden[15]. Diesen Schritt des Gesetzgebers uneingeschränkt zu begrüßen, fällt indes nicht leicht[16]. Selbst die Bundesregierung unterstrich, daß diese Vorschrift unmittelbar am Ufer des „ordnungspolitischen Rubikon" zu einem am einzelnen Unternehmen orientierten Bestandsschutz liegt[17]. Ist man auf der einen Seite aus strukturpolitischen Erwägungen erfreut, daß der Mittelstandsschutz in die Hände der mit wirtschaftspolitischen Ermessensbefugnissen ausgestatteten Kartellbehörden gelegt worden ist[18], so geben doch auf der anderen Seite die von § 37a Abs. 3 GWB eröffneten Eingriffsmöglichkeiten auch Anlaß zu grundsätzlichen Bedenken. Zunächst einmal muß es, geht man vom Prinzip der Wettbewerbsfreiheit aus, verwundern, daß einem Unternehmen von einer Behörde untersagt werden kann, einzelne Produkte unter einem bestimmten Preis zu verkaufen. Werden hierdurch die Kartellbehörden, die eigentlich die „Hüter des freien Wettbewerbs" sein sollten, zu Initiatoren von Wettbewerbsbeschränkungen? Muß eine konsequente Anwendung des § 37a Abs. 3 GWB nicht notwendigerweise zu einem „Zwangspreiskartell" führen? Obwohl diese Fragen schon früher im Rahmen des GWB eine Rolle spielten[19],

---

[14] So etwa *Möschel*, Pressekonzentration..., S. 95ff., 109, der insbesondere auf die wettbewerbshemmenden Wirkungen solcher Untersagungsverfügungen hinweist.

[15] Vgl. Bericht des BT-Ausschusses für Wirtschaft, BT-Drs. VIII/3690, S. 30.

[16] Mit einiger Skepsis gegenüber § 37a Abs. 3, *Markert*, Die Wettbewerberbehinderung im GWB, S. 47; vgl. auch *Ebel*, Vierte Kartellgesetznovelle, DB 1980, S. 1105, 1112.

[17] So die Äußerung des Sprechers der BReg, Staatssekretär *Grüner*, am 28. 2. 1980 vor dem BT; vgl. Stenogr. Berichte, VIII. Wahlperiode, S. 16246.

[18] Vgl. *Lehmann*, Wettbewerbsrecht, Strukturpolitik und Mittelstandsschutz, GRUR 1977, S. 580, 588, der insbesondere aus diesem Grunde das GWB für die Zwecke des Mittelstandsschutzes als besonders geeignet ansieht.

[19] Das KG hat bereits in seiner Entscheidung WuW/E OLG 1767, 1772f. „Kombinationstarif", auf diese Gefahr im Zusammenhang mit der Mißbrauchsaufsicht nach § 22 IV GWB hingewiesen.

sind sie durch die erleichterten Eingriffsvoraussetzungen des § 37a Abs. 3 GWB aktualisiert worden.

Auch die wegen seines mittelstandsschützenden Charakters positive Einschätzung des § 37a Abs. 3 GWB aus strukturpolitischer Sicht erscheint unter wettbewerbstheoretischen Aspekten problematisch. Ausgehend von einem dynamischen Wettbewerbsbegriff, der den Wettbewerb als einen evolutionären, aus Vorstößen einzelner Pionierunternehmen und Verfolgungsaktionen anderer Unternehmen bestehenden Prozeß begreift[20], ist es in besonderem Maße fragwürdig, wenn mit Mitteln des Wettbewerbsrechts bestimmte Marktstrukturen geschützt werden. Gerade wegen des dynamischen Verständnisses von Wettbewerb ist es nicht möglich, optimale wettbewerbssichernde Marktstrukturen zu bestimmen[21]. Sind aber solche kompetitiven Marktstrukturen nicht ex ante definierbar, hat, so ließe sich argumentieren, eine strukturschützende Norm keine wettbewerbssichernde, sondern eine wettbewerbsbeschränkende Funktion. Auf der anderen Seite wird immer wieder darauf hingewiesen, daß mittelständische Unternehmen in besonderem Maße den technischen Fortschritt vorangetrieben haben und daher auch an der Förderung des wirtschaftlichen Wachstums wesentlich beteiligt waren[22]. Gerade im Sinne eines dynamischen Wettbewerbsverständnisses haben danach kleine und mittlere Unternehmen immer wieder zur Belebung des Wettbewerbs beigetragen.

Auch unter einem weiteren wettbewerbspolitischen Aspekt erscheint der Versuch, UEP-Verkäufe mit Hilfe der Kartellbehörden gestützt auf § 37a Abs. 3 GWB zu unterbinden, nicht glücklich. Es läßt sich dagegen nämlich einwenden, die Norm werfe das deutsche Kartellrecht zurück auf den Stand von 1973, weil sie zu Marktergebnissen führe, wie sie bei der Preisbindung der 2. Hand entstehen. Es ließe sich sogar argumentieren, § 37a Abs. 3 GWB habe noch stärkere preisbindende Wirkung, da nunmehr an Stelle der Hersteller staatliche Behörden mit allen ihnen zur Verfügung stehenden Sonderrechten über die Einhaltung der Preisuntergrenzen wachen.

Darüber hinaus könnte es problematisch erscheinen, daß Kartellbehörden die Befugnis haben sollen, mit Hilfe einer Untersagung des Verkaufs unter dem Einstandspreis ein Unternehmen daran zu hindern, Kosten zu erzeugen, die unternehmensintern ausgeglichen werden. Die Kartellbehörden, so wird argumentiert, könnten nicht unterbinden, daß die Unternehmen eine Steigerung des Geschäftserfolges durch Intensivierung der Werbung bewirken und die entste-

---

[20] *Emmerich*, Kooperation im Wettbewerbsrecht, ZGR 1976, S. 167, 172; *Kantzenbach*, Die Funktionsfähigkeit des Wettbewerbs, S. 32; *Hoppmann*, Marktmacht und Wettbewerb, S. 10, 11.

[21] Vgl. nur *Hoppmann*, Workable Competition..., in: FS für *Th. Wessels* z. 65. Geburtstag, S. 145ff.

[22] Vgl. nur beispielhaft *Emmerich*, a.a.O. (siehe Fn. 20), S. 173; ähnlich *Schwark*, Strukturpolitik..., WD 1971, S. 42, 43.

henden Werbekosten unternehmensintern ausgleichen. Da aber UEP-Verkäufe letztlich nur — wenn auch atypische — Werbemaßnahmen seien, dürften auch diese wettbewerblichen Aktivitäten nicht Ansatzpunkt für kartellbehördliche Maßnahmen sein[23].

Losgelöst von strukturpolitischen oder wettbewerbstheoretischen Aspekten scheint § 37a Abs. 3 GWB auch mit Verbraucherinteressen zu kollidieren. Auf den ersten Blick jedenfalls erweckt diese Norm, die es den Kartellbehörden unter erleichterten Voraussetzungen ermöglichen soll, extreme Niedrigpreisstrategien zu unterbinden, den Anschein, verbraucherfeindlich zu sein.

Diese wettbewerbsrechtlichen und wettbewerbspolitischen Bedenken, die gegen die Untersagung von UEP-Verkäufen vorgebracht werden, bieten hinreichend Anlaß zu einer eingehenderen juristischen Auseinandersetzung mit dem Phänomen des UEP-Verkaufs. Zu diesem Zweck wird im folgenden zunächst eine juristisch-funktionale Definition des Einstandspreises erarbeitet, die eine hinreichend präzise Bestimmung von UEP-Verkäufen erlaubt. Daran schließt sich eine Untersuchung der Wirkungen von UEP-Verkäufen auf die Verbraucher, die Wettbewerber und das Aktionsunternehmen an. Auf der Basis dieser rechtstatsächlichen Untersuchung soll dann eine juristische Würdigung der UEP-Verkäufe einsetzen. Dabei wird das UEP-Phänomen zunächst an den Maßstäben des UWG, der SonderveranstaltungsAO und des GWB, in der bis zum Inkrafttreten der Vierten Novelle gültigen Fassung gemessen. Erst in einem weiteren, den Schwerpunkt dieser Arbeit bildenden Abschnitt wird dann zu prüfen sein, inwieweit der 1980 in das GWB eingefügte § 37a Abs. 3 einen wirksameren Schutz gegen konzentrationsfördernde UEP-Strategien eröffnet. Diese Untersuchung wendet sich zunächst den Problemen zu, die mit der Bestimmung des Adressatenkreises einer auf § 37a Abs. 3 GWB gestützten Untersagungsverfügung zusammenhängen. Größeres Gewicht erhält insoweit die Abgrenzung des relevanten Marktes und die Bestimmung kleiner und mittlerer Unternehmen. Im Anschluß daran werden die verschiedenen Formen von UEP-Verkäufen daraufhin überprüft, ob sie die Eingriffsvoraussetzungen der „neuen" Norm erfüllen. Dabei kommt dem Begriff der unbilligen Behinderung zentrale Bedeutung zu. Besonderer Raum wird in diesem Zusammenhang der Prüfung eingeräumt, ob das Konzept des Nichtleistungswettbewerbs für die Bekämpfung von UEP-Strategien fruchtbar gemacht werden kann. Am Ende der Arbeit soll dann mit Hilfe der erarbeiteten Ergebnisse versucht werden, die aufgeworfenen Fragen zu beantworten.

[23] Zu diesem Gedanken *Krause*, FAZ v. 14. 12. 1983, S. 13.

2. Kapitel

Der UEP-Verkauf

A. Der Einstandspreis

Einer Untersuchung des UEP-Phänomens unter kartellrechtlichen Aspekten hat angesichts der bestehenden Unklarheiten eine Eingrenzung des Einstandspreisbegriffes vorauszugehen. Sie ist aus zwei Gründen geboten. Zum einen ist es bis heute nicht gelungen, ein in allen Bereichen einheitliches Begriffsbild zu zeichnen. Zum anderen wird in der einschlägigen Literatur und Rechtsprechung bei der Behandlung des UEP-Phänomens mit unterschiedlichen Formulierungen gearbeitet. So werden die Begriffe Einstandspreis, Einkaufspreis, Fabrikabgabepreis und Selbstkostenpreis oft zur Bezeichnung des gleichen Sachverhalts verwendet. Hier bedarf es einer Differenzierung. Überdies ist die Berechnung des Einstandspreises im Bereich des Handels mit einigen Sonderproblemen behaftet. Diese Zweifelsfragen sind im Anschluß an die allgemeine Begriffsbestimmung zu erörtern.

I. Begriffsbestimmung

Ein von der Rechtsprechung anerkanntes, juristisch greifbares Begriffsbild des Einstandspreises scheint nicht zu existieren. In den überwiegend lauterkeitsrechtlichen Entscheidungen[1] wird der Begriff „Einstandspreis" zwar verwendet; es fehlt jedoch offenbar an einem einheitlichen Begriffsverständnis. Während das OLG Karlsruhe den Einstandspreis als einen „Netto-Netto-Werksabgabepreis einschließlich Mehrwertsteuer" versteht[2], ist der „Verkauf unter Einstandspreis"-Entscheidung des BGH[3] keinerlei Hinweis zu entnehmen, wie dort der Begriff verstanden wird. Ein ähnliches Begriffsverständnis wie das OLG Karlsruhe läßt das OLG Koblenz in seiner „Doornkaat"-Entschei-

---

[1] Vgl. nur BGH GRUR 1960, S. 331 ff. „Schleuderpreise"; BGH GRUR 1968, S. 214 ff. „Einführungsangebot"; OLG Koblenz WRP 1972, S. 265 ff. „Doornkaat"; aus neuerer Zeit BGH WRP 1979, S. 300 ff. „Verkauf unter Einstandspreis"; OLG Karlsruhe GRUR 1983, S. 187 ff. „Asbach Uralt"; BGH WM 1984, S. 65 ff.

[2] Vgl. OLG Karlsruhe, a. a. O. (siehe Fn. 1).

[3] BGH, a. a. O. (siehe Fn. 1).

dung erkennen[4]. Dort ist die Rede von einem „Fabrikabgabepreis“, der als Abgabepreis des Herstellers abzüglich Skonti und Boni sowie eventuell gewährter Naturalrabatte definiert wird. Auch die übrigen Leitentscheidungen zur lauterkeitsrechtlichen Problematik von UEP-Verkäufen[5] geben keinen Aufschluß darüber, wie sich der Einstandspreis zusammensetzt. Dies gilt in gleicher Weise für die ersten Entscheidungen, die UEP-Verkäufe aus der Sicht des § 37a Abs. 3 GWB zum Gegenstand haben[6].

Klarere Ansätze zu einer Definition des Einstandspreises ergeben sich dagegen aus der einschlägigen Literatur. Nach *Baumbach/Hefermehl*[7] ist der Einstandspreis der nackte Gestehungspreis franko Lager, den der Verkäufer aufgewendet hat, um die Ware zu erwerben. Eine ähnliche, jedoch hinsichtlich der Behandlung der Mehrwertsteuer abweichende Definition nimmt *Lindacher* vor[8]. Seiner Meinung nach ist der Einstandspreis der Fabrikabgabepreis einer Ware abzüglich zugestandener Rabatte, Skonti und sonstiger Preisnachlässe, zuzüglich der direkt zurechenbaren sonstigen Erwerbskosten, zuzüglich Mehrwertsteuer. Der Einstandspreis im *Lindacher'schen* Sinne ist mithin ein Bruttoeinstandspreis. Für das Abstellen auf den Bruttopreis führt *Lindacher* Praktikabilitätsgesichtspunkte an. Der Wiederverkaufspreis weise die Mehrwertsteuer nicht gesondert aus, daher sei nur ein Vergleich mit dem Bruttoeinstandspreis hinreichend praktikabel[9]. Dieses Praktikabilitätsargument wiegt jedoch nicht sonderlich schwer, da der Nettoeinstandspreis mit Hilfe einfacher arithmetischer Operationen ohne größeren Aufwand ermittelt werden kann. Gegen das Abstellen auf den Bruttoeinstandspreis spricht entscheidend dessen mangelnde Exaktheit. Es ist nämlich zu berücksichtigen, daß bei einem Wiederverkaufspreis, der unter dem Einstandspreis liegt, der Vorsteuerabzug höher ist als die zu entrichtende Mehrwertsteuer. Damit entsteht zugunsten des Steuerpflichtigen ein entsprechender Erstattungsanspruch[10], der zu einer Minderung des Brutto-

[4] OLG Koblenz, a.a.O. (siehe Fn. 1), S. 266; allerdings werden dort die Begriffe „Einstandspreis“ und „Einkaufspreis“ synonym verwendet.

[5] Vgl. BGH GRUR 1970, S. 33ff. „Lockvogel-Angebot“; BGH GRUR 1978, S. 649ff. „Elbe-Markt“; BGH GRUR 1978, S. 652ff. „Mini-Preis“; BGH GRUR 1979, S. 116ff. „Der Superhit“.

[6] OLG München BB 1983, S. 1556ff. = WuW/E OLG 2942ff. „Kaufmarkt“; vgl. auch die bestätigende Entscheidung des BGH WuW/E BGH 2073ff. „Kaufmarkt“.

[7] *Baumbach/Hefermehl*, UWG, § 3 Rdnr. 309; ebenso *Lehmann*, Verkauf unter Einstandspreis und Lockvogelwerbung, GRUR Int. 1977, S. 136 Fn. 13.

[8] *Lindacher*, Lockvogel- und Sonderangebote, S. 34.

[9] *Lindacher*, a.a.O. (siehe Fn. 8), S. 34 Fn. 129.

[10] Selbst *Lindacher*, a.a.O. (siehe Fn. 9), weist auf diesen Gesichtspunkt hin, ohne allerdings Konsequenzen daraus zu ziehen. Auch *Mellerowicz*, Die wirtschaftliche Bedeutung der Lockvogelwerbung, MA 1969, S. 43, 46 Fn. 6 hebt die Problematik des Bruttoeinstandspreises besonders hervor. Ähnlich BGH WuW/E BGH 2073, 2075; vgl. auch *Möschel*, Anforderungen an eine kartellbehördliche Mißbrauchsverfügung, BB 1986, S. 1785, 1792.

einstandspreises führen muß. Deshalb erscheint es unumgänglich, den Einstandspreis als Netto-Preis zu definieren[11].

Auch den Wirtschaftswissenschaften ist es bisher nicht gelungen, eine in allen Punkten einheitliche Definition des Einstandspreises zu erarbeiten. Einigkeit besteht offenbar nur insoweit, als der Einstandspreis den korrigierten, und zwar um die anfallenden Warenbezugskosten erweiterten Einkaufspreis darstellt[12]. Ganz überwiegend wird in der betriebswirtschaftlichen Literatur die Auffassung vertreten, daß bei der Ermittlung des Einstandspreises die direkt zurechenbaren Bezugskosten, wie etwa Speditionsgebühren, Zölle, Einkaufsprovisionen, Verpackungs- sowie Versicherungskosten dem Wareneinkaufspreis zuzuschlagen sind[13]. *Mellerowicz* schlägt darüber hinaus vor, zur Ermittlung des Einstandspreises vom Warenpreis alle Rabatte, Skonti und sonstigen Preisnachlässe abzuziehen[14]. Werden diese verschiedenen Definitionsansätze jedoch miteinander kombiniert, so läßt sich in Übereinstimmung mit *Schneider*[15] eine für den Kernbereich des Einstandspreisbegriffes konsensfähige Definition aufstellen: Der Einstandspreis entspricht dem Warenpreis, d.h. dem Listenpreis des Lieferanten, abzüglich zurechenbarer, d.h. artikelbezogener Rabatte, Skonti und sonstiger Preisnachlässe zuzüglich zurechenbarer Bezugskosten[16]. Klarzustellen ist noch einmal, daß der aufgrund dieses Schemas zu ermittelnde Einstandspreis ein Netto-Einstandspreis ist.

Fraglich erscheint jedoch, ob der so definierte Einstandspreis auch für die besonderen Zwecke des Kartellrechts geeignet ist. Im Rahmen einer auf § 37a Abs. 3 GWB gestützten Untersagungsverfügung soll er eine „Preisschwelle" bilden, deren Unterschreitung eine unbillige Behinderung darstellt. Eine solche Verfügung könnte etwa lauten: Dem Unternehmen X wird untersagt, Artikel aus dem Warenbereich A unter dem jeweiligen Einstandspreis zu verkaufen[17]. Dies macht es erforderlich, daß der Einstandspreis einer Ware von dem betroffenen Unternehmen jederzeit exakt ermittelt werden kann. Denn der öffentlich-rechtliche Bestimmtheitsgrundsatz[18] zwingt dazu, die in einem

---

[11] I. E. ebenso OLG Koblenz WRP 1972, S. 265, 266; so auch *Schneider*, Karl-Heinz, Preisstellung unter Einstandspreis, S. 29f., der aufgrund betriebswirtschaftlicher Überlegungen zum gleichen Ergebnis kommt; a.A. allerdings ohne nähere Begründung OLG Karlsruhe GRUR 1983, S. 187 „Asbach Uralt".

[12] Zu dieser allgemeinen Formulierung *Werner*, Kalkulationen, S. 212.

[13] Vgl. *Sundhoff*, Die Handelsspanne, S. 172; *Schneider*, Jochen, Die Kostenrechnung im Lebensmitteleinzelhandel, S. 14; *Kilger*, Einführung in die Kostenrechnung, S. 83.

[14] *Mellerowicz*, Verbot der Lockvogelwerbung, S. 340.

[15] *Schneider*, a.a.O. (siehe Fn. 11), S. 28.

[16] Auch *Ahlert*, Die besondere Problematik der Untereinstandspreispolitik, S. 10 Fn. 15, hält dieses Berechnungsschema für konsensfähig.

[17] Vgl. den Tenor der Untersagungsverfügung „Co op Bremen", WuW/E BKartA 2029.

[18] Vgl. § 37 VwVfG.

Verwaltungsakt getroffene Regelung so klar, vollständig und unzweideutig zu formulieren, daß die Beteiligten ihr Verhalten danach richten können[19]. Diesen Bestimmtheitserfordernissen genügt der genannte Einstandspreisbegriff. Das betroffene Unternehmen kann mit Hilfe des Berechnungsschemas den Einstandspreis und damit die „Preisschwelle" für einen bestimmten Artikel leicht ermitteln. Auch aus juristischer Sicht bestehen daher gegen diese Definition des Einstandspreises keine durchgreifenden Bedenken.

II. Terminologische Abgrenzung

Im Zusammenhang mit der lauterkeitsrechtlichen Problematik von Niedrigpreis- bzw. UEP-Strategien hat die Rechtsprechung in der Vergangenheit häufig nicht auf den Einstands-, sondern auf den Fabrikabgabepreis abgestellt[20]. Offenbar ist dies allein auf die erleichterte Feststellbarkeit des Fabrikabgabepreises zurückzuführen; denn der Fabrikabgabepreis ist letztlich identisch mit dem Listenpreis des Herstellers bzw. des Lieferanten. Soweit in der Judikatur vom „absolut niedrigst-möglichen Fabrikabgabepreis"[21] die Rede ist, ist damit der Warenpreis abzüglich aller möglichen Rabatte, Skonti und sonstiger Preisnachlässe gemeint. Das Abstellen auf den Fabrikabgabepreis hat den Nachteil, daß die dem Erwerber entstehenden Warenbezugskosten aus der Betrachtung herausfallen. Der Fabrikabgabepreis liegt daher in der Regel unter dem Einstandspreis und erreicht dessen Niveau nur dann, wenn dem Erwerber Warenbezugskosten nicht entstehen. Eine Unterschreitung des Fabrikabgabepreises stellt daher immer eine Unterschreitung des Einstandspreises dar.

Beim Einkaufspreis handelt es sich um eine Preisstellung, die dem Warenpreis abzüglich zurechenbarer Rabatte, Skonti und sonstiger Preisnachlässe entspricht[22]. Auch der Einkaufspreis liegt daher unter bzw. auf dem Niveau des Einstandspreises, wenn Warenbezugskosten nicht entstehen.

Schließlich muß der UEP-Verkauf noch vom Verkauf unter Selbstkosten bzw. vom sog. Verlustverkauf unterschieden werden. Die Selbstkosten eines Unternehmens bezogen auf einen bestimmten Artikel sind dadurch zu ermitteln, daß neben den Wareneinstandskosten die dem Unternehmen entstehenden Handlungskosten berücksichtigt werden müssen[23]. Nach *Mellerowicz*[24] sollen

---

[19] *Kopp*, VwVfG, § 37 Rdnr. 4; *Obermayer*, VwVfG, § 37 Rdnr. 10; OVG Münster OVGE 13, S. 182, 184; Bay. VGH NJW 1982, S. 2571. Vgl. auch *Kirchhof*, Die Bestimmtheit von Ermächtigungsgrundlage und Inhalt eines Verwaltungsaktes, ZHR 150 (1986), S. 303, 312.

[20] Vgl. nur OLG Karlsruhe GRUR 1983, S. 187ff. „Asbach Uralt".

[21] OLG Koblenz WRP 1976, S. 265.

[22] Vgl. *Schneider*, a.a.O. (siehe Fn. 11), S. 29.

[23] Hierzu *Schneider*, a.a.O. (siehe Fn. 11), S. 31.

[24] *Mellerowicz*, a.a.O. (siehe Fn. 14).

die Selbstkosten in der Weise festgestellt werden, daß dem Einstandspreis Lagerungskosten, Verwaltungskosten und Vertriebskosten zugeschlagen werden. Dieses auf den ersten Blick recht einfache Berechnungsschema ist jedoch für Handelsbetriebe kaum praktikabel. Bei Unternehmen dieser Wirtschaftsstufe ist die Kostenstruktur typischerweise so ausgestaltet, daß eine verursachungsgerechte Verteilung der Kosten auf die einzelnen Artikel ausgeschlossen ist[25]. Der Anteil der nicht zurechenbaren fixen Kosten an den Handlungskosten ist sehr hoch[26]. Aufgrund dieser Gegebenheiten erscheint in der Betriebswirtschaft eine exakte objektive Bestimmung der Selbstkosten nicht möglich[27]. Entgegen *Sack*[28] kann die Unterschreitung der Selbstkostengrenze daher auch aus juristischer Sicht nicht zum Maßstab für die wettbewerbs- und kartellrechtliche Beurteilung von Niedrigpreisstrategien gemacht werden.

III. Einzelprobleme

Da die hier vertretene Definition des Einstandspreises zunächst nur den Kernbereich des Begriffes erfaßt, können in der Praxis hinsichtlich bestimmter Einzelfragen Berechnungsprobleme entstehen. Einige dieser Problemfälle sollen im folgenden behandelt werden.

1. Kartellrechtswidrige Preisnachlässe

Oftmals gelingt es einem Großabnehmer beim Hersteller bzw. Lieferanten unter Verstoß gegen § 26 Abs. 2, Abs. 3 GWB Preisnachlässe zu erzielen. Hier stellt sich die Frage, ob diese Preisnachlässe entsprechend dem oben aufgestellten Berechnungsschema zur Ermittlung des Einstandspreises vom Warenpreis abzuziehen sind. Gegen eine einstandspreismindernde Berücksichtigung solcher Preisnachlässe ließe sich anführen, ein Verstoß gegen zwingende Vorschriften des GWB dürfe keinem Unternehmen zum Vorteil gereichen. Würden nämlich unter Verstoß gegen das GWB erzielte Preisnachlässe vom Warenpreis abgezogen, so läge der Einstandspreis auf einem entsprechend niedrigeren Niveau und ein UEP-Verkauf wäre dann möglicherweise nicht mehr feststellbar. Die bayerische Landeskartellbehörde hat in ihrer auf § 37a Abs. 3 gestützten

---

25 Vgl. insbesondere *Hecker*, Kurzfristige Erfolgsrechnung, S. 65; *Schneider*, a.a.O. (siehe Fn. 11), S. 31.

26 *Hecker*, a.a.O. (siehe Fn. 25), geht davon aus, daß der Anteil der nicht zurechenbaren fixen Kosten an den Handlungskosten ca. 70 % beträgt.

27 Ebenso *Deppe*, Selbstkosten, in: *Fikentscher*, Die Preisunterbietung im Wettbewerbsrecht, S. 85, 114; *Lorenz*, Lockvogel- und Sonderangebote, GRUR 1976, S. 512, 514; *Marquard*, Verkäufe unter Einstandspreis, S. 12.

28 *Sack*, Der Verkauf unter Selbstkosten im Einzelhandel, WRP 1983, S. 70f.

„Kaufmarkt"-Verfügung[29] die Auffassung vertreten, unter Verstoß gegen § 26 Abs. 2, Abs. 3 GWB erzielte bzw. gewährte Preisnachlässe dürften nicht einstandspreismindernd berücksichtigt werden, da die Weitergabe solcher Preisnachlässe selbst eine unbillige Behinderung i.S.d. § 37a Abs. 3 GWB darstelle. Wenngleich diese Auffassung den Vorzug hat, das Einkaufskonditionengefälle zwischen den Abnehmern kleinerer Mengen auf der einen Seite und den Großabnehmern auf der anderen Seite zu entschärfen, so scheint sie doch aus folgenden Gründen nicht haltbar.

Bei der Bestimmung des Einstandspreises dürfen dessen besondere Funktionen im Rahmen des § 37a Abs. 3 GWB nicht unberücksichtigt bleiben. Der Einstandspreis soll zum einen eine materiell-rechtliche Bedeutung insoweit haben, als er möglicherweise Indiz für die Unbilligkeit eines wettbewerblichen Verhaltens sein kann. Überdies hat der Einstandspreis, darauf wurde bereits in einem anderen Zusammenhang hingewiesen[30], im Rahmen einer Untersagungsverfügung die Funktion einer „Preisschwelle". Insoweit unterliegt er dem öffentlich-rechtlichen Bestimmtheitsgrundsatz. Dessen Anforderungen kann der Einstandspreis aber kaum erfüllen, wenn er, so wie es das LKartA Bay erstrebt[31], von einem relativ klaren betriebswirtschaftlichen Gerippe gelöst und mit normativen Elementen angereichert wird[32]. Da derartige normativ zu bestimmende Begriffe im jeweiligen Einzelfall nicht mit hinreichender Exaktheit abzugrenzen sind, fehlt es dem vom LKartA Bay vorgeschlagenen normativen Einstandspreis an der notwendigen Konturenschärfe. Das betroffene Unternehmen, seine Wettbewerber und die Kartellbehörden werden bei der Frage, ob der in Rede stehende Preisnachlaß unter Verstoß gegen § 26 Abs. 2 Abs. 3 GWB erzielt worden ist oder nicht, in vielen Fällen zu unterschiedlichen Ergebnissen und damit notwendigerweise zu verschiedenen Einstandspreisen gelangen. Aus diesem Grunde scheint es unter rechtsstaatlichen Aspekten zwingend geboten, den Begriff des Einstandspreises an seine betriebswirtschaftlich feststellbare Grundlage zu binden und ihn nicht mit normativen Elementen zu verwässern. Bei der Berechnung des Einstandspreises sind deshalb auch kartellrechtswidrig erzielte Preisnachlässe vom Wareneinkaufspreis abzuziehen.

Ein anderes Ergebnis läßt sich auch nicht aus der indiziellen Funktion des Einstandspreises für das Merkmal der unbilligen Behinderung in § 37a Abs. 3 GWB herleiten. Zwar führt die einstandspreismindernde Berücksichtigung kartellrechtswidriger Preisnachlässe dazu, daß beim Verkauf eines bestimmten

---

[29] LKartA Bay, Verfügung v. 14. 5. 1982, AZ: 5558b — IV/6c — 24075 = WuW/E LKartB 223, 229 „Kaufmarkt".

[30] S.o. 2. Kap. A I.

[31] LKartA Bay, a.a.O. (siehe Fn. 29).

[32] Ebenso OLG München BB 1983, S. 1556, 1557, mit insoweit zustimmender Anmerkung von *Markert*; nunmehr auch BGH WuW/E BGH 2073, 2075 „Kaufmarkt"; einschränkend *Kirchhof*, a.a.O. (siehe Fn. 19), S. 316.

Artikels im Einzelfall eine Einstandspreisunterschreitung nicht festgestellt werden kann. Das bedeutet aber nicht die kartellrechtliche Unbedenklichkeit dieser wettbewerblichen Maßnahme. Vielmehr wird die Kartellbehörde in diesen Fällen zu prüfen haben, ob der Verkauf eines Artikels zum oder gar über dem Einstandspreis nicht unter dem Gesichtspunkt der Weitergabe kartellrechtswidrig erzielter Preisnachlässe als unbillige Behinderung i.S.d. § 37a Abs. 3 GWB zu bewerten ist. Ein Festhalten an dem betriebswirtschaftlichen Einstandspreisbegriff führt daher nicht zu einer, vom Gesetzgeber kaum erwünschten, restriktiven Anwendung des § 37a Abs. 3 GWB und damit zu einer Begünstigung solcher Unternehmen, die aufgrund ihrer Nachfragestärke kartellrechtswidrig günstigere Einkaufskonditionen als ihre mittelständischen Wettbewerber erzielen. Vielmehr steht den Kartellbehörden das Instrumentarium des § 37a Abs. 3 GWB auch in diesen Fällen, wenn auch nicht unter dem Gesichtspunkt des UEP-Verkaufs, uneingeschränkt offen[33].

2. Aktionsrabatte

Probleme bei der Bestimmung des Einstandspreises bereiten auch die sog. Aktionsrabatte. Darunter sind solche Preisnachlässe zu verstehen, die einem Abnehmer gewährt werden, damit dieser einen bestimmten Artikel des Herstellers besonders herausstellt bzw. für diesen Artikel in besonderem Maße Werbung betreibt. Es fragt sich, ob solche Rabatte vom Wareneinkaufspreis abzuziehen sind und somit den Einstandspreis mindern.

Das Bundeskartellamt hat in seiner „Co op Bremen"-Verfügung die Auffassung vertreten, Aktionsrabatte seien vom Wareneinkaufspreis abzuziehen[34]. Begründen läßt sich die Auffassung aus juristischer Sicht mit der einzelartikelbezogenen Wirkung solcher Rabatte und der häufig vertraglichen Verknüpfung von Wareneinkauf und Rabattgewährung. Diese einstandspreismindernde Berücksichtigung von Aktionsrabatten erscheint jedoch unter betriebswirtschaftlichen Aspekten bedenklich. Aktionsrabatte haben ihren Bezugspunkt nicht im Einkauf eines Produktes, sondern im Vertrieb der Ware. Betriebswirtschaftlich gesehen tragen solche Preisnachlässe nicht zu einer Senkung der Warengestehungs-, sondern zu einer Minderung der Warenvertriebskosten bei[35]. Aktionsrabatte stellen nur scheinbar einen Preisnachlaß für die bezogene Ware dar. Richtigerweise ist dieser Rabatt vielmehr eine besondere zweckge-

---

[33] Gerade wenn man zusammen mit dem LKartA Bay, a.a.O. (siehe Fn. 29), die Auffassung vertritt, die Weitergabe kartellrechtswidriger Preisnachlässe stelle selbst eine unbillige Behinderung i.S.d. § 37a Abs. 3 GWB dar, besteht kein Anlaß, den Einstandspreis von normativen Elementen abhängig zu machen.

[34] WuW/E BKartA 2029, 2030 „Co op Bremen"; noch weiter die Einstandspreisdefinition im Massa-Verfahren, BKartA, Pressemitteilung an die Agenturen v. 3. 10. 1985.

[35] So auch *Gaedertz*, WRP 1972, S. 267.

bundene finanzielle Zuwendung des Herstellers, den man eher als „Werbezuschuß“ bezeichnen kann und der lediglich aus Praktikabilitätsgründen in der Form eines Rabattes gewährt wird[36]. Diese betriebswirtschaftliche Einschätzung von „Aktionsrabatten“ beeinflußt auch deren juristische Würdigung im Rahmen der Einstandspreisberechnung. Wegen der vertriebskostensenkenden Zielrichtung können „Aktionsrabatte“ auch aus juristischer Sicht nicht als echte Kaufpreisnachlässe betrachtet werden. Der rein formale Hinweis auf die vertragliche Vereinbarung des verminderten Kaufpreises hat demgegenüber kein entscheidendes Gewicht. Dies wird besonders deutlich, wenn man bedenkt, daß die Vertragsparteien an Stelle einer Kaufpreisminderung auch eine vom Veräußerer zu finanzierende und vom Erwerber durchzuführende Werbeaktion hätten vereinbaren können. In diesem Fall hat die Finanzierung der Werbeaktion auch aus juristischer Sicht unter keinen Umständen einstandspreismindernden Charakter. Die juristische Würdigung von Werbekostenzuschüssen kann aber letztlich nicht von der rechtlichen Konstruktion ihrer Gewährung abhängig sein. Deshalb ist es geboten, den verminderten Kaufpreis juristisch als einen Verrechnungssaldo aus dem tatsächlichen Kaufpreis und dem Werbekostenzuschuß des Veräußerers zu betrachten. Mithin können sog. „Aktionsrabatte“ auch aus juristischer Sicht den Einstandspreis nicht mindern.

3. Gesamtumsatzrabatte

Gewisse Probleme bei der Einstandspreisberechnung bereiten solche Preisnachlässe, die nicht für die Abnahme einer bestimmten Menge eines einzelnen Artikels, sondern gemeinsam für mehrere Produkte gewährt werden[37]. Beispielhaft soll hier auf solche Preisnachlässe hingewiesen werden, die einem Unternehmen in Abhängigkeit von dem getätigten Umsatz bezogen auf die gesamte Produktpalette des Lieferanten eingeräumt werden. Wird das Umsatzziel von einem Abnehmer dadurch erreicht, daß nur einige Artikel in großen Mengen abgenommen werden, andere Produkte dagegen nur eine untergeordnete Rolle spielen[38], so stellt sich die Frage, ob der Gesamtpreisnachlaß auf die gesamte Artikelgruppe angerechnet werden oder eine anteilige Zurechnung des Preisnachlasses erfolgen muß. Problematisch ist die Behandlung solcher Rabatte bei der Einstandspreisberechnung deshalb, weil zwar jeder einzelne abgenommene Artikel einen Anteil an der Gewährung des Preisnachlasses hat, es aber keine betriebswirtschaftlich anerkannten theoretischen Ansätze gibt, den konkreten Anteil eines einzelnen Artikels am Gesamtrabatt zu bestimmen[39]. Die Rechtsprechung hat die Frage, ob und ggf. wie diese Preisnachlässe bei der

---

36 Hierzu *Gaedertz*, a.a.O. (siehe Fn. 35).

37 Vgl. *Riebel*, Deckungsbeitragsrechnung im Handel, S. 438.

38 Zu diesem Fallbeispiel *Schneider*, Karl-Heinz, Die Preisstellung unter Einstandspreis, S. 26f.

39 *Schneider*, a.a.O. (siehe Fn. 38).

Einstandspreisermittlung zu berücksichtigen sind, bisher nicht entschieden. Die Auffassung des BKartA ist nicht ganz eindeutig. In der „Co op Bremen"-Verfügung hat die Kartellbehörde umsatzbezogene Vergütungen vom Wareneinkaufspreis abgezogen[40], ohne jedoch näher darzulegen[41], ob damit Gesamtumsatzrabatte oder nur solche Nachlässe gemeint sind, die von der Abnahme des konkreten Artikels abhängen.

Bei der Frage, wie Gesamtumsatzrabatte bei der Einstandspreisberechnung zu behandeln sind, muß besonderes Gewicht auf den Charakter des Rabattes gelegt werden, den der Lieferant ohne Rücksicht auf die Abnahmemengen einzelner Artikel für einen bestimmten Gesamtumsatz gewährt. Würde man den Preisnachlaß anteilig zurechnen, so würde der Rabatt seinen spezifischen Charakter als Gesamtpreisnachlaß verlieren. Diese Besonderheit des Gesamtumsatzrabattes schließt daher eine anteilige Berücksichtigung aus.

4. Bezugskosten

Die Behandlung von Einzelproblemen bei der Berechnung des Einstandspreises soll mit einem kurzen Blick auf die Problematik der grundsätzlich einstandspreissteigernden[42] Bezugskosten abgeschlossen werden. Hier können in der Praxis gewisse Schwierigkeiten auftreten, da jede Warenlieferung regelmäßig verschiedene Artikel in unterschiedlicher Menge enthält. Die durch die Warenlieferung entstandenen Kosten können dem Wareneinkaufspreis eines einzelnen Artikels nur insoweit zugerechnet werden, als sie streng wert- oder mengenproportional entstehen[43].

All diese Einzelprobleme bei der Einstandspreisberechnung machen deutlich, daß der Einstandspreis weder aus betriebswirtschaftlicher noch aus juristischer Sicht eine bis in alle Einzelheiten ausdifferenzierte Größe darstellt. Allerdings erscheinen die noch ungeklärten Fragen des Einstandspreises nicht derart problematisch, daß der Begriff eine Indikatorrolle im Rahmen des § 37a Abs. 3 GWB nicht übernehmen könnte.

B. Arten von UEP-Verkäufen

Nachdem der Einstandspreis in seinem begrifflichen Inhalt fixiert wurde, soll im folgenden kurz auf die verschiedenen Erscheinungsformen von UEP-Verkäufen eingegangen werden.

---

40 WuW/E BKartA 2029 „Co op Bremen".

41 Auch in den nichtveröffentlichten Teilen der Untersagungsverfügung „Co op Bremen", AZ: BKartA B 9 — 712000 — T — 1019/81 findet sich kein entsprechender Hinweis.

42 Ebenso auch *Kilger*, Einführung in die Kostenrechnung, S. 83.

43 *Riebel*, Deckungsbeitragsrechnung im Handel, S. 422; ebenso *Schneider*, a.a.O. (siehe Fn. 38), S. 28.

I. Offensiver UEP-Verkauf

In diesem Zusammenhang ist zunächst auf die im Brennpunkt der wettbewerbs- und kartellrechtlichen Diskussion stehende Erscheinungsform der Niedrigpreisstrategie[44], den offensiven UEP-Verkauf, einzugehen. Offensive Verlustpreisstrategien haben in der Geschichte des Wettbewerbsrechts immer eine besondere Rolle gespielt. Insbesondere in Phasen konjunktureller Stagnation, wie etwa in den Zwanziger und Dreißiger Jahren[45], ist die Verschärfung des Preiswettbewerbs zunehmend in den Mittelpunkt der wettbewerbsrechtlichen Diskussion, wenn auch mehr unter lauterkeitsrechtlichen Aspekten, gerückt worden[46]. Bereits im Jahre 1933 hat Franz *Böhm*[47] den offensiven UEP-Verkauf als offensive Verlustpreisunterbietung beschrieben. *Böhm* verstand darunter die Verlustpreisstrategie eines Wettbewerbers mit dem Ziel, seinen Konkurrenten möglichst viele Kunden zu entführen. In ähnlicher Weise wird der offensive UEP-Verkauf auch heute noch beschrieben. Offensiver Charakter wird einem UEP-Verkauf dann beigemessen, wenn ein Unternehmen mit dem UEP-Verkauf eines Artikels das Ziel verfolgt, neue Kunden anzulocken und sie zu umfangreichen Käufen auch des übrigen, normal kalkulierten Sortiments zu „verleiten“[48]. Für den offensiven UEP-Verkauf ist der Aktionscharakter kennzeichnend[49]. Der Händler reagiert nicht auf die Wettbewerber bzw. auf die Marktsituation, sondern ergreift aufgrund einer autonomen Entscheidung die Initiative, um das Verhalten der Marktgegenseite in einer für ihn positiven Weise zu beeinflussen[50]. Dabei liegt das besondere Interesse des offensive UEP-Verkäufe durchführenden Unternehmens nicht im Verkauf der UEP angebotenen Artikel, sondern im Verkauf derjenigen Artikel, die der durch UEP-Offerten angelockte Verbraucher beim Besuch der Einkaufsstätte „zusätzlich“ erwirbt[51]. Die UEP angebotenen Waren dienen dem Unternehmen bei offensiven Niedrigpreisaktionen letztlich nur als Lockvögel; deren (Verlust-)Verkauf

---

[44] Vgl. insoweit auch die Untersagungsverfügung des BKartA WuW/E BKartA 2029 ff. „Co op Bremen“, die sich letztlich nur auf offensive UEP-Verkäufe der Betroffenen bezieht; ebenso *Marquard*, Verkäufe unter Einstandspreis, S. 17.

[45] In diesem Zusammenhang ist an den bekannten „Benrather Tankstellenfall“, RGZ 134, S. 342 ff. zu erinnern.

[46] Hierzu *Nipperdey*, Wettbewerb und Existenzvernichtung, 1933.

[47] *Böhm*, Wettbewerb und Monopolkampf, S. 297 f.

[48] In diesem Sinne wird der Begriff verstanden von *Diller / Schneider*, Die Wirkung von Verkäufen unter Einstandspreisen, WRP 1981, S. 243, 247; *Schneider*, Karl-Heinz, Die Preisstellung unter Einstandspreis, S. 35.

[49] *Lehmann*, Verkauf unter Einstandspreis und Lockvogelwerbung, GRUR Int. 1977, S. 135, 138.

[50] Ebenso *Marquard*, a.a.O. (siehe Fn. 44); *Ahlert*, Die besondere Problematik der UEP-Politik, S. 86.

[51] Hierauf weist auch *Marquard*, a.a.O. (siehe Fn. 44), zutreffend hin.

nimmt das Unternehmen zwangsläufig hin im Hinblick auf eine Steigerung des Ertrages des Gesamtsortimentes[52].

Offensive UEP-Verkäufe sind nicht beschränkt auf bestimmte Branchen bzw. Vertriebsformen des Handels. Jedoch haben sie ihre größte Bedeutung, wie die zahlreichen Entscheidungen[53] und die ersten auf § 37a Abs. 3 GWB gestützten Verfügungen der Kartellbehörden[54] anschaulich zeigen, im Bereich des Lebensmittelhandels. In dieser Branche hat der offensive UEP-Verkauf insbesondere deshalb so große Verbreitung gefunden[55], weil hier, initiiert durch finanzstarke Großunternehmen mit einem breiten Warensortiment, der Preis zunehmend in den Mittelpunkt der absatzpolitischen Bemühungen gerückt ist[56].

II. Defensiver UEP-Verkauf

Vom offensiven UEP-Verkauf ist die defensive Form zu unterscheiden. Ein defensiver UEP-Verkauf liegt vor, wenn ein Unternehmen in eine Niedrigpreisaktion eines Wettbewerbers aus wettbewerblichen Gründen „einsteigt". Ein solcher defensiver UEP-Verkauf hat Abwehrcharakter; sein Ziel ist die Erhaltung, nicht die Vergrößerung des Marktanteils[57].

III. Neutraler UEP-Verkauf

Letztlich ist noch auf eine dritte Erscheinungsform des UEP-Verkaufs[58] hinzuweisen, den neutralen UEP-Verkauf. Im Gegensatz zu den beiden vorgenannten Varianten dieser Niedrigpreisstrategie, mit denen ein Unternehmen bestimmte Ziele im Hinblick auf den Marktanteil verfolgt, ist der neutrale UEP-Verkauf von der Zielsetzung des Unternehmens her marktanteilsneutral. Im Vordergrund stehen vielmehr unternehmensinterne Gesichtspunkte. Der neutrale UEP-Verkauf ist im Gegensatz zu den marktanteilsbezogenen Erscheinungsformen auch dadurch gekennzeichnet, daß es dem UEP-verkaufenden

---

[52] Vgl. nur *Mellerowicz*, Die wirtschaftliche Bedeutung der Lockvogelwerbung, MA 1969, S. 43, 45.

[53] Vgl. nur die in Fn. 1 angeführte Rechtsprechung.

[54] S.o. Fn. 17, 29.

[55] Zwar haben bei einer im Februar 1978 durchgeführten Umfrage nur 52 % der befragten Händler zugestanden, selbst UEP-Verkäufe durchzuführen. Diese Zahl gibt die tatsächliche Verbreitung von UEP-Verkäufen aber kaum zutreffend wieder. Hierzu *Andersen*, Lockvogelangebote, WRP 1978, S. 427, 431.

[56] Ebenso *Marquard*, a.a.O. (siehe Fn. 44).

[57] Vgl. *Schneider*, a.a.O. (siehe Fn. 48); *Diller/Schneider*, a.a.O. (siehe Fn. 48); *Marquard*, a.a.O. (siehe Fn. 44), S. 14.

[58] Die bisherigen Veröffentlichungen unterscheiden nur zwei Arten von UEP-Verkäufen, die offensive und die defensive Variante. Lediglich *Marquard*, a.a.O. (siehe Fn. 57), deutet eine dritte Form an.

Unternehmen hier tatsächlich darauf ankommt, den preisgünstig angebotenen Artikel selbst abzusetzen. Die preisgünstig angebotenen Produkte haben hier keinen Lockvogelcharakter im Hinblick auf das Restsortiment. Zu den neutralen UEP-Verkäufen zählen daher z. B. die „Notverkäufe“ leicht verderblicher oder solcher Waren, die sich mit zunehmender Lagerungsdauer qualitativ verschlechtern oder modischen Veränderungen unterliegen. Auch der UEP-Verkauf technischer Geräte, die nicht mehr dem neuesten Stand der Technik entsprechen, ist hier zu nennen[59]. Gleiches gilt für die geschäftsbezogenen Verkäufe i. S. d. §§ 7, 7a, 9, 9a UWG.

---

[59] Zu derartig motivierten UEP-Verkäufen *Mellerowicz*, a. a. O. (siehe Fn.52), S. 46.

3. Kapitel

Wirkungen von UEP-Verkäufen

Die Untersuchung der wettbewerblichen Wirkungen von UEP-Verkäufen hat für die im Mittelpunkt dieser Arbeit stehende kartellrechtliche Beurteilung des Phänomens entscheidende Bedeutung. Nur wenn UEP-Verkäufe den Gesamtwettbewerb beeinträchtigen, können sie das Objekt kartellrechtlicher Maßnahmen sein. Gerade die Feststellung solcher für den Wettbewerb negativen Wirkungen von UEP-Verkäufen scheint aber besonders problematisch zu sein. Ausgehend von einem dynamischen Wettbewerbsbegriff lassen sich diesen Niedrigpreisaktionen nämlich auf den ersten Blick nur positive Seiten abgewinnen. UEP-verkaufende Unternehmen erlangen durch ihre vorstoßende Preispolitik wettbewerbliche Vorsprünge, die andere Unternehmen zur Nachahmung anregen. Insoweit beleben Niedrigpreisstrategien den Wettbewerb und verhindern Wettbewerbsverkrustungen[1]. Ob diese positive Einschätzung von UEP-Verkäufen aufrechtzuerhalten ist, hängt entscheidend von den tatsächlichen Wirkungen solcher Strategien auf den Gesamtwettbewerb ab. Da dieses Niedrigpreisphänomen im Bereich des Lebensmittelhandels eine hervorgehobene Rolle spielt, sollen im folgenden die Wirkungen von UEP-Verkäufen auf die Verbraucher, die Wettbewerber und für das Aktionsunternehmen unter Berücksichtigung der Besonderheiten dieser Branche dargestellt werden.

A. Wirkungen von UEP-Verkäufen auf die Verbraucher

I. Anlockeffekt

Von besonderer Bedeutung im Hinblick auf die Wirkungen von UEP-Verkäufen für den Gesamtwettbewerb ist die Frage, ob und ggf. in welcher Stärke diese Wettbewerbsmaßnahmen das Einkaufsverhalten der Marktgegenseite beeinflussen. Schon demjenigen, der sich mit den Wirkungszusammenhängen von Niedrigpreisaktionen und Käuferverhalten nicht näher befaßt hat, leuchtet es unmittelbar ein, daß von UEP-Verkäufen ein Anlockeffekt ausgeht. Ein großer Teil der Verbraucher, so läßt sich vermuten, sucht die Einkaufsstätte eines UEP-verkaufenden Unternehmens gerade deshalb auf, weil dort besonders günstige Angebote vorgefunden werden. Diese Einschätzung scheint schon

[1] Zu dieser Einschätzung von UEP-Verkäufen *Marquard*, Verkäufe unter Einstandspreis, S. 21; *Lindacher*, Lockvogel- und Sondernangebote, S. 11.

deshalb zutreffend zu sein, weil der Verbraucher aufgrund der besonderen werblichen Herausstellung des Preises durch die Großunternehmen und der damit zusammenhängenden Ermunterung, die Einkaufsstättenwahl vom Preis einzelner Artikel abhängig zu machen[2], ein gesteigertes Preisbewußtsein entwickelt hat[3]. Allerdings könnte eine solche Einschätzung der Wirkungen von UEP-Verkäufen unter Berücksichtigung der Eigentümlichkeiten des Kaufverhaltens dem Vorwurf zu starker Vereinfachung ausgesetzt sein. Es gibt nämlich durchaus Fälle von Preissenkungen, die beim Verbraucher unterschiedliche, z. T. negative Reaktionen auslösen. So können Preisreduzierungen dort, wo die Qualität von Gütern relativ schlecht ermittelt werden kann oder der Preis Prestigeeffekte initiiert, zu Nachfragerückgängen führen[4].

Trotz des in Einzelfällen eigentümlichen Verbraucherverhaltens haben verschiedene wissenschaftliche Untersuchungen die These vom Bestehen eines Anlockeffektes im wesentlichen bestätigt[5]. In der von *Diller/Schneider* im Herbst 1980 im Rhein-Neckar-Raum durchgeführten empirischen Untersuchung erklärten 10,5% der Befragten, sie wären nicht in das UEP-verkaufende Geschäft gekommen, wenn es diese Schlagerangebote nicht zu diesem Preis geben würde[6]. Berücksichtigt man, daß ein Teil dieser „angelockten" Kunden auch sonst regelmäßig in den Testgeschäften eingekauft und aufgrund der besonders günstigen Preise lediglich den Kaufzeitpunkt vorverlegt hat, so bestand im Rahmen dieser Untersuchung für 5,5% der befragten Kunden ein echter Anlock- bzw. Weglockeffekt[7]. Parallel zu diesen Ergebnissen konnte festgestellt werden, daß sich das Einzugsgebiet eines Geschäftes bei Absenkung der Preise auf UEP-Niveau signifikant vergrößert[8]. Dies unterstreicht den durch die direkte Käuferbefragung ermittelten Anlockeffekt.

Zu einem noch wesentlich stärkeren Anlockeffekt kommt die von der GFM Anfang 1978 durchgeführte repräsentative Umfrage zum Thema „Lockvogelangebote für Markenspirituosen"[9]. Auf die Frage, ob sie in ein Geschäft gingen, das sie für gewöhnlich nicht aufsuchten, nur weil dort eine bestimmte

---

2 So *Diller/Schneider*, Die Wirkungen von Verkäufen unter Einstandspreis auf den Wettbewerb, WRP 1981, S. 247.

3 Zum Preisbewußtsein des Verbrauchers, seinen Gründen und Funktionen vgl. *Diller*, Das Preisbewußtsein der Verbraucher, 1978; *derselbe*, Die Wirkungen von Verkäufen unter Einstandspreisen..., DBW 1980, S. 409, 415f.

4 Vgl. zu diesen negativen Wirkungen von Preissenkungen *Diller/Schneider*, a.a.O. (siehe Fn. 2), S. 243f.

5 Vgl. *Andersen*, Lockvogelangebote..., WRP 1978, S. 427ff.; *Diller/Schneider*, a.a.O. (siehe Fn. 2).

6 *Diller/Schneider*, a.a.O. (siehe Fn. 2), S. 245.

7 *Diller/Schneider*, a.a.O. (siehe Fn. 6).

8 Die durchschnittliche Entfernung der Wohnung der Kunden zum Testgeschäft stieg von 1,83 km auf 2,67 km. Vgl. *Diller/Schneider*, a.a.O. (siehe Fn. 2), S. 246.

9 Vgl. *Andersen*, a.a.O. (siehe Fn. 5), S. 429.

Spirituosenmarke besonders günstig angeboten wurde, antworteten 47,2% der Kunden mit Ja[10]. Demgegenüber erscheint der von *Diller/Schneider* festgestellte Anlockeffekt eher gering zu sein. Jedoch darf man bei dieser Untersuchung nicht nur auf die Lockwirkung von UEP-Verkäufen abstellen. Man muß vielmehr auch den von *Diller/Schneider* festgestellten Anlockeffekt bei Über-Einstandspreis-Angeboten berücksichtigen. Nimmt man nämlich die Lockwirkung von Über-Einstandspreis-Angeboten[11] als Maßstab, so ergibt sich bei einer Absenkung der Preise einzelner Artikel auf UEP-Niveau immerhin eine Vervierfachung des Anlockeffektes[12].

Wenngleich allein aufgrund der angegebenen Untersuchungen noch keine exakte Einschätzung der Stärke des von UEP-Verkäufen ausgehenden Anlockeffektes möglich ist, kann es jedoch kaum zweifelhaft sein, daß solche Niedrigpreisaktionen grundsätzlich einen mehr oder weniger starken Anlockeffekt evozieren. Da das Bestehen dieses Phänomens letztlich nicht mit naturwissenschaftlicher Exaktheit nachweisbar ist, scheint es legitim ergänzend auf Plausibilitätsgesichtspunkte zurückzugreifen. So spricht für das Bestehen eines Anlockeffektes in besonderem Maße die starke Verbreitung von UEP-Verkäufen. In der Lebensmittelbranche werden von 80%[13] bzw. 52%[14] der Einzelhändler einzelne Artikel UEP angeboten. Diese starke Verbreitung von UEP-Verkäufen ist ohne die positiven betriebswirtschaftlichen Auswirkungen, die u.a. auf dem Anlockeffekt beruhen, nicht erklärbar.

II. Verbundeffekt

Von dem oben vorgestellten Anlockeffekt ist der sog. Verbundeffekt[15] zu unterscheiden. Der Erfolg von UEP-Verkäufen hängt zu einem großen Teil davon ab, ob die angelockten Kunden beim Kauf des UEP-angebotenen

---

[10] *Andersen*, a.a.O. (siehe Fn. 9).

[11] Durch Über-Einstandspreis-Angebote wurden 1,4 % der befragten Kunden angelockt. *Diller/Schneider*, a.a.O. (siehe Fn. 2), S. 245.

[12] Auf die Notwendigkeit einer relativen Betrachtungsweise weist auch *Schneider*, Die Preisstellung unter Einstandspreis..., S. 195, hin.

[13] Eine derart starke Verbreitung von UEP-Verkäufen wurde im Rahmen einer Studie des IFO-Institutes zur Konzentrationsentwicklung ermittelt. Vgl. *Greipl/Würl*, Nahrungsmitteldistribution, S. 234ff.; Zusammenfassung bei *Schneider*, a.a.O. (siehe Fn. 12), S. 42, Tabelle 212.

[14] Diese Zahl ist das Ergebnis der Untersuchung der GFM. Allerdings weist *Andersen*, Lockvogelangebote..., WRP 1978, S. 427, 431, darauf hin, daß der tatsächliche Anteil der Einzelhändler, die UEP-Verkäufe durchführen, höher liegen dürfte und die Befragten nur aus einer gewissen Scheu vor der Öffentlichkeit dieses Verhalten für das eigene Geschäft nicht zugeben wollten.

[15] Vgl. *Böcker*, Die Bestimmung der Kaufverbundenheit von Produkten, S. 79, zu den einzelnen Kategorien der Produktverbundenheit.

Artikels sog. Verbundkäufe tätigen. Da der Verkauf des UEP-Artikels für den Händler ein „Verlustgeschäft" darstellt, kann dieser kein Interesse daran haben, daß die angelockten Kunden ausschließlich den Zugartikel erwerben. Nur wenn die angelockten Kunden neben dem UEP-angebotenen Produkt auch andere normal oder höher kalkulierte Waren kaufen, kann mit Hilfe der Gewinne aus den Verkäufen dieser Artikel der Verlust aus dem Verkauf UEP-angebotener Produkte kompensiert werden[16].

Versucht man die Existenz von Verbundeffekten zunächst mit Hilfe theoretischer Überlegungen zu belegen, so stehen zwei Phänomene im Vordergrund, „One-Stop-Shopping" und „Impulskäufe". Der Begriff „One-Stop-Shopping" bezeichnet das Bestreben des Verbrauchers, seinen Warenbedarf möglichst in einer einzigen Einkaufsstätte zu decken[17]. Dieses Kaufverhalten hat verschiedene Gründe. Von besonderer Bedeutung ist in diesem Zusammenhang der menschliche Hang zur Bequemlichkeit. Überdies stellt die verbreitete Parkplatznot eine wesentliche Ursache für das „One-Stop-Shopping" dar[18]. Aber auch die erhöhten Fahrt- bzw. Transportkosten sowie der gesteigerte Zeitaufwand sind für den Verbraucher hinreichende Gründe, vom Besuch mehrerer Einkaufsstätten abzusehen[19].

Der Begriff „Impulskäufe" umschreibt eine weitere Eigenart des Käuferverhaltens[20]. Der Verbraucher erwirbt beim Besuch einer Einkaufsstätte regelmäßig nicht nur die Produkte, die er ursprünglich zu erwerben beabsichtigt hat, sondern er kauft darüber hinaus weitere Waren, zu deren Einkauf er sich — angeregt durch die Marketingaktivitäten am „Point of Purchase" — erst in dem betreffenden Geschäft entschließt. Die Warenumwelt befriedigt nicht nur bereits wirksame Bedürfnisse, sie motiviert auch zum Kauf[21].

Diese beiden Kaufverhaltensphänomene lassen vermuten, daß der durch UEP-Angebote „angelockte" Verbraucher nicht nur das besonders preisgünstig kalkulierte Produkt erwirbt, sondern darüber hinaus einen ganzen „Warenkorb" zur Deckung seines Bedarfs kauft. Insoweit können UEP-Angebote durchaus als „Lockvogelangebote" bezeichnet werden[22].

---

[16] Hierzu *Schneider*, Die Preisstellung unter Einstandspreis, S. 98.

[17] Vgl. *Humbel*, Preispolitische Gewinndifferenzierung..., S. 101.

[18] Zu diesen beiden Gesichtspunkten *Nieschlag / Dichtl / Hörschgen*, Marketing, S. 458.

[19] Auch *Schneider*, Die Preisstellung unter Einstandspreis, S. 100, weist hierauf zutreffend hin.

[20] Die Marketingforschung bezeichnet als Impulskauf das aus der Warenumwelt resultierende spontane, primär reizgesteuerte Kaufverhalten. Hierzu *Stern*, The Significance of Impulse Buying Today, Journal of Marketing, April 1962, S. 59ff.

[21] So *Kroeber-Riel*, Konsumentenverhalten, S. 153.

[22] Zu diesem Begriff und seiner betriebswirtschaftlichen Bedeutung *Mellerowicz*, Die wirtschaftliche Bedeutung der Lockvogelwerbung, MA 1969, S. 43, 46.

Sind bisher beispielhaft Gesichtspunkte angeführt worden[23], die auf das Bestehen von Verbundeffekten schließen lassen, so sollen im folgenden zwei Hypothesen verdeutlicht werden, die gegen derartige Verbundeffekte sprechen. Zum einen ist auf das im Rahmen der Erörterung des Anlockeffektes genannte gesteigerte Preisbewußtsein des Verbrauchers hinzuweisen. Besteht heute tatsächlich ein derart ausgeprägtes Preisbewußtsein, so dürfte dies die Annahme rechtfertigen, daß die „Verleitung" des Kunden zu umfangreichen Verbundkäufen zumindest erschwert sein wird, Verbundeffekte mithin unwahrscheinlich sein werden. Überdies könnten durch die Absenkung des Preises auf UEP-Niveau in besonderem Maße sog. „Sonderangebotsjäger" angelockt werden, die ausschließlich oder zum überwiegenden Teil nur die Aktionsware erwerben[24]. Deshalb scheint es gerechtfertigt, Zweifel an der Existenz von Verbundeffekten anzumelden.

Die Bedenken finden ihre Bestätigung in den Ergebnissen der von *Diller/Schneider* durchgeführten empirischen Untersuchung[25]. Diese Analyse zeigte, daß die durch UEP-Angeobte angelockten Verbraucher durchschnittlich 49 % ihres Gesamteinkaufsbetrages (DM 45,22) für den Erwerb der Aktionsware aufwendeten, während die Stammkunden nur 11 % des durchschnittlichen Stammkundeneinkaufsbetrages (DM 36,87) für den Kauf der Sonderangebote ausgaben[26]. Wenngleich diese Ergebnisse das Bestehen von Verbundeffekten nicht ausschließen[27], so verdeutlichen sie doch, daß die angelockten Kunden in erheblich geringerem Maße Verbundkäufe tätigten als die Stammkunden. UEP-Angebote werden von den Kunden offenbar als ein willkommener Anlaß für Vorratskäufe angesehen. Nach alledem muß das UEP-verkaufenden Unternehmen daher mit einem erheblichen Rückgang der Verbundkaufrate rechnen.

III. Diskriminierungseffekt

Im Rahmen einer Darstellung der Wirkungen von UEP-Verkäufen auf die Marktgegenseite darf neben den bereits vorgestellten Phänomenen, die in erster Linie punktuelle bzw. kurzfristige Reaktionen darstellen, der sog. Diskriminierungseffekt nicht unberücksichtigt bleiben. Es stellt sich die Frage, ob UEP-Verkäufe die Einstellung der Verbraucher in der Weise zu beeinflussen vermögen, daß in ihren Augen die nicht UEP-anbietenden bzw. zu höheren

---

[23] Einen umfassenden Überblick über Phänomene, die auf das Bestehen von Verbundeffekten schließen lassen, gibt *Schneider*, a.a.O. (siehe Fn. 19), S. 98ff.

[24] Ebenso *Schneider*, a.a.O. (siehe Fn. 19), S. 105.

[25] Vgl. hierzu auch *Schneider*, a.a.O. (siehe Fn. 19), S. 113.

[26] *Schneider*, a.a.O. (siehe Fn. 19), S. 114.

[27] In Höhe von ca. 50 % des durchschnittlichen Einkaufsbetrages werden immerhin Verbundkäufe getätigt. Hierzu *Schneider*, a.a.O. (siehe Fn. 19), S. 114.

Verkaufspreisen anbietenden Konkurrenzunternehmen[28] als weniger leistungsfähig erscheinen. Es fragt sich überdies, ob ein solcher Diskriminierungseffekt das Einkaufsverhalten der Verbraucher zu beeinflussen vermag. Insbesondere im Hinblick auf langfristige Auswirkungen von Niedrigpreisstrategien erscheint eine Antwort auf diese Fragen von Bedeutung.

Geht man zunächst von der weit verbreiteten Ansicht aus, ein Kaufmann habe nichts zu verschenken[29], so kann der niedrigere Verkaufspreis im Vergleich zu dem Konkurrenzunternehmen aus der Sicht der Verbraucher seinen Grund nur in niedrigeren Einkaufspreisen oder geringeren Handelsspannen des Aktionsunternehmens haben. Die nicht UEP-anbietenden Konkurrenten kaufen daher in den Augen der Verbraucher weniger günstig ein oder arbeiten mit größeren „Gewinnen“. Beides ist für die Verbraucher gleichbedeutend mit geringerer Leistungsfähigkeit[30].

Ein (werbe)psychologischer Diskriminierungseffekt beim Kunden kann allerdings nur entstehen, wenn dieser den UEP-Charakter der Preisstellung nicht erkennt. Im Rahmen der von *Diller / Schneider* durchgeführten Untersuchung äußerten 94,4 % der Befragten die Auffassung, daß auch bei den extremen Sonderangeboten, die tatsächlich ca. 10 % unter dem Einstandspreisniveau lagen[31], der Händler keine negativen Handelsspannen realisiert[32]. 57,2 % der Befragten vermuteten sogar eine positive Handelsspanne von über 20 %[33]. Diese Untersuchungsergebnisse, auch wenn sie keinen repräsentativen Charakter haben, verdeutlichen, daß die Verbraucher kaum in der Lage sind, den UEP-Charakter einer Preisstellung zu erkennen.

Hieraus läßt sich allerdings noch nicht zwingend ableiten, daß die Marktgegenseite aus dem UEP-Angebot einzelner Artikel auf die besondere Preiswürdigkeit des Gesamtsortiments des Aktionsunternehmens bzw. auf ein höheres Gesamtpreisniveau bei den nicht UEP-verkaufenden Konkurrenzunternehmen

---

[28] Zwar ist es theoretisch denkbar, daß der Verkaufspreis eines Konkurrenzunternehmens dessen Einstandspreis nicht unterschreitet, aber gleichwohl unter dem UEP-Angebot des Aktionsunternehmens liegt. Diese Konstellation dürfte jedoch in der Praxis irrelevant sein, da UEP-Verkäufe zum weit überwiegenden Teil von den Großbetrieben des Handels durchgeführt werden und deren Einstandspreise i.d.R. bereits unter dem Einstandspreisniveau der weniger absatzstarken mittelständischen Wettbewerber liegen. Zur betriebsgrößenabhängigen Häufigkeit von UEP-Aktionen s. IFO-Institut für Wirtschaftsforschung, Struktur und Entwicklung des Handels, IFO Studien zu Handelsfragen Nr. 18; hierzu auch *Schneider*, a.a.O. (siehe Fn. 19), S. 49.

[29] Vgl. KG GRUR 1937, S. 950; RG GRUR 1936, S. 810ff. „Diamantine“; RG GRUR 1936, S. 190ff. „Dentistentagebuch“.

[30] So auch *Diller / Schneider*, Die Wirkungen von Verkäufen unter Einstandspreis..., WRP 1981, S. 246f.

[31] *Diller / Schneider*, a.a.O. (siehe Fn. 30), S. 243.

[32] *Diller / Schneider*, a.a.O. (siehe Fn. 30), S. 247 Tabelle 8.

[33] *Diller / Schneider*, a.a.O. (siehe Fn. 32).

schließt. Dies erkennt auch die Rechtsprechung in den Fällen, in denen das UEP-Angebot hinreichend deutlich als „Sonderangebot" gekennzeichnet ist[34]. Wenngleich im Rahmen der von der GFM durchgeführten Repräsentativumfrage immerhin 21,9% der Verbraucher davon überzeugt waren, daß von der besonders günstigen Preisstellung einzelner Spirituosen auf eine ähnliche Preiswürdigkeit des Gesamtsortiments geschlossen werden kann[35], läßt sich gleichwohl aus theoretischen Überlegungen ein Wirkungszusammenhang zwischen UEP-Verkäufen und Diskriminierungseffekten beim Verbraucher in Frage stellen.

Das Preisimage einer Einkaufsstätte ist von mehreren Faktoren abhängig. Hier spielen neben der Sonderangebotspolitik andere Merkmale eine wichtige Rolle[36]. So ist z.B. die Betriebsformenzugehörigkeit eines Geschäftees für das Preisimage von großer Bedeutung[37]. Eine in den USA durchgeführte Studie zeigt, daß die geringe Größe einer Einkaufsstätte, eine teure Ladeneinrichtung und ein großes Serviceangebot den Verbraucher ein höheres Preisniveau vermuten läßt, während intensive Preiswerbung und ein großes Geschäftslokal sowie ein weites Warensortiment für den Verbraucher Indikatoren für ein niedriges Preisniveau sind[38]. Selbst wenn diese auf dem amerikanischen Markt gefundenen Ergebnisse in ihrer konkreten Ausgestaltung nicht auf die bundesdeutschen Verbraucher übertragbar sind, so belegen sie doch anschaulich, daß das Geschäftspreisimage tatsächlich auf zahlreichen unterschiedlichen Eigenheiten der Einkaufsstätte beruht, zu denen u.a. auch die Häufigkeit von „Sonderangebotsaktionen" gehört[39].

Obwohl mithin die Durchführung von UEP-Aktionen nur Teil eines Wirkungsgefüges ist, das einer Einkaufsstätte in den Augen der Verbraucher ein bestimmtes Geschäftspreisimage verleiht, haben sie dennoch eine Schlüsselposition inne. Die folgenden Überlegungen mögen dies verdeutlichen. Der Verbrau-

---

[34] Vgl. BGH GRUR 1970, S. 33 „Lockvogel" = BGHZ 52, S. 302, 306; GRUR 1978, S. 648, 651 „Elbe-Markt"; GRUR 1978, S. 652f. „Mini-Preis"; ebenso OLG Karlsruhe GRUR 1983, S. 187, 190 „Asbach Uralt".

[35] *Andersen*, Lockvogelangebote..., WRP 1978, S. 427, 429 Tabelle Nr. 6; allerdings wird in dieser Untersuchung nicht erkennbar, ob die „Sonderangebote", wie es die Rechtsprechung verlangt, als solche herausgestellt worden sind. Überdies weist *Schneider*, Die Preistellung unter Einstandspreis, S. 97, auf weitere befragungstechnische Mängel dieser Studie hin.

[36] Hierzu und zu den folgenden Ausführungen, die nur in beschränktem Ausmaß auf die vielfältigen Ursachen für die Einschätzung des Geschäftspreisniveaus durch die Verbraucher eingehen können, *Schneider*, a.a.O. (siehe Fn. 35), S. 90ff., 133ff. m.w.N.

[37] *Diller*, Das Preisbewußtsein der Verbraucher, S. 102.

[38] Zu den Ergebnissen der in fünf amerikanischen Städten durchgeführten Untersuchung *Brown*, Price Image versus Price Reality, Journal of Marketing Research, 1969, S. 185ff.

[39] S. hierzu auch *Müller/Beeskow*, Einkaufsstättenimage und Einkaufsstättenwahl, Jahrbuch der Absatz- und Verbrauchsforschung 1982, S. 400ff.

cher kann das Gesamtpreisniveau eines einzelnen Geschäftes regelmäßig nicht annähernd exakt ermitteln. Dem steht schon die Vielfalt des angebotenen Sortiments (Vielzahl der angebotenen Produkte, unterschiedliche Packungsgrößen, verschiedene Produktqualitäten etc) entgegen. Er wird gezwungen, seine Einschätzung des Preisniveaus einer Einkaufsstätte von bestimmten für ihn quantifizierbaren Faktoren abhängig zu machen, die ihn überdies in den Stand versetzen, Preisvergleiche mit für ihn in Betracht kommenden Konkurrenzunternehmen anzustellen. Dem Verbraucher drängt es sich daher auf, den Preis bestimmter in Menge bzw. Verpackungsgröße und Qualität gleichbleibender und vergleichbarer Artikel insbesondere des periodischen Bedarfs als Maßstab für seine Einschätzung des Gesamtpreisniveaus einer Einkaufsstätte zu nehmen[40].

Führt daher ein Unternehmen mit solchen signifikanten Artikeln des periodischen Bedarfs UEP-Aktionen durch, so bewirkt dies beim Verbraucher eine positive Veränderung des Gesamtpreisimage des UEP-verkaufenden Unternehmens[41]. Gleichzeitig fällt das Preisimage der nicht UEP-verkaufenden Konkurrenzunternehmen ab; in den Augen des Verbrauchers erscheinen diese Unternehmen weniger leistungsfähig. Allerdings ist bei der Beeinflussung des Geschäftspreisimage zu bedenken, daß die Einschätzung der Preiswürdigkeit eines Unternehmens das Ergebnis eines längerwährenden Prozesses ist. Der Verbraucher hat seine Einstellung zu einem bestimmten Geschäft aufgrund vielfältiger Erfahrungen gelernt[42]. Eine Beeinflussung dieser Einstellungen durch UEP-Verkäufe erfordert daher ebenfalls einen längerwährenden Prozeß. Das Geschäftspreisimage kann mithin nicht durch vereinzelte UEP-Aktionen beeinflußt werden; vielmehr verspricht nur der systematische UEP-Verkauf — ggf. mit ständig wechselnden Artikeln — Erfolg für eine Verbesserung des Geschäftspreisimage[43].

Die Veränderung des Geschäftspreisimage erhält ihre wettbewerbliche Relevanz aus der Funktion des Preisimage für die Einkaufsstättenwahl. Der Verbraucher wird bei seiner Entscheidung, welches Geschäft er für seinen nächsten Einkauf aufsucht, in besonderem Maße auf die Preiswürdigkeit der konkurrierenden Betriebe abstellen. Danach fällt die Einkaufsstättenwahl mit großer Wahrscheinlichkeit negativ für dasjenige Unternehmen aus, das in den Augen der Verbraucher weniger preiswürdig und damit für ihn weniger leistungsfähig ist. Diese theoretischen Überlegungen werden durch die von

---

40 I. d. S. auch *Mellerowicz*, Die wirtschaftliche Bedeutung der Lockvogelwerbung, MA 1969, S. 43, der insoweit auf die beschränkten Fähigkeiten des Verbrauchers hinweist, Artikelpreise zu memorieren.

41 Hierzu auch *Geiger*, Sonderangebote werben für das gesamte Sortiment, MA 1968, S. 414ff.

42 S. *Nieschlag/Dichtl/Hörschgen*, Marketing, S. 54.

43 Ebenso *Schneider*, Die Preisstellung unter Einstandspreis, S. 93.

Müller / Beeskow durchgeführte Untersuchung bestätigt[44]. Hier zeigte sich, daß das Preisimage einer Einkaufsstätte eine besonders große Kaufverhaltensrelevanz hat. Neben der leichten Erreichbarkeit eines Geschäftes ist das Preisimage der wichtigste Faktor für die Einkaufsstättenwahl.

Da der Diskriminierungseffekt das Ergebnis eines längerfristigen Lernprozesses ist, sind auch die von ihm ausgehenden schädlichen Folgen für die betroffenen Unternehmen längerfristiger Natur. Die von Diskriminierungseffekten betroffenen Unternehmen können ihre Umsatzverluste nur ausgleichen, indem sie ihrerseits versuchen, die Einstellung der Verbraucher — wieder — zu verändern. Da aber gerade Änderungen des Preisimage nicht kurzfristig zu erreichen sind, hat die Existenz eines Diskriminierungseffektes bei den Verbrauchern für die betroffenen Unternehmen besonders schwerwiegende Folgen.

B. Wirkungen von UEP-Verkäufen auf die Wettbewerber

Nach der Darstellung der von UEP-Verkäufen ausgelösten Wirkungen auf die Marktgegenseite soll im folgenden kurz aufgezeigt werden, welche Folgen solche Niedrigpreisaktionen für die Konkurrenten haben.

Da UEP-Verkäufe aufgrund ihrer Wirkungen auf die Marktgegenseite nicht nur kurzfristig, sondern aufgrund der Veränderung des Geschäftspreisimage auch langfristig zu Umsatzeinbußen und einer Verringerung des Marktanteils bei den Konkurrenten des UEP-verkaufenden Unternehmens führen können, sind erstere schon zur Abwendung dieser Gefahren praktisch gezwungen, ihrerseits UEP-Aktionen durchzuführen[45]. Bereits dieser Abwehrgesichtspunkt führt mithin zu einer „Nachahmung" der UEP-Verkäufe durch die Konkurrenten. Dieser Nachahmungszwang wird dabei noch durch die mit UEP-Verkäufen des Aktionsunternehmens einhergehende besondere werbliche Herausstellung der Maßnahme verstärkt. Die begleitende massive Werbekampagne[46] rückt den Preis der UEP-angebotenen Artikel derartig in den Mittelpunkt, daß den Konkurrenzunternehmen kaum die Chance bleibt, auf andere — bei den Großbetriebsformen des Lebensmittelhandels ohnehin wenig zugkräftige — Wettbewerbsparameter auszuweichen. Die „einzige Rettung" ist in der Regel die Durchführung „defensiver" UEP-Maßnahmen.

---

[44] *Müller / Beeskow*, a.a.O. (siehe Fn. 39), insbes. S. 416 Tabelle Nr. 5.

[45] Hier handelt es sich um den typischen Fall defensiver Niedrigpreisaktionen. Zu dem hier vertretenen Begriffsverständnis vgl. 2. Kap. B II.

[46] I.d.R. wird eine UEP-Aktion intensiv durch Zeitungsannoncen und Handzettelwerbung unterstützt, wobei die Zeitungswerbung besonderen Erfolg zu versprechen scheint. S. Einzelhandelsverband Baden-Württemberg, Untersuchung über die Einstellung der Baden-Württembergischen Bevölkerung zu ausgewählten Betriebsformen, S. 50. In dieser Untersuchung konnte festgestellt werden, daß sich ca. 70 % der Befragten durch Studium der Zeitungsannoncen über „Sonderangebote" informieren.

Darüber hinaus tritt eine Verstärkung des Nachahmungseffektes ein durch den Erfolg von UEP-Aktionen. Bringt eine solche Maßnahme dem Aktionsunternehmen den erwarteten Erfolg, so motiviert dies die Konkurrenzunternehmen, ihrerseits ebenfalls UEP-Aktionen durchzuführen. Insoweit ist der Nachahmungseffekt die typische Folge dynamischen Wettbewerbs[47].

Der Nachahmungseffekt kann für die nicht UEP-verkaufenden Unternehmen schwerwiegende Folgen nach sich ziehen. Geht man davon aus, daß die UEP-Aktion des Pionierunternehmens auf die Verbraucher einen Sogeffekt ausübt, der zu Umsatz- bzw. Marktanteilseinbußen für die Wettbewerber führt, so wird dieser Sogeffekt durch den Nachahmungseffekt „kanalisiert" in Richtung auf die Unternehmen, die keine UEP-Verkäufe durchführen. Der Kreis der Stammkunden dieser Einkaufsstätten stellt letztlich in großem Maße das Potential, aus dem sich der Kundenzuwachs bei den UEP-verkaufenden Unternehmen rekrutiert.

C. Wirkungen von UEP-Verkäufen für das Aktionsunternehmen

I. Allgemeines

Für eine Untersuchung der Wirkungen von UEP-Verkäufen erscheint es hilfreich, die diesen Verkaufsaktionen, insbesondere in ihrer offensiven Form, zugrunde liegenden Intentionen in Erinnerung zu rufen[48]. Mit offensiven UEP-Verkaufsaktionen soll letztlich über Umsatzsteigerungen bzw. Vergrößerung des Marktanteils eine Verbesserung des Betriebsgewinns erreicht werden. Die Frage nach der Erreichbarkeit dieses Zieles auf dem eingeschlagenen Weg läßt sich allerdings nur dann befriedigend beantworten, wenn zwischen den kurzfristigen und den längerfristigen betriebswirtschaftlichen Wirkungen von UEP-Aktionen differenziert wird.

Untersucht man also zunächst die kurzfristigen Wirkungen von UEP-Verkäufen, so steht der Gesichtspunkt der Umsatzausweitung im Vordergrund. Ausgehend von den von UEP-Verkäufen initiierten Anlock- und — wenn auch beschränkten — Verbundeffekten, die zu einer Erhöhung der Kundenzahl bzw. der Einkaufsbeträge pro Kunde führen, ist mit einer Umsatzsteigerung zu rechnen. Allerdings bewegt sich diese Umsatzausweitung nur in einem recht bescheidenen Rahmen. Wie empirische Untersuchungen belegen, kann ein Unternehmen, wenn es das Preisniveau bestimmter signifikanter Artikel von ca.

---

[47] Vgl. auch *Mestmäcker*, Der verwaltete Wettbewerb, S. 224.

[48] Auf die Intention beim offensiven UEP-Verkauf wird hier deshalb abgestellt, weil die Zielsetzung beim „neutralen" bzw. beim „defensiven" UEP-Verkauf unter betriebswirtschaftlichem Blickwinkel von geringem Interesse ist.

10% ÜEP auf 10% UEP senkt, mit einer Nettoumsatzsteigerung von 9,2% rechnen[49].

In Anbetracht dieser beschränkten Umsatzbelebung ist gegenüber der Annahme, UEP-Verkäufe zögen eine Verbesserung des Betriebsgewinns nach sich, Skepsis geboten. Da an dieser geringen Umsatzausweitung der Verkauf der stark verlustbelasteten UEP-Artikel einen erheblichen Anteil hat[50], liegt die Vermutung nahe, daß mit UEP-Aktionen eine kurzfristige Verbesserung des Betriebsgewinns kaum zu erreichen ist. Eine Bestätigung dieser Hypothese ergibt sich aus der o. g. empirischen Studie. Eine Deckungsbeitragsrechnung auf der Grundlage der im Verlaufe der Studie gefundenen Ergebnisse ergab bei einer Senkung des Preisniveaus von 10% über dem Einstandspreis auf 10% unter dem Einstandspreis eine Verminderung des Deckungsbeitrags pro Kunde um 20,6%[51]. Unter kurzfristigen Aspekten betrachtet, führt der UEP-Verkauf mithin zu Renditeverlusten. Dieses Ergebnis mag angesichts der insbesondere im Lebensmittelhandel starken Verbreitung von UEP-Aktionen zunächst überraschen. Es darf jedoch nicht übersehen werden, daß UEP-Verkäufe unter langfristigen Aspekten anders zu beurteilen sein können.

Eine eingehendere Beschäftigung mit den langfristigen betriebswirtschaftlichen Wirkungen von UEP-Verkäufen zwingt zunächst zu der Feststellung, daß in Ermangelung empirischer Untersuchungen eine Behandlung dieses Problemkreises ausschließlich auf theoretischer Ebene erfolgen muß. Besondere Bedeutung für den langfristigen Erfolg von UEP-Aktionen kommt dem Diskriminierungseffekt zu, der dazu führt, daß die Verbraucher ihr Einkaufsverhalten zugunsten der UEP-anbietenden Unternehmen verändern[52]. Der UEP-Verkauf hat mithin nicht nur kurzfristig, sondern auch langfristig eine Erhöhung der Kundenzahl zur Folge. Die kurzfristig angelockten Verbraucher werden zu einem großen Teil langfristig zu Stammkunden des UEP-verkaufenden Unternehmens. In dem Maße, wie diese Veränderung der Kundenstruktur fortschreitet, kann aber gleichzeitig mit einer erheblichen Verbesserung des Betriebsgewinns gerechnet werden. Tendenziell kann nämlich davon ausgegangen werden, daß die neu hinzugewonnenen Stammkunden immer geringere Teile ihres Gesamteinkaufsbetrages für die UEP-angebotenen Artikel aufwenden. Diese Annahme findet eine gewisse Bestätigung in den bereits in anderem Zusammen-

---

[49] Hierzu *Diller*, DBW 1980, S. 409ff., 413. Die Bruttoumsatzveränderung liegt bei 15,4%.

[50] Es muß daran erinnert werden, daß die durch UEP-Angebote angelockten Verbraucher in der von *Diller / Schneider* durchgeführten Untersuchung nahezu die Hälfte ihres Gesamteinkaufsbetrages für den Erwerb der UEP-Artikel aufwendeten. Vgl. *Schneider*, Die Preisstellung unter Einstandspreis, S. 114.

[51] *Diller*, a.a.O. (siehe Fn. 49), S. 414; absolut ging der Deckungsbeitrag pro Kunde von DM 3,55 auf DM 2,82 zurück.

[52] Vgl. bereits 3. Kap. A III.

hang erwähnten[53] empirischen Untersuchungsergebnissen, nach denen jedenfalls die „Alt"-Stammkunden des UEP-verkaufenden Unternehmens nur 11 % ihres Gesamteinkaufsbetrages für den Erwerb der niedrigpreisigen Produkte aufwandten[54].

Gründe, die gegen die Richtigkeit der Annahme sprechen könnten, die „Neu"-Stammkunden verhielten sich langfristig ebenso wie die „Alt"-Stammkunden, sind nicht erkennbar. Soweit mithin diese neuen Stammkunden zunehmend Artikel mit positiven Handelsspannen erwerben, steigt auch der bei der Einführung von UEP-Aktionen abgesunkene Deckungsbeitrag pro Kunde an. Langfristig betrachtet, dürften daher UEP-Aktionen durchaus geeignet sein, den Deckungsbeitrag pro Kunde und damit den betriebswirtschaftlichen Erfolg zu verbessern. Für die Richtigkeit dieser Annahme spricht auch die starke Verbreitung von UEP-Verkäufen im Handel. Ohne eine Steigerung weder des kurzfristigen noch des langfristigen betriebswirtschaftlichen Erfolges ist die Häufigkeit der Durchführung von UEP-Aktionen kaum erklärbar.

II. Größenbedingte Vor- und Nachteile

Kann als Ergebnis der Untersuchung betriebswirtschaftlicher Wirkungen von UEP-Verkäufen festgehalten werden, daß solche Aktionen unter kurzfristigen Aspekten eine große Verlustgefahr in sich bergen, jedoch langfristig durchaus erfolgversprechend sind, so stellt sich die Frage nach der Einsetzbarkeit dieses Verkaufsinstruments für Unternehmen unterschiedlicher Größe und unterschiedlicher finanzieller Stärke.

Bereits aus der Tatsache der kurzfristigen Verlustgefahr bei der Durchführung von UEP-Aktionen ergibt sich, daß diese Maßnahme ein geeignetes Instrument der Geschäftspolitik nur für finanzstarke Unternehmen ist, zu deren Kreis bei der gegebenen Wettbewerbssituation im Lebensmittelhandel wohl nur die Großunternehmen gehören. Allein eine hinreichende Finanzstärke gibt den Handelsunternehmen die sichere Möglichkeit, die in der Anfangsphase von UEP-Aktionen entstehenden Verluste abzufangen[55]. Demgegenüber dürften die kleinen und zu einem großen Teil auch die mittelständischen Unternehmen kaum in der Lage sein, UEP-Verkäufe ohne ein erhebliches Existenzrisiko durchzuführen. Für diese Unternehmen entsteht daher bei UEP-Aktionen durch ihre großen Konkurrenten eine schwierige, wenn nicht gar ausweglose

---

[53] S.o. 3. Kap. A II.

[54] Demgegenüber lag der Anteil des Einkaufsbetrages für UEP-Artikel bei den angelockten Verbrauchern bei knapp 50 %. Vgl. *Diller/Schneider*, Die Wirkungen von Verkäufen unter Einstandspsreis..., WRP 1981, S. 243ff., 248.

[55] S. *Hörschgen/Kachel*, Größenbedingte Vor- und Nachteile, S. 114; ebenso *Diller*, a.a.O. (siehe Fn. 49), S. 409, 418.

Situation. Entschließt sich das finanzschwache mittelständische Unternehmen aufgrund des starken Wettbewerbsdruckes zu einer UEP-Aktion, setzt es seine wirtschaftliche Existenz aufs Spiel. Sieht das finanzschwache Unternehmen aufgrund der zu erwartenden Verluste davon ab, den Warenabsatz durch UEP-Verkäufe zu unterstützen, so läuft es Gefahr, langfristig erhebliche Marktanteilseinbußen zu erleiden und auf diese Weise aus dem Markt auszuscheiden[56]. Dies zeigt in besonders anschaulicher Weise, daß UEP-Aktionen durchaus geeignet sind, kleine und mittelständische Unternehmen aus dem Markt zu drängen.

Das Handicap kleiner und mittlerer Unternehmen bei der Durchführung von UEP-Verkäufen wird weiter durch die bei diesen Unternehmen eingeschränkte Sortimentsbreite verstärkt. Diese Niedrigpreisaktionen beruhen auf dem Prinzip des kalkulatorischen Ausgleichs. Die kurzfristig entstehenden Verluste durch UEP-Verkäufe können nur verringert werden, wenn das übrige Sortiment entsprechend hoch kalkuliert werden kann. Da aber der Verbraucher für bestimmte Artikel ein ausgeprägtes Preisbewußtsein entwickelt hat, andere Artikel von Konkurrenten für den Verbraucher vergleichbar preisgünstig angeboten werden, sind die Möglichkeiten, diese Waren höher zu kalkulieren, beschränkt, will man nicht Gefahr laufen, Kontrasteffekte zu erzielen[57]. Erfolg verspricht der kalkulatorische Ausgleich mithin nur dann, wenn die zu erwartenden Verluste in relativ kleinen Teilbeträgen auf möglichst viele Artikel des „Restsortiments" verteilt werden können. In Anbetracht des vergleichsweise schmalen Sortiments kleiner und mittlerer Unternehmen sind deren Möglichkeiten, die ohnehin kaum zu verkraftenden Verluste zu mindern, stark eingeschränkt. Darüber hinaus können diese Unternehmen in geringerem Maße als die Großbetriebe des Handels damit rechnen, daß die höher kalkulierten „Ausgleichsartikel" von den Verbrauchern gekauft werden. Denn die Wahrscheinlichkeit von Verbundkäufen steigt mit der Breite des Sortiments[58]. Dies folgt aus der mit der Zunahme zusätzlicher Kaufmöglichkeiten einhergehenden Steigerung der wechselseitigen Abhängigkeit zwischen den einzelnen Sortimentsteilen[59]. Mithin gehen kleine und mittlere Unternehmen bei der Durch-

---

[56] Auch *Diller/Schneider*, a.a.O. (siehe Fn. 54), S. 248 weisen auf diesen circulus vitiosus hin. Diese Zusammenhänge für kleine und mittlere Wettbewerber leugnend *Möschel*, Anforderungen an eine kartellbehördliche Mißbrauchsverfügung, BB 1986, S. 1785, 1791.

[57] So *Mellerowicz*, Die wirtschaftliche Bedeutung der Lockvogelwerbung, MA 1969, S. 43, 50, der diese Beschränkung der Ausgleichsmöglichkeiten besonders betont und die Gefahr unterstreicht, daß der Kunde das Kalkulationsgebahren durchschaut und deshalb zu Konkurrenzunternehmen abwandert. Dies würde das ohnehin bestehende Verlustrisiko beträchtlich erhöhen.

[58] S. *Schneider*, Die Preisstellung unter Einstandspreis, S. 130.

[59] Zu dem Zusammenhang zwischen breiterem Sortiment und der Steigerung der Verbundkaufrate *Hörschgen/Kachel*, Größenbedingte Vor- und Nachteile, S. 99.

führung von UEP-Aktionen schon wegen ihres schmaleren Sortiments ein erheblich größeres Verlustrisiko ein als ihre großen Konkurrenten.

Darüber hinaus ist zu berücksichtigen, daß kleinere Handelsbetriebe bei UEP-Verkäufen von vornherein eine schlechtere Ausgangsposition haben. Da sie aufgrund der vergleichsweise geringen Abnahmemengen beim Hersteller bzw. beim Großhändler in der Regel weniger günstige Abgabepreise erzielen können als ihre großen Wettbewerber[60], haben sie regelmäßig bereits höhere Einstandspreise. Um den Verbrauchern gleiche Abgabepreise bieten zu können wie ihre UEP-anbietenden Großkonkurrenten, müssen die mittelständischen Handelsbetriebe mithin den Einstandspreis stärker unterschreiten. In dem Maße jedoch wie der Einstandspreis unterschritten wird, steigen die zu erwartenden Verluste. Entschließen sich kleine und mittlere Betriebe zu UEP-Verkäufen, so tragen sie mithin ein höheres Verlustrisiko als ihre finanzstarken Konkurrenten bei gleichzeitig verringerter Chance zum kalkulatorischen Ausgleich[61]. Dies unterstreicht den besonderen „Wettbewerbsnachteil" kleiner und mittlerer Unternehmen bei der Durchführung von Niedrigpreisaktionen.

Letztlich ergibt sich ein weiterer Vorteil der finanzstarken Großbetriebe bei der Durchführung von UEP-Aktionen aus dem Erfordernis begleitender Werbemaßnahmen. Bei der Entscheidung, auf welche Werbeträger sich das Unternehmen stützen will, stehen selbstverständlich wirtschaftliche Gesichtspunkte im Vordergrund. Es gilt daher, das Werbemedium zu ermitteln, das die geringsten Streuverluste hat. Dies dürfte die Annahme rechtfertigen, daß — jedenfalls zur Zeit — den kleinen und mittleren Unternehmen mit ihrem beschränkten Einzugsbereich der Zugang zu den elektronischen Medien als Werbeträger verschlossen bleibt[62]. Aber auch die recht erfolgversprechende Werbung durch Annoncen in der Lokalzeitung[63] erscheint für kleine und mittlere Unternehmen, die i.d.R. nur einen sehr eng begrenzten Einzugsbereich haben, wirtschaftlich wenig sinnvoll[64] und daher ungeeignet. Da die Anzeige in einer Lokalzeitung zu einem erheblichen Teil Verbraucher außerhalb des Einzugsbereichs des kleinen Einzelhändlers anspricht, kommt auch ein erhebli-

---

60 Mögliche nachfragemachtbedingte Preisnachlässe der Großunternehmen sollen hier im Hinblick auf die speziellen Untersagungsmöglichkeiten des § 26 Abs. 3 GWB außer acht gelassen werden. Auf die Behandlung solcher „Sonderpreiskonditionen" bei der Ermittlung des Einstandspreises wurde bereits im 2. Kap. unter A III 1 eingegangen.

61 Vgl. hierzu auch den Hinweis bei *Mellerowicz*, Die wirtschaftliche Bedeutung der Lockvogelwerbung, MA 1969, S. 43, 50.

62 Ob in diesem Punkt eine wesentliche Veränderung durch das Bildschirmtextsystem der Deutschen Bundespost eintreten wird, bleibt abzuwarten.

63 Hierzu Einzelhandelsverband Baden-Württemberg, Untersuchung über die Einstellung... der Bevölkerung zu ausgewählten Betriebsformen, S. 50. Im Rahmen dieser Untersuchung äußerten immerhin 70 % der Befragten, daß sie sich durch das Studium der Zeitungsannoncen über „Sonderangebote" informieren.

64 Ähnlich *Kalveram*, Der Verkauf unter Einstandspreis, MA 1985, S. 29, 31.

cher Teil der Kosten der Zeitungswerbung dem werbenden Kleinunternehmen nicht zugute. Allein die begleitende Werbung in Anzeigenblättern und durch Handzettel erscheint daher für kleinere Handelsbetriebe wirtschaftlich vertretbar[65]. Demgegenüber steht den Großunternehmen des Handels das gesamte Spektrum der Werbeträger offen[66]. Die Möglichkeiten der Großunternehmen zur werblichen Unterstützung ihrer UEP-Aktionen sind somit erheblich vielfältiger als für die kleinen und mittelständischen Wettbewerber[67].

Bei dieser negativen Einschätzung der Möglichkeiten kleiner und mittlerer Marktteilnehmer, UEP-Verkäufe einigermaßen erfolgversprechend durchzuführen, soll nicht unerwähnt bleiben, daß die Situation dieser Unternehmen u. U. durch geeignete Maßnahmen der Kooperation verbessert werden kann. So lassen sich z. B. durch die Gründung von Einkaufsgemeinschaften[68], die aufgrund der gebündelten Nachfrage in den Bereich von Abnahmemengen vorstoßen, für die der Hersteller bzw. der Großhändler lukrative Rabatte gewährt, erheblich günstigere Einkaufskonditionen erzielen. Darüber hinaus ist es z. B. möglich, daß die Einkaufsgemeinschaft für die ihr angeschlossenen Händler die Werbung für deren „Sonderangebote" betreibt. Damit würde kleinen und mittelständischen Handelsbetrieben der Zugang zu den besonders erfolgversprechenden Werbemedien eröffnet[69].

Trotz aller Vorteile darf jedoch der Weg kleiner und mittlerer Unternehmen in die Kooperation nicht als Allheilmittel betrachtet werden. Zunächst muß betont werden, daß eine mögliche Kooperation den Wettbewerbsnachteil der kleineren Marktteilnehmer nicht aufzuheben vermag. Ein großer Teil der für diesen Nachteil ursächlichen Faktoren, wie z. B. geringere Sortimentsbreite, geringere Finanzstärke, schlechteres Geschäftspreisimage[70] etc. können durch eine Kooperation nicht ausgeglichen werden. Darüber hinaus erscheint eine extensive Kooperation im Lichte eines dynamischen Wettbewerbsverständnisses

---

[65] Ebenso *Schneider*, a. a. O. (siehe Fn. 58), S. 129; *Mellerowicz*, a. a. O. (siehe Fn. 61).

[66] Hierbei darf allerdings nicht verkannt werden, daß der Einsatz elektronischer Medien wohl nur für die überregional operierenden Handelsriesen hinreichend erfolgversprechend ist.

[67] Vgl. auch *Hörschgen/Kachel*, Größenbedingte Vor- und Nachteile, S. 115; ebenso *Kalveram*, a. a. O. (siehe Fn. 64).

[68] Wenngleich solche Einkaufszusammenschlüsse zur Zeit noch sowohl vom BKartA, Brief des Präs. d. BKartA v. 27. 11. 1978, WuW 1979, S. 19, als auch vom BMWi, Kooperationsfibel, S. 24, als kartellrechtlich grundsätzlich zulässig beurteilt werden, so darf doch nicht übersehen werden, daß in der kartellrechtlichen Literatur zunehmend Stimmen laut werden, die aufgrund der „ZVN"-Entscheidung des BGH, BGHZ 65, S. 30ff., auch die Einkaufszusammenschlüsse unter dem Blickwinkel des § 1 GWB zu Recht kritisch betrachten. Vgl. nur IM-*Immenga*, § 1 Rdnr. 452ff.

[69] *Schneider*, a. a. O. (siehe Fn. 65), hält es sogar u. U. für wirtschaftlich sinnvoll, daß auch elektronische Medien für die Werbung der Kooperationsunternehmen eingesetzt werden.

[70] S. o. 3. Kap. A III und die Hinweise in Fn. 38.

durchaus nicht unproblematisch[71]. Durch die Kooperation werden wesentliche Unternehmensfunktionen — Einkauf, z. T. Preiskalkulation etc. — aus den kleineren Betrieben ausgelagert und zentralisiert. Im übrigen tragen solche Kooperationen in sich die Tendenz zur Ausweitung und münden u. U. in einen Zusammenschluß der beteiligten Unternehmen[72]. Damit tragen die Kooperationsmöglichkeiten die Gefahr einer weiteren Vermachtung der Märkte in sich.

Zusammenfassend bleibt festzustellen, daß systematische UEP-Aktionen der Großunternehmen des Handels in besonderer Weise geeignet sind, kleine und mittlere Unternehmen aus dem Markt zu drängen, ohne daß diese Betriebe die Chance hätten, ihren großen Konkurrenten mit Hilfe eigener UEP-Verkäufe erfolgreich entgegenzutreten.

---

[71] Zur Kritik an der „Kooperationsideologie" *Emmerich*, Zulässigkeit der Kooperation ..., S. 7ff., 41 ff.; *derselbe*, Kooperationen ..., ZGR 1976, S. 167ff., 178.

[72] Dies betont *Emmerich*, a. a. O. (siehe Fn. 71), ZGR 1976, S. 178, unter Hinweis auf die Entwicklung bei den Walzstahlkontoren.

4. Kapitel

UEP-Verkäufe und ihre rechtlichen Grenzen

Die definitorische Eingrenzung des Einstandspreises und die Beschreibung der wettbewerblichen Auswirkungen von UEP-Verkäufen in den beiden vorangegangenen Kapiteln bilden die Basis für die folgende juristische Würdigung dieses Niedrigpreisphänomens. Insbesondere wegen der negativen Wirkungen von UEP-Verkäufen für kleine und mittelständische Unternehmen stellt sich die Frage, wo de lege lata die rechtlichen Grenzen solcher Niedrigpreisaktionen liegen bzw. ob sich mit Hilfe des geltenden Rechts ein wirksamer Schutz der von UEP-Verkäufen bedrängten Marktteilnehmer sicherstellen läßt. Von der Beantwortung dieser Fragen wird es abhängen, ob und inwieweit ein legislatorischer Handlungsbedarf, der immer wieder als gegeben hingestellt wird[1], anzuerkennen ist.

Bevor auf das den Schwerpunkt dieser Arbeit bildende Problem der Geeignetheit des § 37a Abs. 3 GWB zur Begrenzung von UEP-Strategien eingegangen wird, soll im folgenden zunächst ein kurzer allgemeiner Überblick über die sonstigen wettbewerbs- und kartellrechtlichen Instrumente zur Bekämpfung von UEP-Aktionen gegeben werden. Die getrennte Analyse des „neuen" § 37a Abs. 3 GWB und der sonstigen in Betracht kommenden Regelungen erleichtert die Beantwortung der Frage, ob § 37a Abs. 3 GWB für die Beschränkung des UEP-Phänomens eine Schlüsselposition innehat. Überdies erlaubt eine solche Gegenüberstellung eine klarere Sicht auf die Rechtslage, die der Gesetzgeber vor der 4. Novellierung des GWB im Jahre 1980 vorfand.

A. Wettbewerbsrechtliche Grenzen

Die mit UEP-Verkäufen zusammenhängende Problematik stellt bereits seit Jahrzehnten einen Schwerpunkt der wettbewerbsrechtlichen Diskussion dar. Diese Niedrigpreisphänomene sind unter dem Stichwort „Lockvogel- und Sonderangebote" schon ein wettbewerbsrechtlicher Klassiker[2]. Wenngleich

---

[1] So zuletzt der Vorsitzende der FDP-Mittelstandsvereinigung von *Gumppenberg*, HB v. 9. 5. 1984, S. 18, der das Verbot des systematischen UEP-Verkaufs durch die Einfügung eines entsprechenden § 26b in das GWB forderte.

[2] Hierzu *Lehmann*, WuW 1980, S. 188; bereits C. *Nipperdey*, Wettbewerb und Existenzvernichtung, S. 16, *Böhm*, Wettbewerb und Monopolkampf, S. 227, 292, und *Eucken*, Grundlagen der Nationalökonomie, S. 241, haben sich mit der Problematik von UEP-Verkäufen auseinandergesetzt.

bereits im bekannten Benrather-Tankstellenfall[3] das RG eine Preisunterbietungsaktion u. a. unter dem Gesichtspunkt des § 1 UWG zu würdigen hatte, so hat doch in den letzten 15 Jahren[4] der Schwerpunkt der wettbewerbsrechtlichen Würdigung von UEP-Verkäufen bei der Frage gelegen, ob solche Niedrigpreisaktionen den Verbraucher über die Preisbemessung des übrigen Warensortiments i. S. d. § 3 UWG in die Irre führen. Aus diesem Grunde soll im folgenden zunächst die wettbewerbsrechtliche Beurteilung dieses Niedrigpreisphänomens unter dem Aspekt des § 3 UWG dargestellt werden.

I. UEP-Verkäufe im Lichte des § 3 UWG

Gem. § 3 UWG kann u. a. derjenige, der im geschäftlichen Verkehr zu Zwecken des Wettbewerbs über die Preisbemessung einzelner Waren oder des gesamten Angebots irreführende Angaben macht, auf Unterlassung in Anspruch genommen werden. Danach könnte auch der UEP-Verkauf einzelner Artikel unzulässig sein, wenn in der besonders günstigen Preisstellung eine irreführende Angabe über die günstige Preisbemessung des gesamten Angebots zu sehen wäre. Nach ständiger Rechtsprechung des BGH kann der UEP-Verkauf einzelner Artikel dann eine Irreführung i. S. d. § 3 UWG darstellen, wenn mit der besonders günstigen Preisstellung in der Art geworben wird, daß den angesprochenen Verkehrskreisen dieser Preis als beispielhaft für die Preisgestaltung des gesamten Sortiments erscheint, während in Wirklichkeit die übrigen Artikel normal oder sogar überhöht kalkuliert werden[5].

Als Voraussetzung für eine Irreführung i. S. d. 3 3 UWG durch Niedrigpreisangebote ist demnach zunächst erforderlich, daß der Verbraucher aufgrund des günstigen Angebotes den Eindruck gewinnt, das Restsortiment sei entsprechend preisgünstig kalkuliert. Dazu hat der BGH klargestellt, daß es für die Annahme einer Irreführung ausreicht, wenn nur ein nicht unterheblicher Teil der angesprochenen Verkehrskreise getäuscht wird[6]. Damit drängt sich zunächst einmal die Frage auf, wie groß der Anteil der getäuschten Verbraucher sein muß, damit er als „nicht unerheblich" i. S. d. Rechtsprechung des BGH qualifiziert werden kann. Z. T. wird die Beachtlichkeitsgrenze bei etwa 10 - 15 % der angesprochenen Verbraucher angesetzt[7]; z. T. wird die Auffassung vertreten,

---

[3] RGZ 134, S. 342ff.

[4] Etwa seit der „Lockvogel"-Entscheidung des BGH v. 17. 9. 1969, BGHZ 52, S. 302ff. = GRUR 1970, S. 33ff.

[5] BGHZ 52, S. 302 „Lockvogel"; BGH GRUR 1974, S. 344ff. „Intermarkt"; BGH GRUR 1979, S. 321ff. „Verkauf unter Einstandspreis".

[6] So ausdrücklich BGH GRUR 1978, S. 652, 653 „Mini-Preis"; ebenso BGH GRUR 1978, S. 649, 651 „Elbe-Markt"; *Baumbach/Hefermehl*, Wettbewerbsrecht, § 3 UWG Rdnr. 273a.

[7] Vgl. etwa OLG Bremen, WRP 1972, S. 320, 322; BGH GRUR 1963, S. 366 „Englisch Lavendel"; GRUR 1963, S. 623 „Sunkist"; *Noelle-Neumann/Schramm*, Höhe der Verkehrsgeltung, S. 70, 81.

eine Beachtlichkeitsgrenze sei nicht rein zahlenmäßig festzulegen. Die Frage, wann eine Irreführung eines Teils der angesprochenen Verkehrskreise rechtlich beachtlich sei, hänge vielmehr von einer umfassenden Würdigung der Einzelumstände ab[8]. Letztlich dürften beide Auffassungen kaum zu unterschiedlichen Ergebnissen führen, da auch unter Berücksichtigung aller Umstände des Einzelfalls von einer wettbewerbsrechtlich beachtlichen Irreführung ausgegangen werden kann, wenn mehr als 10 - 15 % der angesprochenen Verbraucher getäuscht worden sind. Im übrigen hat die Frage der Beachtlichkeitsgrenze im Rahmen des § 3 UWG ohnehin nur marginale Bedeutung.

Wesentlich größere Schwierigkeiten bereitet die Beantwortung der entscheidungserheblichen Frage, ob die angesprochenen Verkehrskreise aufgrund des Niedrigpreisangebotes den Eindruck gewonnen haben, auch das restliche Sortiment sei entsprechend preisgünstig kalkuliert. Kommt es in einem Unterlassungsrechtsstreit nach § 3 UWG zu einer Beweisaufnahme über diese Tatsache, dürfte es für den nach den allgemeinen Regeln insoweit beweisbelasteten Kläger unausweichlich sein, die Einholung eines zeitraubenden und kostspieligen demoskopischen Gutachtens zu beantragen[9]. Gerade die Einholung derartiger Gutachten führt jedoch zu einer erheblichen Steigerung[10] der in Wettbewerbssachen ohnehin in beträchtlichem Ausmaß entstehenden Prozeßkosten[11]. Da sich eine grundsätzlich mögliche Streitwertbegünstigung gem. § 23a UWG nicht auf die Kosten der Beweisaufnahme erstreckt[12] und die unterlegene Prozeßpartei gem. § 91 ZPO die Kosten des Rechtsstreits trägt, [13], ist für die von UEP-Verkäufen besonders betroffenen, finanzschwachen mittelständischen Unternehmen eine auf § 3 UWG gestützte Unterlassungsklage unter wirtschaftlichen Aspekten ein zweischneidiges Schwert.

Aber auch unter rein juristischem Blickwinkel ist der § 3 UWG keine scharfe

---

[8] So OLG Köln WRP 1973, S. 656, 659; *Baumbach/Hefermehl*, Wettbewerbsrecht, § 3 UWG Rdnr. 28; BGH GRUR 1966, S. 445, 449 „Glutamal"; BGH GRUR 1971, S. 313, 315 „Bocksbeutelflasche"; vgl. auch die überzeugenden Argumente von *Schricker*, Möglichkeiten zur Verbesserung des Schutzes..., ZHR 139 (1975), S. 208ff., 224ff.

[9] Zwar weist der BGH in seiner „Bärenfang"-Entscheidung, NJW 1962, S. 2149, 2153, noch auf die Möglichkeit der Einholung von Auskünften bei den Industrie- und Handelskammern bzw. den einschlägigen Wirtschaftsverbänden hin. Dies erscheint jedoch in praxi wenig erfolgversprechend, da diese Institutionen wohl überfordert sein dürften. Vgl. auch *vom Stein*, GRUR 1972, S. 314ff.

[10] Die Einholung demoskopischer Gutachten dürfte i.d.R. Kosten i.H.v. DM 10.000 bis zu DM 50.000 verursachen. Hierzu *Baumbach/Lauterbach*, ZPO, Übers. § 402 Anm. 1 B.

[11] Die prozeßkostenrechtliche Ausnahmevorschrift des § 23 a UWG veranschaulicht dies.

[12] *Baumbach/Hefermehl*, § 23a UWG Rdnr. 8; OLG München GRUR 1960, S. 79.

[13] Versuche, in der juristischen Literatur entgegen § 91 ZPO zu einer anderen Kostenverteilung zu kommen, sind zu Recht gescheitert, Vgl. etwa *vom Stein*, GRUR 1972, S. 314ff.

Waffe im Kampf der kleinen und mittelständischen Unternehmen gegen die UEP-Strategien der Großunternehmen des Handels. Kommt es nämlich zu einer Beweisaufnahme, so dürfte es nahezu ausgeschlossen sein zu beweisen, daß ein nicht unerheblicher Teil der angesprochenen Verbraucher von der Preisgünstigkeit des UEP-Angebotes auf ein entsprechend niedriges Preisniveau des übrigen Sortiments des Anbieters schließt. Wie der BGH nämlich in seinem Urteil vom 7. 7. 1978[14] festgestellt hat, reich es nicht aus, wenn der Kläger mit Hilfe eines demoskopischen Gutachtens beweist, daß das UEP-Angebot von einem nicht unerheblichen Teil der Verbraucher als beispielhaft für die Preisbemessung des Gesamtsortimentes aufgefaßt wird. Vielmehr hat der Kläger zu beweisen, welche konkreten Vorstellungen die angesprochenen Verbraucher vom Gesamtpreisniveau haben. Erst die gesicherte Kenntnis von der konkreten Konsumentenvorstellung, so der BGH, ermögliche dem Richter die Entscheidung, ob die auf dem UEP-Angebot beruhende Verbrauchervorstellung vom tatsächlichen Preisniveau in einer den Vorwurf der Irreführung begründenden Weise abweiche. Diese hohen Beweisanforderungen erscheinen überspannt[15]. Fraglich ist nämlich, ob sich der Konsument überhaupt eine konkrete Vorstellung über das Preisniveau des Gesamtsortiments eines Unternehmens macht. Es wurde bereits gezeigt[16], daß die Verbraucher aufgrund der großen Produktvielfalt und der beschränkten Fähigkeit, die Preise einzelner Artikel im Gedächtnis zu behalten[17], kaum in der Lage sind, das Gesamtpreisniveau einer Einkaufsstätte auch nur annähernd exakt zu ermitteln. Aus diesem Grunde benutzen die Verbraucher bestimmte signifikante Artikel als Indikatoren für das Preisniveau des Gesamtsortiments. Dies zwingt m. E. zu dem Schluß, daß die Konsumenten konkrete Vorstellungen über das Gesamtpreisniveau einer Einkaufsstätte nicht entwickeln.

Darüber hinaus berücksichtigt die Rechtsprechung das tatsächliche Wirkungsgefüge von UEP-Verkäufen nicht hinreichend. Dies gilt in erster Linie für die systematischen UEP-Verkäufe, bei denen über einen längeren Zeitraum in ständigem Wechsel verschiedene Artikel eines bestimmten Warenbereichs, z. B. Wasch- und Reinigungsmittel, UEP angeboten werden. Es wird übersehen, daß im Rahmen von systemtatischen Niedrigpreisaktionen der UEP-Verkauf eines einzelnen Artikels nicht die hervorragende Rolle spielt[18]. Der Verbraucher gewinnt eine Vorstellung über das Preisniveau einer Einkaufsstätte erst aufgrund eines längerwährenden Lernprozesses[19]. Unter Berücksichtigung

[14] BGH GRUR 1978, S. 649, 651 „Elbe-Markt".

[15] I. E. ebenso *Kicker*, GRUR 1978, S. 651, 652; *Nette*, Die kartell- und wettbewerbsrechtliche Beurteilung der Preisunterbietung, S. 61.

[16] S. o. 3. Kap. A III.

[17] Vgl. etwa *Mellerowicz*, Die wirtschaftliche Bedeutung der Lockvogelwerbung..., MA 1969, S. 43.

[18] Ebenso *Schneider*, Die Preisstellung unter Einstandspreis..., S. 178.

[19] Hierzu 3. Kap. A III.

dieser längerwährenden Einstellungsveränderung beim Verbraucher, auf die die Strategie systematischer Niedrigpreisaktionen abzielt, darf man einzelne offensive UEP-Verkäufe nicht isoliert betrachten. Es ist vielmehr eine Zusammenschau mehrerer strategisch verbundener UEP-Angebote erforderlich, um eine im Rahmen des § 3 UWG relevante Irreführung der Verbraucher überzeugend zu begründen. Die von der Rechtsprechung erarbeiteten hohen Beweisanforderungen dürften letztlich der Grund dafür sein,.daß eine auf § 3 UWG gestützte Unterlassungsklage kein wirksames Mittel für die betroffenen kleinen und mittelständischen Unternehmen ist, UEP-Verkäufe abzuwehren.

Diese Beweisprobleme wären allerdings bedeutungslos, wenn es gelänge, eine Beweisaufnahme zu der Frage, welchen Eindruck die Verbraucher aufgrund des UEP-Angebotes vom Gesamtpreisniveau der Einkaufsstätte gewonnen haben, zu „umgehen". Streiten sich die Parteien eines Zivilprozesses über eine Tatsachenbehauptung, die grundsätzlich durch Einholung eines Sachverständigengutachtens gem. § 144 bzw. §§ 402ff. ZPO bewiesen werden kann, so hat das Gericht vor Erhebung des Beweises darüber zu befinden, ob es für die Beurteilung des entscheidungserheblichen Vorganges sachverständiger Hilfe bedarf oder über eine eigene hinreichende Sachkunde verfügt[20]. Ist das Gericht selbst hinreichend sachkundig, so ist eine Beweiserhebung i.d.R. entbehrlich[21]. Bei einer auf § 3 UWG gestützten Klage auf Unterlassung von UEP-Verkäufen ist die Einholung eines kostspieligen und zeitraubenden demoskopischen Gutachtens mithin nicht erforderlich, wenn das Gericht aus eigener Sachkunde zu beurteilen vermag, ob ein nicht unerheblicher Teil der angesprochenen Verkehrskreise durch das UEP-Angebot über das tatsächliche Gesamtpreisniveau der Einkaufsstätte in die Irre geführt wird. In seiner Entscheidung vom 13. 7. 1962[22] hat der BGH ausgeführt, der Tatrichter werde nicht selten in der Lage sein, sich ohne fremde Hilfe über die für seine Entscheidung maßgebenden Anschauungen der beteiligten Verkehrskreise aufgrund seiner eigenen Sachkunde und Lebenserfahrung ein zuverlässiges Urteil zu bilden. Dies ist auch in späteren Entscheidungen im Grundsatz immer wieder bestätigt worden[23]. Jedoch hat der BGH die Möglichkeiten des Tatrichters, von einer Beweisaufnahme abzusehen und auf die eigene Sachkunde und Lebenserfahrung zurückzugreifen, beträchtlich eingeschränkt. So können sich die Gerichte zur Begründung des irreführenden Charakters von UEP-Verkäufen, deren Ausnahme- bzw. Sonderangebotscharakter in begleitenden Werbemaßnahmen klar herausgestellt wird, nach der jüngeren Rechtsprechung des BGH[24] nicht auf die

---

[20] Vgl. nur BGHZ 37, S. 389, 393f.

[21] *Zöller/Stephan*, ZPO, § 286 Anm. II 1 m.w.N.

[22] NJW 1962, S. 2149ff., 2151ff. „Bärenfang".

[23] So BGH GRUR 1979, S. 116ff. „Der Superhit"; GRUR 1978, S. 652ff. „Mini-Preis"; GRUR 1974, S. 344 „Intermarkt".

[24] Insbesondere BGH GRUR 1978, S. 649, 651 „Elbe-Markt"; vgl. aber auch schon BGH GRUR 1970, S. 33f. „Lockvogel".

Lebenserfahrung stützen. Da in den letzten Jahren im Lebensmitteleinzelhandel die Werbung mit besonders herausgestellten Angeboten stark zugenommen habe, sei auch für den über wirtschaftliche Zusammenhänge weniger aufgeklärten Teil des Publikums der Schluß vom Preisniveau der herausgestellten Angebote auf das des übrigen Sortiments ferner gerückt. Es könne daher nicht ohne weiteres als der Lebenserfahrung entsprechend angenommen werden, das Publikum fasse solche Werbung als ziemlich exakten Hinweis auf die Preisbemessung des Gesamtsortiments auf[25]. Vielmehr liege es ebenso nahe anzunehmen, der Verbraucher gewinne den Eindruck, der Kaufmann habe das „Sonderangebot" im Preis herabgesetzt, um es werbewirksam herausstellen zu können. Daraus resultiere die Vorstellung des Verbrauchers, das übrige Sortiment sei gerade nicht so preisgünstig. Diese Auffassung des BGH vermag jedoch kaum zu überzeugen. Gerade dann, wenn die Verbraucher das Normalsortiment relativ teuer einschätzen, hat die Sonderangebotspolitik einer Einkaufsstätte besondere Bedeutung. Sie ist das Instrument, das den Verbraucher in seiner Preisniveaueinschätzung langfristig umzustimmen vermag[26]. Diese langfristig angelegte Wirkung von „Sonderangeboten" wird von der Rechtsprechung nicht hinreichend gewürdigt.

Da in der Praxis nahezu alle UEP-Angebote von intensiven Werbemaßnahmen begleitet werden, die die äußerst niedrige Preisstellung besonders herausstellen, dürfte in dem weit überwiegenden Teil der auf § 3 UWG gestützten Rechtsstreitigkeiten um die Unterlassung von UEP-Verkäufen eine umfangreiche Beweisaufnahme mit den bereits dargestellten Schwierigkeiten und Risiken unumgänglich sein[27]. In der Literatur wird deshalb versucht, eine Beweiserleichterung zu begründen[28]. Ausgehend von der Annahme, UEP-Verkäufe führten typischerweise einen nicht unerheblichen Teil der Verbraucher über die Preisbemessung des Gesamtsortiments und über die Preisvorteile beim Gesamteinkauf in die Irre, soll an den Tatbestand des UEP-Angebotes die Vermutung der Kundentäuschung geknüpft werden[29]. Wenngleich dieser Ansatz dem Wirkungsgefüge von UEP-Angeboten durchaus gerecht wird, erscheint es fraglich, ob er eine Änderung der Rechtsprechung, die der Irreführungsgefahr von UEP-Verkäufen eher skeptisch gegenübersteht, anzuregen vermag.

Neben der Frage, welche Vorstellung die angesprochenen Verkehrskreise aufgrund des UEP-Angebotes vom Preisniveau des Gesamtsortiments haben, setzt der Irreführungstatbestand des § 3 UWG weiter voraus, daß die Verbrau-

---

[25] BGH GRUR 1978, S. 649, 651 „Elbe-Markt".

[26] I.E. ebenso *Schneider*, Die Preisstellung unter Einstandspreis..., S. 177.

[27] Hierauf weist auch *Kicker*, GRUR 1978, S. 652 zutreffend hin. Ebenso *Gloy*, Werbung mit der Preisstellung..., GRUR 1980, S. 395, 398.

[28] Vgl. etwa *Sack*, Der Verkauf unter Selbstkosten..., WRP 1983, S. 63, 65.

[29] Vgl. *Sack*, a.a.O. (siehe Fn. 28). Die Schweiz beabsichtigt eine entsprechende Vermutungsregel in das UWG aufzunehmen. Vgl. Art. 3 lit. f des Entwurfes des schweiz. UWG v. 18 Mai 1983, Botschaft des Schweizerischen Bundesrates v. 18. Mai 1983, S. 84ff.

chervorstellung von der tatsächlichen Preisgestaltung des Gesamtsortiments negativ abweicht. Nach der Rechtsprechung des BGH muß daher festgestellt werden können, daß die Artikel des Restsortiments normal oder sogar überhöht kalkuliert worden sind[30]. Die Frage des tatsächlichen Preisniveaus des Restsortiments hat, soweit ersichtlich, in den bekannten Entscheidungen zum irreführenden Charakter von UEP-Verkäufen keine entscheidungserhebliche Rolle gespielt. Zum Teil kam es auf die tatsächliche Höhe des Preisniveaus nicht an, da es für eine Irreführung bereits an der ersten Voraussetzung fehlte; z.T. war die Höhe des Gesamtpreisniveaus zwischen den Parteien unstreitig[31]. Sollte es in einem Rechtsstreit zwischen den Parteien jedoch zu einem Streit über diesen Punkt kommen, so dürften sich weitere erhebliche Beweisprobleme ergeben. Zunächst einmal müßte das Gesamtpreisniveau des UEP-anbietenden Unternehmens festgestellt werden. Auf welche Weise eine solche Feststellung getroffen werden kann, ist jedoch ungeklärt. Man könnte etwa daran denken, zunächst einmal das Preisniveau der einzelnen Artikel zu bestimmen und daraus schließlich das Gesamtpreisniveau abzuleiten. Möglicherweise reicht es aber bereits aus, die Preise einer bestimmten eingeschränkten Anzahl von Produkten festzustellen. In diesem Fall müßte allerdings geklärt werden, welche Waren zur Preisermittlung heranzuziehen sind. Darüber hinaus wäre weiter festzustellen, wie hoch das Gesamtpreisniveau vergleichbarer Einkaufsstätten ist. Erst danach könnte eine eventuelle Überhöhung des Gesamtpreisniveaus des UEP-verkaufenden Unternehmens ermittelt werden[32].

All diese Fragen zu beantworten hatte die Rechtsprechung bisher keine Gelegenheit. Eine Lösung dieser Probleme ist m.E. aber auch nicht von vorrangiger Bedeutung. Viel wichtiger erscheint die Klärung der Frage, wen die Beweislast für die Höhe des tatsächlichen Gesamtpreisniveaus trifft. Es wurde bereits gezeigt, daß das UEP-anbietende Unternehmen gezwungen ist, die durch den Verkauf des UEP-angebotenen Artikels entstehenden Verluste durch eine entsprechend höhere Kalkulation des Restsortimentes abzufangen[33]. Es erscheint daher gerechtfertigt, in einem auf § 3 UWG gestützten Unterlassungsrechtsstreit zugunsten des Klägers nach der Lebenserfahrung zu vermuten, daß das Restsortiment überhöht kalkuliert ist. Eine solche Beweiserleichterung hat jedoch bisher keinen Eingang in die Rechtsprechung gefunden.

Nach der gegenwärtigen Entscheidungspraxis der Gerichte kann § 3 UWG wegen der nahezu unüberwindlichen Beweisschwierigkeiten keine wirksame Begrenzung für UEP-Strategien darstellen.

---

[30] BGH GRUR 1970, S. 33ff. „Lockvogel"; BGH GRUR 1974, S. 344ff. „Intermarkt".

[31] So in BGH GRUR 1970, S. 33, 35 „Lockvogel".

[32] Auf diese weitgehend ungeklärten Fragen weist *Gloy*, a.a.O. (siehe Fn. 27), zutreffend hin.

[33] S.o. 3. Kap. A II.

II. § 1 UWG

Neben dem Irreführungsverbot des § 3 bietet das UWG mit der Generalklausel des § 1 eine weitere Möglichkeit der Intervention gegenüber UEP-Strategien. Ein Anspruch auf Unterlassung von UEP-Verkäufen nach § 1 UWG setzt voraus, daß die Wettbewerbshandlung gegen die guten Sitten verstößt. Bei der Untersuchung der Sittenwidrigkeit von UEP-Verkäufen sind zwei verschiedene Gruppen von Gesichtspunkten zu berücksichtigen.

Zum einen kann die Sittenwidrigkeit von UEP-Verkäufen unter solchen Aspekten geprüft werden, die im Zusammenhang stehen mit dem Horizontalverhältnis zwischen dem UEP-anbietenden Unternehmen und seinen Wettbewerbern. Zum anderen kann man die Sittenwidrigkeit von Niedrigpreisstrategien mit Hilfe von Gesichtspunkten zu begründen versuchen, die ihren Ansatzpunkt in dem Vertikalverhältnis zwischen dem UEP-anbietenden Unternehmen und seinen Lieferanten bzw. den Herstellern haben. Wenngleich eine Untersuchung der Sittenwidrigkeit von UEP-Verkäufen unter vertikalen Aspekten besonders reizvoll erscheint[34], so soll doch im folgenden wegen der horizontalen Zielrichtung des Untersuchungsgegenstandes allein auf horizontale Gesichtspunkte abgestellt werden.

Für die Frage, wann ein UEP-Verkauf den Makel der lauterkeitsrechtlichen Sitenwidrigkeit trägt, ist zunächst von dem Grundsatz auszugehen, daß jeder Gewerbetreibende das Recht hat, den Preis seiner Waren nach freiem Ermessen zu bilden[35]. Mithin kann es nicht grundsätzlich wettbewerbswidrig sein, wenn ein Handelsunternehmen einen Teil seines Sortiments UEP verkauft. Dies hat die Rechtsprechung in mehreren Entscheidungen für den Fall bestätigt, daß der Einstandspreis nur zeitweilig oder gelegentlich unterschritten wird[36]. Die grundsätzliche wettbewerbsrechtliche Zulässigkeit von UEP-Angeboten entspricht auch dem Willen des Gesetzgebers, der von einem allgemeinen Verbot des UEP-Verkaufs im Rahmen des UWG bisher abgesehen hat[37].

---

[34] Vgl. aus neuerer Zeit BGH JZ 1984, S. 332ff. „Verkauf unter Einstandspreis II" m. Anm. *Hubmann; Lehmann*, Wettbewerbs- und warenzeichenrechtliche Bemerkungen..., GRUR 1984, S. 313ff.

[35] Vgl. *Baumbach/Hefermehl*, Wettbewerbsrecht, § 1 UWG Rdnr. 207; BGH GRUR 1958, S. 557, 558 „Direktverkäufe"; GRUR 1979, S. 321, 323 „Verkauf unter Einstandspreis I".

[36] BGH GRUR 1960, S. 331, 334 „Schleuderpreise"; GRUR 1966, S. 214, 217 „Einführungsangebot"; für die Unterschreitung des Einstandspreises ausdrücklich auch BGH GRUR 1979, S. 321, 323 „Verkauf unter Einstandspreis I".

[37] Bei der Beratung des Gesetzes vom 26. Juni 1969 zur Änderung des UWG, BGBl. 1969, Teil I, S. 633, hatte ein Verbot des UEP-Verkaufs zur Diskussion gestanden. Vgl. hierzu den Bericht des Rechtsausschusses des BT, BT-Drs. V/4035, S. 2f. Auch im Rahmen der 4. GWB-Novelle ist eine Änderung des UWG mit dem Ziel des Verbots von UEP-Verkäufen in Erwägung gezogen worden. Hierzu Bericht des BT-Ausschusses für Wirtschaft, BT-Drs. VIII/3690, S. 29.

UEP-Verkäufe sind daher nach § 1 UWG wettbewerbsrechtlich nur zu beanstanden, wenn besondere, die Sittenwidrigkeit begründende Umstände hinzutreten[38]. Demgegenüber ist in der Literatur verschiedentlich die Auffassung vertreten worden, wegen der vielfältigen Beweisschwierigkeiten bei Klagen nach § 1 UWG auf Unterlassung von UEP-Verkäufen müsse zur Vereinfachung der Rechtslage eine Beweislastumkehr erreicht werden. Hierzu sei es erforderlich, den UEP-Verkauf als grundsätzlich wettbewerbswidrig anzusehen[39]. Dann müsse das beklagte Unternehmen darlegen und beweisen, daß dem UEP-Verkauf nicht das Merkmal der Sittenwidrigkeit anhafte. Eine Entscheidung der Rechtsprechung zu der vorgeschlagenen Darlegungs- und Beweislastumkehr steht noch aus[40]. Mithin ist nach dem heutigen Stand der Rechtsprechung davon auszugehen, daß ein UEP-Verkauf nur bei Vorliegen besonderer Umstände als sittenwidrig i. S. d. § 1 UWG eingestuft werden kann.

Als einen die Sittenwidrigkeit einer Wettbewerbshandlung begründenden Umstand haben es Literatur und Rechtsprechung seit jeher angesehen, wenn die niedrige Preisstellung mit der Zielsetzung erfolgt, Wettbewerber vom Markt zu verdrängen oder gar zu vernichten[41]. Die praktische Schwierigkeit bei der Feststellung einer wettbewerbswidrigen Vernichtungsunterbietung liegt darin zu erkennen, ob die Verdrängung der Wettbewerber die bloße Folge intensiven Wettbewerbs ist oder ob die Preisunterbietung in der Absicht erfolgt, die Mitbewerber zu verdrängen, damit in der Zukunft ein echter Leistungsvergleich unmöglich wird. Fraglich erscheint, ob die geforderte Verdrängungsabsicht ein geeignetes Merkmal ist, um den gem. § 1 UWG zulässigen Leistungswettbewerb vom Nichtleistungswettbewerb zu unterscheiden[42]. Jeder Kaufmann dürfte bestrebt sein, den wirtschaftlichen Erfolg des eigenen Unternehmens zu steigern. Da aber eine Steigerung des wirtschaftlichen Erfolges des einen im Wettbewerb nur zu Lasten der Mitbewerber möglich ist, hat jeder Kaufmann als Kehrseite des Willens zur Erfolgsverbesserung des eigenen Unternehmens auch die Absicht, die Wettbewerber zu beeinträchtigen ggf. sogar zu vernichten. Die praktische Schwierigkeit, eine Vernichtungs- bzw. Verdrängungsabsicht festzustellen, dürfte der wesentliche Grund dafür sein, daß dieser die Sittenwidrigkeit

---

[38] So zuletzt BGH WM 1984, S. 65, 66 „Verkauf unter Einstandspreis II"; GRUR 1979, S. 321, 323 „Verkauf unter Einstandspreis I".

[39] Vgl. *Sack*, Der Verkauf unter Selbstkosten..., WRP 1983, S. 63, 70f.; ähnlich *Bunte*, Die Beurteilung von Lockvogel- und Sonderangeboten..., GRUR 1981, S. 397, 406.

[40] In der Entscheidung „Verkauf unter Einstandspreis II", WM 1984, S. 65, 66, sah sich der BGH an einer Stellungnahme zu dieser Frage gehindert, weil die Behauptungen der Kläger im wesentlichen als richtig unterstellt wurden.

[41] Grundlegend RGZ 134, S. 342ff. „Benrather-Tankstelle"; vgl. auch *Baumbach/Hefermehl*, Wettbewerbsrecht, § 1 UWG Rdnr. 206; vgl. auch BGH JZ 1986, S. 589, 592 „Abwehrblatt II"; ebenso *Knöpfle*, Anmerkung z. Urt. d. BGH v. 10. 12. 1985 „Abwehrblatt II", JZ 1986, S. 596.

[42] Insoweit bereits kritisch *Nipperdey*, Wettbewerb und Existenzvernichtung, S. 18.

einer Wettbewerbshandlung indizierende Gesichtspunkt in der Rechtsprechung zu § 1 UWG keine große Bedeutung erlangt hat.

UEP-Verkäufe können aber auch, ohne den Charakter einer Vernichtungsunterbietung zu haben, unter anderen Aspekten gem. § 1 UWG wettbewerbswidrig sein. Zu denken ist hier an Gesichtspunkte, die für die wettbewerbsrechtliche Beurteilung von Vorspannangeboten im Rahmen des „übermäßigen Anlockens“ eine wichtige Rolle spielen. Unter einem Vorspannangebot versteht man die Verbindung des besonders günstigen Angebotes einer („branchenfremden“) Ware mit dem einer Hauptware, das in der Werbung besonders herausgestellt wird und zum gleichzeitigen Kauf der Hauptware anreizen soll[43]. Nach ständiger Rechtsprechung sind sog. Vorspannangebote grundsätzlich wettbewerbswidrig i. S. d. § 1 UWG[44]. Sie stellen eine besondere Form der Wertreklame dar und widersprechen den Prinzipien des Leistungswettbewerbs, da sie die Schiedsrichterfunktion des Verbrauchers im Wettbewerb zu beeinträchtigen geeignet sind. Der Anlockeffekt eines besonders preisgünstigen Vorspannangebotes mit seiner rechtlichen Abhängigkeit vom Erwerb der Hauptware ist darauf gerichtet, den Kunden von der Hauptware und ihren Eigenschaften (Preis, Qualität etc.) abzulenken. Letztlich soll also der Verbraucher mit Hilfe des Vorspannangebotes dazu bestimmt werden, die Hauptware aus sachfremden Gründen zu erwerben.

Vergleicht man diese Intention bei Vorspannangeboten mit den UEP-Angeboten zugrundeliegenden Absichten, so lassen sich Übereinstimmungen feststellen. Ähnlich wie Vorspannangebote haben UEP-Verkäufe signifikanter Artikel den Zweck, neue Kunden anzulocken und sie beim Besuch der Einkaufsstätte auch zum Erwerb der übrigen, normal oder höher kalkulierten Artikel des Sortiments zu „verleiten“. Deshalb ist in der Literatur versucht worden, die tragenden Gedanken der Rechtsprechung zur Wettbewerbswidrigkeit von Vorspannangeboten auf UEP-Aktionen zu transferieren[45].

Aus der Rechtsprechung zur Problematik der Vorspannangebote selbst lassen sich jedoch überzeugende Gesichtspunkte gewinnen, die einem solchen Wertungstransfer entgegenstehen. Soweit nämlich das Vorspannangebot nicht vom Erwerb einer Hauptware oder einem bestimmten Einkaufsbetrag[46] abhängig ist (sog. ungekoppeltes Vorspannangebot), kann eine Sittenwidrigkeit i. S. d. § 1

---

[43] Vgl. *Emmerich*, Recht des unlauteren Wettbewerbs, S. 147; *Baumbach/Hefermehl*, Wettbewerbsrecht, § 1 UWG Rdnr. 103; BGHZ 65, S. 68 „Rauchglas“.

[44] Dies gilt jedenfalls für branchenfremde Vorspannangebote. BGH, a. a. O. (siehe Fn. 43); GRUR 1976, S. 637 „rustikale Brettchen“; OLG Düsseldorf WRP 1974, S. 279 „Sommer-Angebot“.

[45] Vgl. *Lorenz*, Lockvogel- und Sonderangebote, GRUR 1976, S. 512ff.; *Hoth*, Übertriebenes Anlocken, GRUR 1974, S. 547; *Kisseler*, Die Bedeutung des Wettbewerbsrechts..., WRP 1974, S. 649, 651.

[46] BGHZ 65, S. 68, 70.

UWG nach der Rechtsprechung grundsätzlich nicht angenommen werden[47]. Anders als bei den gekoppelten Vorspannangeboten, so argumentiert der BGH, sei den ungekoppelten Vorspannangeboten die die Wettbewerbswidrigkeit indizierende Gefahr unsachlicher Beeinflussung der Kaufentscheidung des Kunden nicht inhärent. Ergebe sich diese Gefahr bei den gekoppelten Vorspannangeboten aus dem rechtlichen Zwang zum Kauf der Hauptware, so fehle es bei den ungekoppelten Vorspannangeboten an dem die Beeinflussungsgefahr begründenden rechtlichen Kaufzwang. Auch ein psychologischer Kaufzwang bei den ungekoppelten Vorspannangeboten dürfte in aller Regel zu verneinen sein[48]. Da aber bei UEP-Verkäufen ebenso wie bei den ungekoppelten Vorspannangeboten ein rechtlicher Zwang zum Kauf der höher kalkulierten Restware fehlt, scheitert ein Transfer der die Wettbewerbswidrigkeitt gekoppelter Vorspannangebote begründenden Gesichtspunkte auf UEP-Verkäufe an der fehlenden Ähnlichkeit der Sachverhalte. Auch ein wettbewerbsrechtlich relevanter psychologischer Kaufzwang läßt sich bei UEP-Angeboten nicht annehmen. Zwar könnte man das Bestehen eines psychologischen Kaufzwanges in Erwägung ziehen, wenn man berücksichtigt, daß der UEP-Verkauf einer Ware bei dem Unternehmen artikelbezogene Verluste begründet[49]. Die Vermutung, die Verbraucher sähen sich bei UEP-Angeboten zum Kauf von Waren des Restsortiments deshalb gezwungen, weil der Kaufmann bei der preisgünstig angebotenen Ware etwas zuschieße, ist jedoch nicht haltbar. Der Kunde vermag nämlich die Preiskalkulation der Unternehmen nicht zu durchschauen. Er erkennt nicht, daß ihm bei der UEP angebotenen Ware etwas „geschenkt" wird[50]. Eine Beschränkung der Kaufwahlfreiheit des Verbrauchers ist also nicht regelmäßige Folge von UEP-Strategien. Der Erfolg solcher Niedrigpreisaktionen hat seinen Grund vielmehr in der beschränkten Fähigkeit der Verbraucher, das Preisniveau des Gesamtsortiments einer Einkaufsstätte zu bestimmen, und in deren spezifischem Einkaufsverhalten (one-stop-shopping etc.)[51]. Die Ausnutzung solcher Eigenheiten der Verbraucher allein kann nicht als Vorstoß gegen die guten Sitten bewertet werden[52]. Die wettbewerbsrechtliche Einschätzung von UEP-Verkäufen nach den zu Vorspannangeboten entwickelten Grundsätzen erscheint daher ausgeschlossen. Im übrigen dürfte ein solcher Wertungstransfer auch daran scheitern, daß Gegenstand wettbewerbswidriger Vorspannangebote branchenfremde Waren sind, während der UEP-Verkauf sich in der Regel auf branchenzugehörige Artikel erstreckt[53].

---

[47] So BGH GRUR 1979, S. 55, 57 „Tierbuch".

[48] Ebenso BGH, a.a.O. (siehe Fn. 47).

[49] Vgl. die Argumentation der Revision in BGH, a.a.O. (siehe Fn. 47).

[50] So zutreffend BGH WRP 1979, S. 321, 323 „Verkauf unter Einstandspreis I".

[51] S.o. 3. Kap. A II, III.

[52] Ebenso *Lehmann*, Schutz des Leistungswettbewerbs..., GRUR 1979, S. 368, 372.

[53] Bei Vorspannangeboten mit branchenzugehörigen Waren dürfte ein Verstoß gegen § 1 UWG nur schwer zu bejahen sein. Hierzu BGHZ 65, S. 68, 74 „Rauchglas".

Bei der Prüfung der Sittenwidrigkeit von UEP-Verkäufen spielt in Rechtsprechung und Literatur ein weiterer Gesichtspunkt eine wesentliche Rolle. Es ist dies der Aspekt der Marktstörung. Nach der Rechtsprechung des BGH sind UEP-Verkäufe dann nach § 1 UWG zu beanstanden, wenn sie allgemein die Mitbewerber vom Markt verdrängen und dadurch der Wettbewerb auf diesem Markt völlig oder nahezu aufgehoben wird, oder wenn ernstlich damit zu rechnen ist, daß Mitbewerber in einem solchen Maß die Preisaktion nachahmen, daß es zu einer gemeinschaftsschädigenden Störung des Wettbewerbs kommt[54]. Derartig gewichtige Marktstörungen[55] dürften jedoch bei nur gelegentlichen UEP-Verkäufen regelmäßig zu verneinen sein. Mit dieser Begründung jedenfalls hat der BGH in der „Verkauf unter Einstandspreis I"-Entscheidung die Unterlassungsklage abgewiesen[56].

Damit kann nach der Rechtsprechung nur noch der systematische bzw. ständige UEP-Verkauf dem § 1 UWG unter dem Gesichtspunkt der Marktstörung unterfallen. Wenngleich der BGH dies in seiner Entscheidung ausdrücklich eingeräumt hat[57], so fehlt es doch bisher an einer die Sittenwidrigkeit von UEP-Verkäufen bejahenden Entscheidung. Darüber hinaus darf nicht übersehen werden, daß sich die Rechtsprechung mit einer solchen die Sittenwidrigkeit von UEP-Strategien bejahenden Entscheidung einen Punkt erreichen würde, in dem sich die Wirkungskreise von UWG und GWB überschneiden[58]. Möglicherweise ist eine negative Beurteilung von UEP-Strategien im Rahmen des mehr makrojuristisch orientierten GWB mit geringeren Problemen behaftet als im Rahmen des mehr mikro-juristisch orientierten UWG[59].

Die Untersuchung der wettbewerbsrechtlichen Grenzen von UEP-Verkäufen zwingt mithin zu der Erkenntnis, daß sich das UWG bei der Bekämpfung systematischer UEP-Strategien in der Vergangenheit als eine stumpfe Waffe erwiesen hat. Entscheidungen, die die besonders betroffenen kleinen und mittleren Unternehmen ermutigen könnten, im Kampf gegen diese existenzbedrohende Niedrigpreisstrategie juristische Hilfe in Anspruch zu nehmen, sind kaum erkennbar. Selbst wenn es aber in der Zukunft gelingen sollte, das UWG zur Begrenzung von UEP-Aktionen einzusetzen, darf doch die Wirkung

---

54 BGHZ 51, S. 236, 240, 242 „Stuttgarter Wochenblatt I"; GRUR 1971, S. 477, 479 „Stuttgarter Wochenblatt II"; WRP 1979, S. 321, 323 „Verkauf unter Einstandspreis I"; GRUR 1983, S. 120, 125 „ADAC-Verkehrsrechtsschutz".

55 Zum Ausmaß der erforderlichen Marktstörung *Lehmann*, a.a.O. (siehe Fn. 52), S. 378f.

56 BGH a.a.O. (siehe Fn. 54).

57 BGH a.a.O. (siehe Fn. 54).

58 Zum Verhältnis von UWG und GWB *Baumbach/Hefermehl*, Wettbewerbsrecht, Allg. Rdnr. 89, § 1 UWG Rndr. 691e; *Hefermehl*, Entwicklungen im Recht gegen unlauteren Wettbewerb, FS *Fischer*, S. 197ff.

59 Zu dieser Terminologie *Lehmann*, Schutz des Leistungswettbewerbs..., GRUR 1979, S. 368, 373; tendenziell ähnlich *Nette*, a.a.O. (siehe Fn. 15), S. 78f.

wettbewerbsrechtlicher Instrumente nicht überschätzt werden. Es erscheint fraglich, ob auf das UWG gestützte Einzelfallentscheidungen dem Phänomen des UEP-Verkaufs überhaupt generell Einhalt gebieten können.

B. UEP-Verkäufe im Lichte der SonderveranstaltungsAO[60]

Eine wirksame Schranke für UEP-Verkäufe könnte sich aus der SAO ergeben. Soweit UEP-Aktionen als Sonderveranstaltungen i. S. d. § 1 Abs. 1 SAO eingestuft werden können, sind sie gem. § 9a UWG i. V. m. § 2 Abs. 1 SAO untersagt. Eine UEP-Aktion kann nur dann eine Sonderveranstaltung i. S. d. SAO sein, wenn sie außerhalb des regelmäßigen Geschäftsverkehrs stattfindet. Hierfür kommt es nach ständiger Rechtsprechung des BGH[61] auf die Gesamtumstände an, wobei der Wirkung auf das Publikum entscheidende Bedeutung beizumessen ist. Daher wird die Annahme einer Sonderveranstaltung nahe liegen, wenn sich beim Publikum u. a. aufgrund der Werbung der Eindruck bildet, es handele sich um eine außergewöhnliche, kurzfristige, jedenfalls vorübergehende und besonders günstige, so nicht wiederkehrende Einkaufsgelegenheit, die ein rasches Zugreifen erfordere. Entsprechend dieser Grundsätze hat der BGH in seiner „Tierbuch"-Entscheidung festgestellt, daß allein die Tatsache einer bestimmten, sei es auch auffallend günstigen Preisstellung für die Annahme einer Sonderveranstaltung jedenfalls nicht ausreicht[62]. Aber selbst wenn man berücksichtigt, daß UEP-Aktionen regelmäßig von intensiven Werbemaßnahmen begleitet sind, die durchaus geeignet sein dürften, beim Verbraucher den Eindruck eines außergewöhnlich preisgünstigen Angebots hervorzurufen, und ihn zu einem raschen Zugreifen zu ermuntern, erscheint die Annahme einer Sonderveranstaltung problematisch. Angesichts der starken Verbreitung von UEP-Aktionen im Handel könnte vielmehr der Sonderveranstaltungscharakter generell zu verneinen sein. Für die Frage, ob eine Verkaufsveranstaltung außerhalb des regelmäßigen Geschäftsverkehrs steht, kommt es insbesondere auf den in der betreffenden Branche üblichen und als angemessen empfundenen Geschäftsverkehr an[63]. Steht aber nicht der individuelle, sondern der branchenübliche Geschäftsverkehr im Vordergrund, so wird man, insbesondere im Lebensmittelhandel, in dem kein Tag ohne einen sog. „Preisknüller" vergeht, nicht davon ausgehen können, daß eine UEP-Aktion eine außerhalb

---

[60] Anordnung des Reichswirtschaftsministers betr. Sonderveranstaltungen vom 4. 7. 1935, RAnz. Nr. 158 = BGBl. III Nr. 43, 121; im folgenden: SAO.

[61] Vgl. BGH GRUR 1962, S. 42, 44 „Sonderveranstaltung II"; GRUR 1981, S. 422, 423 „Orion-Swiss"; ebenso *Baumbach / Hefermehl*, § 9a UWG Rdnr. 10.

[62] BGH GRUR 1979, S. 55, 59 m. Anm. *Fezer*.

[63] So etwa BGH GRUR 1958, S. 395 „Hähnchen"; GRUR 1973, S. 658, 659 „Probierpreis".

des regelmäßigen Geschäftsverkehrs stattfindende Verkaufsveranstaltung i. S. d. § 1 Abs. 1 SAO ist[64].

Aber auch dann, wenn die Branchenüblichkeit von UEP-Aktionen verneint wird, kommt man nicht zwingend zur Annahme einer Sonderveranstaltung. Anerkannt ist, daß auch solche Verkaufsveranstaltungen, die nicht branchenüblich sind, gleichwohl zum regelmäßigen Geschäftsverkehr zählen können. Voraussetzung hierfür ist, daß die Verkaufsaktion als eine vernünftige und sachgerechte Fortentwicklung des Bisherigen zu werten ist[65]. Hierzu wird in der Literatur die Auffassung vertreten, bei den gängigen Sonderangeboten handele es sich um eine sachgemäße, vom Gesetzgeber im Grundsatz positiv bewertete Fortentwicklung[66].

Letztlich dürfte die Annahme einer Sonderveranstaltung daran scheitern, daß die Verkaufsveranstaltung gem. § 1 Abs. 1 SAO dem beschleunigten Warenabsatz dienen muß. Dieses Tatbestandsmerkmal wurde von der Rechtsprechung bisher in der Weise interpretiert, daß die Verkaufsveranstaltung der Beschleunigung des Absatzes gerade der Waren dienen muß, auf die sich die Ankündigung bezieht und für die der Eindruck der Gewährung besonderer Kaufvorteile hervorgerufen wird[67]. Legt man diesen Maßstab bei UEP-Aktionen an, so wird der Sonderveranstaltungscharakter zu verneinen sein. UEP-Angebote dienen, wie bereits gezeigt[68], nur in der Form der neutralen UEP-Verkäufe[69] dem beschleunigten Absatz der besonders preisgünstig angebotenen Waren[70]. In allen übrigen Fällen haben UEP-Angebote ausschließlich den Zweck, den Absatz des restlichen, normal kalkulierten Sortiments zu fördern.

Ein anderes Ergebnis läßt sich auch nicht unter Berücksichtigung einer z. T. in der Literatur vertretenen Auffassung[71] und einer neueren Entscheidung des BGH[72] gewinnen, wonach es genügen soll, daß sich der Beschleunigungszweck sowohl auf die Neben- wie auf die Hauptware erstreckt. Sieht man die UEP-angebotenen Artikel als Nebenware an, so läßt sich bei UEP-Aktionen ein

---

64 Ebenso *Lindacher*, Lockvogel- und Sonderangebote, S. 19f.

65 Hierzu BGH GRUR 1975, S. 144, 145 „Vorsaison-Preis"; GRUR 1975, S. 491, 492 „Schräger Dienstag"; GRUR 1979, S. 402, 404 „direkt ab Lkw".

66 So ausdrücklich *Lindacher*, a. a. O. (siehe Fn. 64), S. 20.

67 BGH GRUR 1966, S. 214, 216; OLG Stuttgart WRP 1976, S. 723, 727; *von Burchard*, Sonderangebote..., BB 1957, S. 629, 631.

68 S. o. 3. Kap. C I.

69 Zur Begriffsbestimmung 2. Kap. B III.

70 Neutrale UEP-Verkäufe sind gleichwohl nicht als Sonderveranstaltung i. S. d. § 1 Abs. 1 SAO zu qualifizieren, da sie jedenfalls dem Sonderangebotsprivileg des § 1 Abs. 2 SAO unterfallen.

71 Vgl. etwa *Baumbach/Hefermehl*, Wettbewerbsrecht, § 9a UWG Rdnr. 126; *Borck*, Streifzug..., WRP 1969, S. 11, Fn. 17.

72 BGH GRUR 1980, S. 724ff. „Grand Prix".

Beschleunigungseffekt nur im Hinblick auf die „Hauptware“, das Restsortiment, nicht aber im Hinblick auf den UEP-angebotenen Artikel annehmen.

In neuerer Zeit sind in der Literatur Stimmen laut geworden, die an der vorgestellten restriktiven Handhabung des § 1 SAO durch die h. M. und die Rechtsprechung Kritik erkennen lassen[73]. Diese Auffassung setzt beim Sonderangebotsprivileg des § 1 Abs. 2 SAO an und argumentiert, der Gesetzgeber habe mit dem Sonderangebotsprivileg nur dem Anliegen des Einzelhandels Rechnung tragen wollen, einzelne Warenposten, die sich vom normalen Sortiment abheben, durch Niedrigpreisangebote abzustoßen, wenn hieran ein wirtschaftlich gerechtfertigtes Interesse besteht. Keinesfalls habe es in der Absicht des Gesetzgebers gelegen, dem Kaufmann durch das Sonderangebotsprivileg die Möglichkeit zu eröffnen, zu Zwecken des Kundenfangs mehr oder weniger willkürlich irgendwelche Warenposten unter Selbstkosten zu verkaufen und mit Hilfe von Umsatzsteigerungen bei normal oder überhöht kalkulierten Artikeln Gewinne erzielen zu können, die höher sind als die Verluste aus den Unterselbstkostenverkäufen. Aus diesem Grund müsse das Sonderangebotsprivileg des § 1 Abs. 2 SAO teleologisch reduziert und gleichzeitig, um die teleologische Reduktion nicht leerlaufen zu lassen, das Sonderveranstaltungsverbot des § 1 Abs. 1 SAO so extensiv interpretiert werden, daß alle Unterselbstkostenangebote[74] unter dieses Verbot fallen.

Wenngleich für die Richtigkeit dieser Auffassung jedenfalls die Entstehungsgeschichte des Sonderangebotsprivilegs spricht[75], so steht doch eine Anerkennung durch die Rechtsprechung aus. Solange aber die Gerichte an ihrer UEP-verkaufsfreundlichen, restriktiven Auslegung des Sonderveranstaltungsverbots des § 1 Abs. 1 SAO festhalten, bietet auch die SAO in der Praxis keine wirksame Handhabe gegenüber marktstrukturgefährdenden UEP-Strategien.

C. UEP-Verkäufe und Kartellrecht

Möglicherweise bietet jedoch das GWB, abgesehen von der durch die 4. Novelle im Jahre 1980 eingefügten Norm des § 37a Abs. 3, Ansatzpunkte, mit deren Hilfe jedenfalls extreme Niedrigpreisstrategien u. a. zum Schutz der besonders betroffenen mittelständischen Unternehmen beschränkt werden können.

---

[73] *Krüger-Nieland*, Schwerpunkte der wettbewerbsrechtlichen Rechtsprechung..., WRP 1979, S. 1, 4f.; *dieselbe*, WRP 1980, S. 311, 314; insbesondere *Sack*, Der Verkauf unter Selbstkosten..., WRP 1983, S. 63, 65f.

[74] Dies dürfte dann erst recht für UEP-Angebote gelten.

[75] Auch der Rechtsausschuß des BT weist in seinem Bericht zur UWG-Novelle 1969, BT-Drs. V/4035 = GRUR 1969, S. 338, 339 darauf hin, daß Sonderangebote ursprünglich nur dem beschleunigten Absatz von leicht verderblichen oder dem Preisverfall ausgesetzten Waren diente.

I. § 22 Abs. 5, Abs. 4 Nr. 1 GWB

Als eine mögliche Eingriffsermächtigung kommt § 22 Abs. 5, Abs. 4 Nr. 1 GWB in Betracht. Diese Vorschrift erlaubt den Kartellbehörden, einem marktbeherrschenden Unternehmen ein mißbräuchliches Verhalten zu untersagen, das die Wettbewerbsmöglichkeiten anderer Unternehmen in einer für den Wettbewerb auf dem Markt erheblichen Weise ohne sachlich gerechtfertigten Grund beeinträchtigt. Dieser Untersagungsbefugnis könnten UEP-Verkäufe dann unterfallen, wenn sie die Wettbewerbsmöglichkeiten anderer Unternehmen in erheblicher Weise ohne sachlichen Grund beeinträchtigen und von einem marktbeherrschenden Unternehmen durchgeführt werden. Als Adressaten einer auf § 22 Abs. 5, Abs. 4 Nr. 1 GWB gestützten Untersagungsverfügung kommen mithin nur marktbeherrschende Unternehmen i. S. d. § 22 Abs. 1 GWB in Betracht. Hier liegt die besondere Schwierigkeit, die Norm gegenüber UEP-Strategien einzusetzen. Dies zeigt die Anzahl der bis zur 4. GWB-Novelle 1980 ergangenen Mißbrauchsverfügungen sehr anschaulich. Unter dem Aspekt des Behinderungsmißbrauchs hat es bis dahin acht Entscheidungen gegeben, die auch einer gerichtlicheen Überprüfung ausgesetzt waren[76]. Darüber hinaus haben die Kartellbehörden zwar einige weitere Behinderungsmaßnahmen als mißbräuchlich beanstandet. Diese wurden jedoch ohne förmliches Verfahren abgestellt. Lediglich bei dieser letzten Gruppe gab es ein einziges Verfahren, das eine Verlustpreisunterbietung von Konkurrenten zum Gegenstand hatte[77]. Dabei ging es um die Verlustpreiskalkulation des größten deutschen Pauschalreiseveranstalters. Dieser hatte im Hinblick auf die Angebote konkurrierender Spezialreiseveranstalter seine eigenen Offerten für die Zielgebiete Ischia und Mexiko preislich so herabgesetzt, daß noch nicht einmal die entstehenden Kosten für Flug, Unterbringung und Transfer der Kunden gedeckt werden konnten.

Sieht man zunächst einmal von den Eingriffsvoraussetzungen der Norm ab, so ist die Hauptschwierigkeit der praktischen Anwendung des § 22 GWB bei den Verfügungsadressatenvoraussetzungen zu suchen. Dies wird auch in der Entstehungsgeschichte der Vorschrift deutlich, deren Tatbestandsmerkmal der Marktbeherrschung im Rahmen der 2. GWB-Novelle 1973 in mehrfacher Hinsicht erweitert wurde[78]. Trotz dieser gesetzgeberischen Maßnahmen ist die von § 22 GWB geforderte Machtschwelle noch so hoch angesetzt, daß die weit überwiegende Mehrzahl UEP-verkaufender Unternehmen, insbesondere im Bereich des Lebensmittelhandels, dem Anwendungsbereich der Vorschrift

---

[76] Vgl. IM-*Möschel*, § 22 Rdnr. 100 m. w. N.

[77] Vgl. BKartA, Tätigkeitsbericht 1975, BT-Drs. VII/5390, S. 76; Tätigkeitsbereicht 1976, BT-Drs. VIII/704, S. 81.

[78] Vgl. auch *Rittner*, § 22 GWB im Spannungsfeld..., FS *Hartmann*, S. 251, 261 ff.

entzogen ist. Gerade diese Erkenntnis[79] hat auch den Gesetzgeber bewogen, im Rahmen des § 37a Abs. 3 GWB die kartellbehördliche Eingriffsbefugnis von einer gegenüber § 22 GWB erleichterten Marktmachtvoraussetzung abhängig zu machen.

Die in der hohen Machtschwelle begründete geringe praktische Relevanz des § 22 GWB im Rahmen der Behinderungsaufsicht wird überdies auch durch die Einfügung des § 26 Abs. 2 S. 2 im Rahmen der 2. GWB-Novelle dokumentiert. Die Einführung des relativen, vertikalen Marktmachtbegriffes in dieser Vorschrift hat der Norm in der bisherigen Anwendungspraxis eine im Vergleich zu § 22 GWB überragende Rolle im System der kartellrechtlichen Verhaltenskontrolle verschafft[80].

Bezieht man in die Betrachtung des § 22 GWB noch die vorherrschende Unsicherheit bzw. Abneigung bei der Subsumtion von UEP-Verkäufen unter die Eingriffsvoraussetzungen der Norm ein[81], auf die wegen der nachfolgenden ausführlichen Erörterung der ähnlichen Problematik im Rahmen des § 37a Abs. 3 GWB hier nicht weiter eingegangen werden soll, so bleibt festzustellen, daß die kartellbehördliche Eingriffsermächtigung des § 22 Abs. 5, Abs. 4 Nr. 1 GWB kaum zur Dämpfung des extensiven, mittelstandsgefährdenden Preiswettbewerbs nutzbar gemacht werden kann.

II. § 26 Abs. 2 GWB

In der kartellrechtlichen Praxis bildet das Behinderungsverbot des § 26 Abs. 2 GWB einen Schwerpunkt der Kontrolle wettbewerbswidrigen Verhaltens. Dies hat seinen Grund u.a. darin, daß das Behinderungsverbot dieser Norm als Schutzgesetz i.S.d. § 35 Abs. 1 GWB anerkannt ist.[82]. Mithin eröffnet § 26 Abs. 2 GWB sowohl den betroffenen Unternehmen i.V.m. § 35 Abs. 1 GWB als auch den Kartellbehörden i.V.m. § 37a Abs. 2 GWB Möglichkeiten, wettbewerbliche Behinderungsmaßnahmen zu unterbinden. Da UEP-Verkäufe, wie bereits gezeigt[83], insbesondere gegenüber kleinen und mittelständischen Unternehmen eine beeinträchtigende Wirkung haben, fragt es sich, ob diese Norm

[79] Zum Gesichtspunkt „Schutzlücke" bei der Einfügung des § 37a Abs. 3 im Rahmen der 4. GWB-Novelle, Bericht des Wirtschaftsausschusses, BT-Drs. VIII/3690, S. 28ff.; ebenso P. *Ulmer*, Die neuen Vorschriften..., WuW 1980, S. 474, 486.

[80] *Kellermann*, Zwanzig Jahre Kartellgesetz..., WM Sonderbeilage IV/1978; *Kilian*, Diskriminierungsverbot..., ZHR 142 (1978), S. 453ff.

[81] Vgl. nur IM-*Möschel*, § 22 Rdnr. 121ff. m. zahlr. Nachw., aber auch die diesbezüglichen Ausführungen zur unbilligen Behinderung im Rahmen des § 37a Abs. 3 GWB im 6. Kapitel.

[82] *Langen*, § 35 Rdnr. 3; IM-*Emmerich*, § 35 Rdnr. 60; BGHZ 36, S. 91, 100 „Gummistrümpfe".

[83] S.o. 3. Kap. C II.

einen besonderen Beitrag zur Einschränkung extensiver Niedrigpreisstrategien leisten kann.

§ 26 Abs. 2 S. 1 GWB verbietet zunächst Marktbeherrschern jede unbillige Behinderung anderer Unternehmen in einem Geschäftsverkehr, der gleichartigen Unternehmen üblicherweise zugänglich ist. Da § 26 Abs. 2 S. 1 GWB die Behinderung von Unternehmen und nicht etwa nur der Wettbewerber verbietet, hat das Behinderungsverbot sowohl eine horizontale wie auch eine vertikale Schutzrichtung[84]. Marktbeherrschende Wirtschaftseinheiten dürfen gem. § 26 Abs. 2 S. 1 GWB weder die Wettbewerber noch die Abnehmer und Lieferanten unbillig behindern. Da sich die Vorschrift aber, ebenso wie § 22 Abs. 5, Abs. 4 Nr. 1 GWB nur an marktbeherrschende Unternehmen wendet[85], ist die praktische Anwendbarkeit der Norm gegenüber UEP-Strategien mit den gleichen Schwierigkeiten behaftet wie § 22 GWB.

Gem. § 26 Abs. 2 S. 2 GWB gilt das Behinderungsverbot des § 26 Abs. 2 S. 1 GWB auch für solche Unternehmen, von denen Anbieter oder Nachfrager einer bestimmten Art von Waren oder gewerblichen Leistungen in einer Weise abhängig sind, daß ausreichende und zumutbare Möglichkeiten, auf andere Unternehmen auszuweichen, nicht bestehen. Mit der Einfügung des § 26 Abs. 2 S. 2 GWB im Rahmen der 2. GWB-Novelle hat der Gesetzgeber den Begriff der relativen vertikalen Marktmacht im Kartellgesetz verankert. Seither unterliegen mithin unter vertikalen Aspekten auch nur relativ marktstarke Unternehmen der kartellbehördlichen Verhaltenskontrolle. Fraglich erscheint jedoch, ob mit § 26 Abs. 2 S. 2 GWB ein Fortschritt im Hinblick auf die Einschränkung unbilliger Behinderungen von Wettbewerbern durch UEP-Verkäufe verbunden ist. Dies hängt letztlich davon ab, ob auch dem relativ marktstarken Unternehmen i. S. d § 26 Abs. 2 S. 2 GWB sowohl die vertikale wie auch die horizontale Behinderung von Unternehmen untersagt ist[86].

Unstreitig ist, daß das Behinderungsverbot für relativ marktstarke Unternehmen auch insoweit gilt, als diese Betriebe von ihnen abhängige Anbieter oder Nachfrager behindern[87]. Streitig ist allein, ob der Schutzzweck der Norm auch die Wettbewerber bzw. nicht abhängige Dritte erfaßt[88]. Letztlich ist dieser Streit für die Anwendbarkeit des § 26 Abs. 2 S. 2 GWB auf UEP-Verkäufe jedoch

---

84 Ebenso *Emmerich*, Kartellrecht, S. 197, 198, wenn auch mit anderen Argumenten.

85 Die übrigen in § 26 Abs. 2 S. 1 GWB genannten potentiellen Verbotsadressaten können in diesem Zusammenhang außer Betracht bleiben.

86 Die Auffassung *Möhrings*, Kontrahierungszwang..., DB 1974, S. 225f., § 26 Abs. 2 S. 2 GWB erfasse nur die Diskriminierung, ist vereinzelt geblieben. Dagegen ausdrücklich BGH NJW 1979, S. 107 „Faßbierpflegeketten".

87 Vgl. IM-*Markert*, § 26 Rdnr. 96; *Langen*, § 26 Rndr. 86f.

88 Für einen auch horizontalen Schutzbereich die h. M.: IM-*Markert*, a. a. O. (siehe Fn. 87); *Langen*, a. a. O. (siehe Fn. 87); ebenso *Müller / Gießler / Scholz*, Wirtschaftskommentar, § 26 Rdnr. 52; a. A. *Hölzler / Satzky*, Wettbewerbsverzerrungen..., S. 118ff.; P. *Ulmer*, Die neuen Vorschriften..., WuW 1980, S. 474, 486.

ohne Bedeutung. Denn selbst wenn man der h. M. folgt und unter Berücksichtigung der systematischen Einordnung des Satzes 2 von einer bloßen Erweiterung des Kreises der Verbotsadressaten ohne Veränderung des Verbotsinhalts des § 26 Abs. 2 S. 1 GWB ausgeht, läßt sich § 26 Abs. 2 S. 2 GWB nicht nur zur Dämpfung extensiver Niedrigpreisaktionen einsetzen. Auch die h. M. erkennt der Vorschrift des § 26 Abs. 2 S. 2 GWB eine horizontale Schutzrichtung nur insoweit zu, als die Wettbewerberbehinderung auf mittelbarem Wege unter Ausnutzung der Abhängigkeit der Nachfrager oder Lieferanten erfolgt[89]. Das ist z. B. der Fall, wenn marktstarke Unternehmen i. S. d. § 26 Abs. 2 S. 2 GWB von ihnen abhängige Lieferanten oder Nachfrager unter Ausnutzung dieser Abhängigkeit verpflichten, bestimmte Waren nicht an Dritte zu liefern oder von Dritten zu beziehen. Keinesfalls erfaßt § 26 Abs. 2 S. 2 GWB unmittelbar horizontal behindernde Verhaltensweisen, wie etwa UEP-Verkäufe.

III. UEP-Verkäufe und Wettbewerbsregeln

Läßt man die neu geschaffene und den nachfolgenden Schwerpunkt dieser Arbeit bildende Vorschrift des § 37a Abs. 3 GWB einmal außer Betracht, so bleibt als letzte Möglichkeit, extensiven UEP-Strategien mit Hilfe des GWB entgegenzuwirken, die Vorschrift des § 28 GWB. Danach können Wirtschafts- und Berufsvereinigungen das Verhalten von Unternehmen im Wettbewerb zu dem Zweck regeln, einem den Grundsätzen des lauteren oder der Wirksamkeit eines leistungsgerechten Wettbewerbs zuwiderlaufenden Verhalten im Wettbewerb entgegenzuwirken und ein diesen Grundsätzen entsprechendes Verhalten im Wettbewerb anzuregen. Hat die Kartellbehörde solche Wettbewerbsregeln in das entsprechende Register eingetragen, so verstoßen Vereinbarungen der Beteiligten über die Einhaltung dieser Regeln gem. § 29 GWB nicht gegen das Kartellverbot des § 1 GWB.

Die Eintragung von Wettbewerbsregeln des Inhalts, UEP-Verkäufe in Zukunft zu unterlassen, könnte mithin dazu führen, daß diese Niedrigpreisstrategie jedenfalls auf freiwilliger Basis aus dem Katalog der den Unternehmen grundsätzlich frei zur Verfügung stehenden Wettbewerbsmaßnahmen verschwindet. Voraussetzung ist jedoch, daß eine solche Wettbewerbsregel überhaupt eintragungsfähig ist.

In der kartellbehördlichen Praxis der Vergangenheit sind jedoch die von § 28 GWB geschaffenen Möglichkeiten sehr restriktiv gehandhabt worden. So ist erst im Jahre 1982 der Versuch der GEDELFI, UEP-Verkäufe von Waren des täglichen Bedarfs mit Hilfe von Wettbewerbsregeln zu unterbinden, am Widerstand des BKartA gescheitert[90]. Dies entspricht der früheren Praxis des

---

[89] Vgl. nur IM-*Markert*, a. a. O. (siehe Fn. 87); ebenso BGH WuW/E BGH 1829, 1832 „Original-VW-Ersatzteile II".

[90] Anmeldung von Wettbewerbsregeln der GEDELFI, WuW 1982, S. 729.

BKartA gegenüber Wettbewerbsregeln, die ein Verbot, unter Selbstkosten anzubieten und zu verkaufen, beinhalten[91]. Deren Eintragung wurde mit der Begründung abgelehnt, Angebote unter Selbstkosten seien grundsätzlich ein wettbewerbsgerechtes Mittel, das erst bei Hinzutreten besonderer Umstände unlauter werde. Den Verkauf unter Selbstkosten einschränkende Wettbewerbsregeln wurden allerdings dann nicht beanstandet, wenn klargestellt war, daß sich das Preisangebot nach Beweggrund, Mittel und Zweck als sittenwidrig darstellen müsse[92]. Überträgt man diese Grundsätze des BKartA für die Eintragungsfähigkeit von Wettbewerbsregeln auf ein Verbot des UEP-Verkaufs, so wäre die Eintragung einer diesen Anforderungen entsprechenden Wettbewerbsregel nahezu bedeutungslos, da nach der bisherigen Rechtsprechung des BGH[93] UEP-Verkäufe nur in krassen Ausnahmefällen den Makel der Sittenwidrigkeit tragen. Die weit überwiegende Mehrzahl nicht sittenwidriger UEP-Verkäufe könnte trotz ihrer den Mittelstand gefährdenden Wirkung auch mit Hilfe von Wettbewerbsregeln nicht unterbunden werden.

Mithin bietet auch das GWB in seiner bis zur 4. Kartellnovelle 1980 gültigen Fassung keine wirksame Handhabe gegenüber UEP-Strategien.

---

91 Vgl. etwa WuW/E BKartA 100 „Kohleneinzelhandel“; WuW/E BKartA 1091 „Büromaschinen“; IM-*Kellermann*, § 28 Rdnr. 101 m. w. N.

92 So IM-*Kellermann*, a. a. O. (siehe Fn. 91).

93 S. o. 4. Kap. A II.

5. Kapitel

Verfügungsadressatenvoraussetzungen des § 37a Abs. 3 GWB

Ausgehend von der Zielsetzung des Gesetzgebers, die Arbeit der Kartellbehörden bei der Bekämpfung strukturschädigender UEP-Strategien zu effektivieren, soll im folgenden die „neue“ Norm des § 37a Abs. 3 GWB kritisch überprüft und die Grenzen ihrer Anwendbarkeit aufgezeigt werden. Nach § 37a Abs. 3 GWB hängt ein Einschreiten der Kartellbehörden gegen UEP-Verkäufe von der Erfüllung mehrerer Voraussetzungen ab, die sich in zwei Gruppen einteilen lassen: die adressatenbezogenen und die verhaltensbezogenen Merkmale. Die adressatenbezogenen Voraussetzungen der Eingriffsnorm sind zunächst Gegenstand der Untersuchung.

A. Unternehmen

§ 37a Abs. 3 GWB bestimmt zunächst, daß die Kartellbehörden eine auf diese Vorschrift gestützte Untersagungsverfügung nur erlassen können, wenn sie sich gegen ein Unternehmen richtet. Damit drängt sich gleich die Frage auf, ob die neue Norm an den herrschenden funktionalen Unternehmensbegriff des GWB anknüpft oder ob § 37a Abs. 3 GWB ein modifiziertes Begriffsbild des Unternehmens zugrunde liegt.

I. Der Unternehmensbegriff des § 37a Abs. 3 GWB

Dem Begriff des Unternehmens kommt in vielen Bereichen des Handels- und Wirtschaftsrechts eine besondere Bedeutung zu[1]. Dennoch ist es der Rechtswissenschaft bisher nicht gelungen, einen einheitlichen für das gesamte Wirtschaftsrecht geltenden Unternehmensbegriff zu entwickeln[2], obwohl alle Unternehmensdefinitionen einen gemeinsamen Kernbereich haben dürften[3].

---

[1] Vgl. nur die Diskussion über den aktienrechtlichen Unternehmensbegriff; siehe hierzu die ausführliche Darstellung bei *Biedenkopf/Koppensteiner*, Kölner Komm. z. AktG, § 15 Rdnr. 5ff. m.w.N. sowie *Wiedemann/Martens*, AG 1976, S. 197, 199.

[2] Vgl. *Emmerich/Sonnenschein*, Konzernrecht, S. 35; *Biedenkopf/Koppensteiner*, a.a.O. (siehe Fn. 1), § 15 Rdnr. 7.

[3] Hierzu *Raisch*, Zu den grundsätzlichen Aufgaben der Rechtswissenschaft, JZ 1966, S. 501, 555.

Großes Gewicht hat der Unternehmensbegriff insbesondere im GWB. Mit Ausnahme der §§ 20, 21, 38, 39 sowie der Flick-Klausel in § 23 Abs. 1 S. 10 wendet sich das GWB ausschließlich an Unternehmen. In Ermangelung einer Legaldefinition im GWB und eines einheitlichen wirtschaftsrechtlichen Unternehmensbegriffes muß das kartellrechtliche Unternehmensverständnis unter Berücksichtigung der Zielfunktion und des Wertsystems des GWB gewonnen werden[4]. Im Rahmen der wettbewerbsschützenden Zielfunktion des GWB hat der Begriff „Unternehmen" die Aufgabe, den Bereich des rein privaten Verbrauchs von den wettbewerbsrelevanten, wirtschaftlichen Tätigkeiten zu trennen und damit vom Anwendungsbereich des GWB auszunehmen. Auf diese Funktion des Unternehmensbegriffes abstellend, ging der Regierungsentwurf des GWB davon aus, daß unter einem Unternehmen jede wirtschaftliche Tätigkeit in der Erzeugung oder im geschäftlichen Verkehr mit Waren oder gewerblichen Leistungen zu verstehen sei[5]. Dieser extensive funktionale Unternehmensbegriff hat sich durchgesetzt und wird sowohl von der Rechtsprechung[6] als auch von der kartellrechtlichen Literatur[7] ganz überwiegend vertreten[8].

Von diesem Verständnis des Begriffs „Unternehmen" geht auch die Vorschrift des § 37a Abs. 3 GWB aus[9]. Für eine gegenteilige Annahme fehlt es an Anhaltspunkten. Weder die Begründung des BMWi zum Formulierungsvorschlag vom 22. November 1979[10] noch der Bericht des Bundestagsausschusses für Wirtschaft[11] enthalten Indizien dafür, daß dem § 37a Abs. 3 GWB ein modifiziertes Begriffsbild des Unternehmens zugrunde liegt.

II. Vereinigung von Unternehmen

Stellt man im Rahmen des § 37a Abs. 3 GWB ausschließlich auf den Wortlaut ab, so scheint die Vorschrift nur einen beschränkten Adressatenkreis zu haben. Abweichend von § 1 GWB und der eng verwandten Regelung des § 26 GWB, die

---

4 So *Raisch*, a.a.O. (siehe Fn. 3); ebenso *Möschel*, Recht der Wettbewerbsbeschränkungen, S. 68.

5 BT-Drs. II/1158, S. 31.

6 WuW/E BGH 1253, 1257 „Nahtverlegung"; WuW/E BGH 1469 „Autoanalyzer"; KG WuW/E OLG 1967, 1970 „WAZ".

7 Vgl. etwa IM-*Mestmäcker*, § 23 Rdnr. 5; *Langen*, § 23 Rdnr. 35; *Emmerich*, Kartellrecht, S. 27; *Möschel*, Recht der Wettbewerbsbeschränkungen, S. 68.

8 Ablehnend *Grützner*, Projektgemeinschaften..., WuW 1978, S. 193, 194ff.; kritisch K. *Schmidt*, ZGR 1980, S. 277, 280.

9 Ebenso *Möschel*, a.a.O. (siehe Fn. 7), S. 424; *Müller/Gießler/Scholz*, Wirtschaftskommentar, § 37a Rdnr. 17.

10 Erläuterungen zur Formulierungshilfe des BMWi, GRUR 1980, S. 164.

11 Bericht des BT-Ausschusses für Wirtschaft, BT-Drs. VIII/3690, S. 28ff.

sich sowohl an Unternehmen wie an Vereinigungen von Unternehmen richten, nennt § 37a Abs. 3 GWB als mögliche Adressaten einer Untersagungsverfügung nur Unternehmen. Damit stellt sich die Frage, ob die Nichtberücksichtigung der Unternehmensvereinigungen nur als ein den Adressatenkreis nicht beschränkendes redaktionelles Versehen zu werten ist oder ob der Gesetzgeber Vereinigungen von Unternehmen bewußt aus dem Anwendungsbereich der Vorschrift ausnehmen wollte.

Für die Anwendbarkeit des § 37a Abs. 3 GWB auf UEP-Verkäufe dürfte diese Frage jedoch wenig relevant sein. Soweit eine Vereinigung von Unternehmen selbst UEP-Verkäufe durchführen würde, läge eine Betätigung im geschäftlichen Verkehr mit Waren vor und die Vereinigung von Unternehmen wäre per definitionem selbst als „Unternehmen" zu qualifizieren[12].

Im übrigen dürfte die Frage, ob Adressaten einer auf § 37a Abs. 3 GWB gestützten Untersagungsverfügung auch Vereinigungen von Unternehmen sein können, positiv zu beantworten sein[13]. Mit der Einfügung der Vorschrift in das GWB hat der Gesetzgeber die Absicht verfolgt, eine „Schutzlücke" im System des GWB zu schließen und die kartellgesetzlichen Vorschriften gegenüber dem machtbedingten Verdrängungswettbewerb zu verstärken[14]. Eine Beschränkung des Anwendungsbereichs der Vorschrift kann daher vom Gesetzgeber kaum gewollt sein. Auch die Entstehungsgeschichte der Norm bietet für die Annahme einer derartigen Beschränkung keinen Hinweis.

B. Überlegene Marktmacht gegenüber kleinen und mittleren Wettbewerbern

Neben der kartellrechtlichen Unternehmensqualität fordert § 37a Abs. 3 GWB vom Adressaten einer Untersagungsverfügung eine gegenüber seinen kleinen und mittleren Wettbewerbern überlegene Marktmacht. Dieses Merkmal stellt einen Schwerpunkt der gesetzlichen Regelung dar und führt einen neuen eigenständigen Marktmachtbegriff in das GWB ein[15]. Bevor jedoch auf diesen neuen Marktmachtbegriff näher eingegangen werden kann, gilt es, die Pole zu bestimmen, zwischen denen das von § 37a Abs. 3 GWB geforderte Machtgefälle bestehen muß. Während der eine Pol, der in Betracht kommende Verfügungsadressat, feststeht, muß der andere Pol, die kleinen und mittleren Wettbewerber, noch herausgearbeitet werden. Zu diesem Zweck soll im folgenden zunächst

---

[12] So die h.M.; vgl. *Lieberknecht*, Darf ein Zusammenschluß von Verbänden Geschäftsbedingungen empfehlen?, MA 1958, S. 231, 232; ebenso GK-*Müller-Henneberg*, § 1 Rdnr. 21 a.E.

[13] So auch *Müller/Gießler/Scholz*, Wirtschaftskommentar, § 37a Rdnr. 17.

[14] Vgl. Bericht des BT-Ausschusses für Wirtschaft, a.a.O. (siehe Fn. 11), S. 29.

[15] Vgl. *Müller/Gießler/Scholz*, a.a.O. (siehe Fn. 13), Rdnr. 18; GK-*Fischötter*, § 37a Rdnr. 22.

dargestellt werden, wie die Wettbewerber des in Betracht kommenden Verfügungsadressaten zu bestimmen sind (I). Im Anschluß daran weden dann die Kriterien erarbeitet, die es ermöglichen, aus der Gesamtheit der Wettbewerber die für § 37a Abs. 3 GWB relevanten kleinen und mittleren Unternehmen herauszufiltern (II).

I. Wettbewerber

Fragt man nach Kriterien bzw. einer Methode zur Bestimmung der Wettbewerber des potentiellen Verfügungsadressaten, so lautet die Antwort der h. M. in Rechtsprechung und Literatur: Marktabgrenzung. Wer als Wettbewerber eines als Norm- bzw. Verfügungsadressat in Betracht kommenden Unternehmens anzusehen ist, ergibt sich aus der Abgrenzung des relevanten Marktes[16], wobei die Marktabgrenzung nach sachlichen, räumlichen und ggf. zeitlichen Gesichtspunkten vorgenommen werden muß. Dem ist grundsätzlich zuzustimmen. Soweit in der Literatur die Auffassung vertreten wird, der relevante Markt sei objektiv nicht abgrenzbar[17] und deshalb sei die Frage nach dem relevanten Markt eine Fehlleistung der Wettbewerbspolitik, kann dem aus Gründen des Wettbewerbsschutzes nicht gefolgt werden. Diese Auffassung geht davon aus, daß als Folge der fehlenden Abgrenzbarkeit des relevanten Marktes auch eine marktbeherrschende Stellung nicht nachweisbar sei. Konsequenz dieser Auffassung ist weiter, daß der Wettbewerb nicht vor machtbedingten Marktergebnissen geschützt werden kann. Damit aber würde der wohl unbestreitbar notwendige Schutz des Wettbewerbs vor den Auswirkungen praktizierter Marktmacht in weiten Teilen leerlaufen. Wirksamer Schutz des Wettbewerbs erfordert eine effektive Marktstruktur- und -verhaltenskontrolle, die nicht ohne den Ansatzpunkt „Marktmacht" auskommt[18]. Vom Begriff der Marktmacht losgelöste Eingriffstatbestände mit per-se-Verbotscharakter würden einer juristischen Überprüfung an den Maßstäben des Grundgesetzes schwerlich standhalten.

Auch den Autoren, die die Figur des relevanten Marktes als für kartellrechtliche Eingriffstatbestände nicht hinreichend leistungsfähig ansehen, kann nicht

---

[16] So ausdrücklich KG WuW/E OLG 1599, 1602 „Vitamin B-12"; *Mestmäcker*, Das marktbeherrschende Unternehmen, S. 11; ebenso *Beckmann*, Die Abgrenzung des relevanten Marktes, S. 109ff.; J. F. *Baur*, Der relevante Markt..., FS *Kummer*, S. 293ff., 302, der u.a. auf die st. Rechtsprechung des Supreme Court der USA verweist; kritisch *Baum*, Der relevante Markt..., WuW 1980, S. 401ff.; ebenso *Emmerich*, Fusionskontrolle und überragende Marktstellung, 2. FS *Böhm*, S. 119ff., 127f.; *Hoppmann*, Die Abgrenzung des relevanten Marktes, S. 28; aus betriebswirtschaftlicher Sicht neuerdings *Lademann*, Schutzzweck- und Rechtstatsachenprobleme..., DB 1984, S. 758, 761f.

[17] So insbesondere *Oberender*, Zur Problematik der Marktabgrenzung, WiSt 1975, S. 578, 579.

[18] Ebenso *Baum*, a.a.O. (siehe Fn. 16), S. 403f.

gefolgt werden. Zwar ist nicht zu leugnen, daß die Abgrenzung des relevanten Marktes und die damit korrespondierende Einzelmarktbetrachtung bei der kartellrechtlichen Behandlung wettbewerbsgefährdender Größenmacht — der sog. power derived from bigness[19] — großen z.T. sogar unüberwindlichen Schwierigkeiten gegenübersteht[20]. Die Konsequenz dieser Erkenntnis muß aber nicht der Abschied von dem in vielen Bereichen durchaus leistungsfähigen Konzept des relevanten Marktes sein[21]. Vielmehr erscheint es sinnvoll, die Marktabgrenzung dort, wo sie an die Grenzen ihrer Leistungsfähigkeit stößt, durch andere Kriterien z.B. durch an Umsatz- oder Beschäftigtenzahlen orientierte Größenkriterien zu ergänzen. Im Rahmen dieser Untersuchung kann jedoch die Diskussion um die grundsätzliche Notwendigkeit der Figur des relevanten Marktes für das Kartellrecht nicht vertieft werden. In Ermangelung leistungsfähigerer Alternativkonzepte muß daher an der Abgrenzung des relevanten Marktes als Mittel zur Bestimmung der Wettbewerber und als Vorstufe zur Feststellung der Marktmacht eines Unternehmens festgehalten werden.

1. Abgrenzung des sachlich relevanten Marktes

a) Allgemeine Grundsätze

Zur Abgrenzung des sachlich relevanten Marktes werden in der juristischen und betriebswirtschaftlichen Literatur verschiedene Konzepte und Methoden angeboten[22]. Herrschend ist im deutschen Kartellrecht das sog. Bedarfsmarktkonzept[23] bzw. das Konzept der funktionellen Austauschbarkeit aus der Sicht der Abnehmer. Danach zählen sämtliche Erzeugnisse zu einem sachlich relevanten Markt, die sich nach ihren Eigenschaften, ihrem wirtschaftlichen Verwendungszweck und ihrer Preislage so nahestehen, daß der verständige Verbraucher sie als für die Deckung eines bestimmten Bedarfs geeignet und als gegeneinander austauschbar ansieht. Gegen die grundsätzliche Richtigkeit des Ansatzes des Bedarfsmarktkonzeptes, für die Abgrenzung des relevanten Marktes auf die Nachfragerseite abzustellen, lassen sich begründete Zweifel

---

[19] Hierzu C. D. *Edwards*, Business Concentration and Price Policy, S. 331 ff.

[20] Dies gilt insbesondere für die Fusionskontrolle.

[21] Ebenso J. F. *Baur*, a.a.O. (siehe Fn. 16), S. 304, der zu Recht auf die fehlende rationale Begründbarkeit von absoluten Größenkriterien als Alternativkonzept verweist.

[22] Vgl. hierzu die instruktive Zusammenstellung bei *Backhaus*, Die Abgrenzung des relevanten Marktes, S. 3.

[23] Dies gilt jedenfalls für die Fälle des Angebotswettbewerbs, die hier allein betrachtet werden. Vgl. KG WuW/E OLG 995, 996 „Handpreisauszeichner"; KG WuW/E OLG 1745, 1748 „Kfz-Kupplungen"; WuW/E BGH 1435, 1440 „Vitamin B-12"; WuW/E BGH 1445, 1447 „Valium".

kaum anmelden[24]. Dies wird besonders deutlich, wenn man sich vergegenwärtigt, daß die Marktabgrenzung einen Schritt auf dem dornenreichen Weg zur Bestimmung der Marktmacht des in Betracht kommenden Norm- bzw. Verfügungsandressaten darstellt. Marktmacht eines auf der Anbieterseite stehenden Unternehmens bedeutet Abhängigkeit der Nachfrager von diesem Unternehmen. Eine solche Abhängigkeit liegt dann vor, wenn der Nachfrager ein bestimmtes Produkt nur von einem Anbieter beziehen kann und die „Konkurrenzprodukte" der übrigen Anbieter aus seiner Sicht zur Deckung seines konkreten Bedarfs nicht äquivalent erscheinen. In diesem Fall kann der Nachfrager nicht auf die „Konkurrenzprodukte" ausweichen; er ist an die Grenze des relevanten Marktes gestoßen[25]. Sind jedoch die „Konkurrenzprodukte" aus der Sicht des Abnehmers mit dem von ihm ursprünglich nachgefragten Produkt austauschbar, so kann er sich der Abhängigkeit gegenüber dem in Betracht kommenden Unternehmen dadurch entziehen, daß er auf die Produkte der übrigen Anbieter ausweicht.

Hat man das an die Sicht der Nachfrager anknüpfende Konzept der funktionellen Austauschbarkeit als im Grundsatz zutreffend akzeptiert, so stellt sich die in der Literatur kontrovers diskutierte[26] Frage, ob die Abgrenzung des sachlich relevanten Marktes auf einer juristischen Wertung beruht oder das Ergebnis einer kartellbehördlichen bzw. richterlichen Tatsachenermittlung darstellt. Die Frage ist m. E. weder in dem einen noch in dem anderen Sinne eindeutig zu beantworten[27]. Folgt man der im Kartellrecht stark vertretenen Auffassung, nach der der Markt- und Wettbewerbsbegriff für jede Vorschrift des GWB „normspezifisch" zu ermitteln ist[28], so ist es sicherlich die Aufgabe des Richters, unter Berücksichtigung der ratio legis der jeweiligen Norm die Kriterien herauszuarbeiten, die eine Marktabgrenzung im konkreten Einzelfall erst ermöglichen. Insoweit stellt die Abgrenzung des sachlich relevanten Marktes eine normative Entscheidung dar. Allerdings ist diese normative Entscheidung im Rahmen eines konkreten Kartellverfahrens nur der erste Schritt zur Marktabgrenzung. Den zweiten bildet in jedem Fall die Ermittlung der tatsächlichen Verhältnisse und deren Subsumtion unter die normativ gefundenen Marktabgrenzungskriterien. Dies erhellt, daß der zur Entscheidung

---

[24] Ebenso *Backhaus*, Die Abgrenzung des relevanten Marktes, S. 6; *Sandrock*, Grundprobleme der sachlichen Marktabgrenzung, FS *Kummer*, S. 449, 459f.

[25] So *Sandrock*, a.a.O. (siehe Fn. 24).

[26] Vgl. etwa *Westrick/Loewenheim*, GWB, § 22 Rdnr. 18; *Hoppmann*, Die Abgrenzung des relevanten Marktes, S. 41 f.; *Möschel*, Mißbrauchsaufsicht über marktbeherrschende Unternehmen, NJW 1975, S. 753, 754; *Backhaus*, a.a.O. (siehe Fn. 21), S. 6ff.; insbesondere aber *Sandrock*, a.a.O. (siehe Fn. 24), S. 467ff.

[27] A. A. *Sandrock*, a.a.O. (siehe Fn. 24), S. 469, der die Abgrenzung des relevanten Marktes ausschließlich als tatsächlichen Erkenntnisvorgang qualifiziert.

[28] So *Hoppmann*, a.a.O. (siehe Fn. 26); *Kaufer*, Die Definition des relevanten Marktes, ZHR 1967, S. 301, 310.

über die sachliche Marktabgrenzung berufene Richter grundsätzlich nicht aufgrund eines Werturteils entscheiden kann, welche Güter funktionell gegeneinander austauschbar sind[29]. Der Kartelljurist kann sich nicht mit Hilfe von Werturteilen über tatsächlich existierende Marktgrenzen hinwegsetzen. Ob aus der Sicht der Nachfrager eine funktionelle Austauschbarkeit verschiedener Güter besteht, ist eine Tatsache, die der Jurist der Realität entnehmen muß.

Ausgehend von diesem Verständnis der sachlichen Marktabgrenzung erscheint es allerdings problematisch, wenn es für die Bestimmung des relevanten Marktes auf die Sicht des „verständigen" Verbrauchers ankommen soll[30]. Bei einer solchen Definition des sachlich relevanten Marktes besteht von vornherein das beträchtliche Risiko, daß eine Marktabgrenzung vorgenommen wird, die mit dem realen Verbraucherverhalten in keinem Zusammenhang steht. Beim Abstellen auf die Sicht des „verständigen" Verbrauchers läuft man Gefahr, einen kartellrechtlich relevanten Markt „zurechtzuschneidern", dessen Grenzen gegenüber denen des real existierenden Marktes u.U. stark abweichen. Um dieser Gefahr zu begegnen, erscheint es sinnvoll, für die Definition des sachlich relevanten Marktes von der in der wettbewerblichen Wirklichkeit kaum existierenden Figur des „verständigen" Verbrauchers[31] Abschied zu nehmen[32] und in verstärktem Maße auf das reale Konsumentenverhalten abzustellen. Zur Ermittlung der Auffassungen der Verbraucher über die funktionelle Austauschbarkeit verschiedener Produkte könnten Kartellbehörden und Gerichte mehr und mehr auf die Erkenntnisse der Marketing-Wissenschaften zurückgreifen und sich im konkreten Einzelfall sachverständiger Unterstützung versichern. Hierdurch, so scheint es, läßt sich das Verfahren der sachlichen Marktabgrenzung objektivieren und zu einer größeren Rechtssicherheit führen[33]. Allerdings sollte man nicht zu große Erwartungen an die Erkenntnis knüpfen, daß der Richter bei der Abgrenzung des sachlich relevanten Marktes grundsätzlich nicht eigene Wertungen einbringen darf, sondern an die Anschauungen der Verbraucher über die funktionelle Austauschbarkeit verschiedener Produkte gebunden ist[34]. Zwar kann der Rückgriff auf Erkenntnisse der Marketing-Wissenschaften für Zwecke der Marktabgrenzung in der Theorie ohne größere Probleme vollzogen werden; in der Praxis jedoch sieht man sich insoweit erheblichen

---

[29] So i.E. zutreffend *Sandrock*, a.a.O. (siehe Fn. 24), S. 469.

[30] Z.B. KG WuW/E OLG 995, 996 „Handpreisauszeichner"; KG WuW/E OLG 463 „Reifen".

[31] Für die Nichtexistenz des „verständigen" Verbrauchers führt *Beckmann*, Die Abgrenzung des relevanten Marktes, S. 155f., ein anschauliches Beispiel an.

[32] So i.E. zutreffend *Sandrock*, a.a.O. (siehe Fn. 24), S. 470.

[33] Die fehlende Rechtssicherheit ist der Hauptansatzpunkt der Kritik von *Backhaus*, Die Abgrenzung des relevanten Marktes, S. 2ff., an der Marktabgrenzung durch Kartellbehörden und Gerichte.

[34] A. A. wohl *Lademann*, Schutzzweck- und Rechtstatsachenprobleme..., DB 1984, S. 758, 762; *Baum*, Der relevante Markt..., WuW 1980, S. 401, 404.

Hindernissen gegenüber. In der vorgerichtlichen Auseinandersetzung mit den Kartellbehörden wie auch im Rahmen eines Kartellrechtsstreits müßten sehr kosten- und zeitaufwendige Untersuchungen über die Grenzen des in Betracht kommenden Marktes angestellt werden. Dies bedeutet eine erhebliche Aufblähung der ohnehin schon personal-, zeit- und kostenintensiven Kartellverfahren[35]. Darüber hinaus muß die Frage erlaubt sein, ob die Einholung entsprechender Gutachten tatsächlich ein höheres Maß an Rechtssicherheit und Richtigkeit der Marktabgrenzung erbringt. In Anbetracht der großen Vielfalt wissenschaftlicher Erkenntnisse in der Marketing-Wissenschaft dürfte es nicht nur eine wissenschaftlich abgesicherte Marktabgrenzung geben. Der Streit um die sachliche Marktabgrenzung würde also wohl nur auf eine andere Ebene verlagert.

Darüber hinaus darf nicht außer acht gelassen werden, daß das deutsche Prozeßrecht — also auch das Kartellverfahrensrecht — vom Grundsatz der freien Beweiswürdigung beherrscht wird[36]. Danach haben die Gerichte die von ihnen begehrte Entscheidung unter Berücksichtigung des gesamten Verfahrensstoffes nach ihrer freien Überzeugung zu treffen. Das bedeutet, daß der Richter auch den sachlich relevanten Markt nach seiner freien Überzeugung abzugrenzen hat. Er ist mithin nicht sklavisch an das Ergebnis eines eventuell eingeholten Sachverständigengutachtens gebunden. Vielmehr hat er das Ergebnis einer solchen Beweisaufnahme frei zu würdigen. Er kann dem Gutachten folgen oder nicht[37], kann es aus eigener Sachkunde sogar korrigieren[38]. In diesem Rahmen steht dem Richter trotz seiner Bindung an die tatsächlichen Gegebenheiten ein Entscheidungsfreiraum offen.

Abschließend muß noch verdeutlicht werden, daß die Gerichte auch unter Zugrundlegung der hier vertretenen Auffassung zum Charakter der Marktabgrenzung nicht gezwungen sind, entsprechende empirische Gutachten zur Marktabgrenzung einzuholen. Eine Pflicht der Gerichte, bei der Ermittlung von Tatsachen und den daraus abzuleitenden Schlußfolgerungen sachverständige Hilfe in Anspruch zu nehmen, besteht nur dort, wo es den Gerichten an eigener Sachkunde mangelt[39]. Soweit der zuständige Richter selbst hinreichend sachkundig ist, die funktionelle Austauschbarkeit verschiedener Güter aus der Sicht der Verbraucher zu beurteilen, bedarf es also nicht der Einholung eines entsprechenden Sachverständigengutachtens. Berücksichtigt man nun, daß die Rechtsprechung grundsätzlich nicht geneigt ist, dem einzelnen Richter die

---

[35] Auch das von *Backhaus*, a.a.O. (siehe Fn. 33), S. 6, vorgeschlagene „vereinfachte" Verfahren erfordert noch einen erheblichen (Mehr-)Aufwand.

[36] Vgl. § 108 Abs. 1 VwGO, § 286 Abs. 1 ZPO.

[37] Vgl. etwa BGH NJW 1961, S. 2061 ff.

[38] *Thomas / Putzo*, ZPO, § 286 Anm. 2b.

[39] Vgl. nur *Thomas / Putzo*, ZPO, Vorbem. § 402 Anm. 2; *Zöller / Stephan*, ZPO, § 286 Anm. II 1 m. w. N.

nötige Sachkunde für die Beurteilung der Anschauung der Verbraucher abzusprechen[40], ihn vielmehr nur zwingt, die behauptete Sachkunde eingehend zu begründen, so wird deutlich, daß die Gerichte durchaus Möglichkeiten haben, die Grenzen des sachlich relevanten Marktes selbst ohne sachverständige Hilfe zu bestimmen. Alle Versuche, diese Freiräume der Gerichte zu beschränken, sind wegen des unantastbaren Grundsatzes der freien Beweiswürdigung weitestgehend zum Scheitern verurteilt.

Die Folge dieser Einsicht sollte in der Praxis allerdings nicht falsche Resignation sein, sondern ein verstärktes Bemühen, Kartellbehörden und Gerichte auf neuere Erkenntnisse und zeit- sowie kostensparende Untersuchungsmethoden zur Abgrenzung des relevanten Marktes hinzuweisen und anzuregen, diese sachkundige Hilfe in Anspruch zu nehmen. Jedoch dürfte das Bestehen richterlicher Entscheidungsfreiräume alle Beteiligten eines Kartellverfahrens auch in der Zukunft zwingen, die jeweilige ihrem Standpunkt entsprechende sachliche Marktabgrenzung mit klaren, einleuchtenden Plausibilitätsargumenten zu untermauern.

b) Sachliche Marktabgrenzung für den Bereich des Lebensmittelhandels

Gegenstand der folgenden Darstellung sind die spezifischen Probleme der sachlichen Marktabgrenzung im Bereich des Lebensmittelhandels. Die besonderen Eingenschaften der Produkte und die Verschiedenartigkeit der in dieser Branche existierenden Betriebsformen können im Rahmen eines Untersagungsverfahrens gem. § 37a Abs. 3 GWB erhebliche Schwierigkeiten bereiten[41].

aa) Sachliche Marktabgrenzung nach BKartA

Untersucht man die Verfügungen des BKartA, die für den Bereich des Lebensmittelhandels ergangen sind[42], so stellt man zunächst fest, daß nicht eine Vielzahl von sachlich relevanten Märkten für einzelne Waren bzw. Warengruppen wie z.B. Kaffee, Milch, Spirituosen etc. abgegrenzt werden, sondern der Lebensmittelsortimentseinzelhandel den relevanten Markt bildet. Diese Marktabgrenzung, die zunächst als Verstoß gegen das Konzept der funktionellen Austauschbarkeit aus der Sicht der Verbraucher erscheinen mag, wird vom

[40] Dies gilt jedenfalls für den Bereich des UWG. Vgl. BGH NJW 1962, S. 2149, 2151 „Bärenfang"; ebenso *Tilmann*, Die Verkehrsauffassung im Wettbewerbs- und Warenzeichenrecht, GRUR 1984, S. 716, 717.

[41] So *Sölter*, Der Januskopf..., S. 26, der besondere „Beweisschwierigkeiten" für die Kartellbehörden bei der Abgrenzung des sachlich relevanten Marktes sieht.

[42] Insbesondere WuW/E BKartA 1970ff. „Co op-Supermagazin"; WuW/E BKartA 2022ff. „Zum bösen Wolf"; WuW/E BKartA 2029ff. „Co op Bremen".

BKartA mit dem realen Konsumentenverhalten begründet[43]. Die Erwartung des Verbrauchers, so das BKartA, sei darauf gerichtet, im Lebensmittelhandel verschiedene Waren eines mehr oder weniger breiten Sortiments kaufen zu können. Der Kunde treffe die konkrete Kaufentscheidung häufig erst anhand des Sortiments, das er in einem bestimmten Geeschäft vorfinde. Das jeweils angebotene Sortiment sei für den Konsumenten u. a. ein entscheidender Faktor bei der Wahl der Einkaufsstätte. Hier zeigt sich, daß das BKartA bei der von ihm für den Bereich des Lebensmittelhandels vorgenommenen sachlichen Marktabgrenzung auf dem Boden des Bedarfsmarktkonzeptes steht. Die Kartellbehörde stellt darauf ab, daß der Verbraucher in der heutigen Zeit regelmäßig nicht mehr einzelne Produkte nachfragt, sondern seinen gesamten Bedarf an Nahrungs- und Genußmitteln der verschiedensten Art für einen bestimmten Zeitraum decken will. Das vom Verbraucher nachgefragte „Produkt" zur Deckung seines Bedarfs ist daher nicht die einzelne Ware (Margarine, Käse, Spirituosen etc.), sondern ein ganzer Warenkorb, das Sortiment. Für die Richtigkeit der von ihm vorgenommenen Marktabgrenzung und der ihr zugrundeliegenden Konsumentenerwartung führt das BKartA gewissermaßen als Hilfsbegründung die auf das spezifische Käuferverhalten zugeschnittene Sortimentszusammensetzung der Anbieter an. Für den Lebensmitteleinzelhandel sei die Zusammensetzung des Sortiments ein wesentlicher Wettbewerbsparameter, der neben der Preiswürdigkeit ein entscheidender Faktor für die Entwicklung von Kundenpräferenzen zugunsten einer bestimmten Einkaufsstätte sei[44].

Zum Sortiment des Lebensmittelhandels gehören nach der Auffassung des BKartA neben Nahrungs- und Genußmitteln sowie Körperpflege-, Wasch- und Reinigungsmitteln auch sonstige Non-Food-Artikel, wobei der Anteil der Non-Food-Artikel am Gesamtsortiment von der jeweiligen Betriebsform abhängig sei und im Regelfall mit zunehmender Größe des einzelnen Betriebes steige. Für die Marktabgrenzung stellt sich mit zunehmender Größe des Non-Food-Sortimentsbereichs die Frage nach der Art und Weise seiner Berücksichtigung. Hierzu vertritt die Kartellbehörde die Auffassung, die jeweilige Einkaufstätte sei mit ihrer gesamten Distributionsleistung, d.h. auch mit ihrem Non-Food-Sortiment, dem Lebensmittelsortimentseinzelheiten dann zuzurechnen, wenn aus der Sicht des Verbrauchers der Food-Bereich des Sortiments für die Einkaufsstättenwahl im Vordergrund stehe. Dies sei jedenfalls dann der Fall, wenn der Umsatzanteil der Nahrungs- und Genußmittel sowie der Körperpflege-, Wasch- und Reinigungsmittel erheblich mehr als 50 % des Gesamtumsatzes des jeweiligen Betriebes ausmache.

Damit hat das BKartA ein Grundraster herausgearbeitet, das es erlaubt, auch für Rand- bzw. Sonderbereiche des Lebensmittelhandels eine Marktabgrenzung

---

[43] So WuW/E BKartA 1970, 1971 „Co op-Supermagazin"; die gleiche Argumentation findet sich auch in den übrigen in Fn. 42 genannten Verfügungen.

[44] WuW/E BKartA, a. a. O. (siehe Fn. 43), 1971 f.

vorzunehmen. Für die Berücksichtigung von Warenhäusern, die neben einem umfangreichen Non-Food-Sortiment regelmäßig auch eigene Lebensmittelabteilungen unterhalten[45], gilt danach folgendes: Der Verbraucher wird seinen Bedarf an Nahrungs- und Genußmitteln in solchen Einkaufsstätten nur bei Gelegenheit des Besuchs des Betriebes decken. Wesentlicher Grund für die Entscheidung des Verbrauchers, ein Warenhaus aufzusuchen, ist in aller Regel das Non-Food-Sortiment. Dies darf allerdings nicht generell zu einer Ausgrenzung der Warenhäuser aus dem relevanten Markt des Lebensmitteleinzelhandels führen. Eine solche Marktabgrenzung würde nicht hinreichend berücksichtigen, daß auch von dem Lebensmittelsortiment der Warenhäuser Wettbewerb auf den Lebensmittelhandel ausgeht. Aus diesem Grunde müssen nach Auffassung des BKartA auch die Warenhäuser dem relevanten Markt zugerechnet werden, allerdings nur mit dem Umsatz ihrer Lebensmittelabteilungen[46].

Ähnliche Überlegungen gelten nach Ansicht des BKartA auch für großflächige Verbrauchermärkte „auf der grünen Wiese“. Während bei kleinflächigen Einzelhandelsgeschäften[47], Supermärkten etc. der Anteil der Non-Food-Artikel am Gesamtumsatz so gering sei, daß das Food-Sortiment aus der Sicht des Verbrauchers der bestimmende Faktor für die Einkaufsstättenwahl sei, habe der Anteil des Non-Food-Sortiments am Gesamtumsatz bei den großflächigen Verbrauchermärkten eine solche Größe erreicht, daß hier sowohl das Food- wie auch das Non-Food-Sortiment aus der Sicht der Verbraucher für die Wahl der Einkaufssätte eine Rolle spiele. Hier dürfe daher nur das Food-Sortiment in den relevanten Markt einbezogen werden.

Nicht zum relevanten Markt des Lebensmittelsortimentseinzelhandels zählt dagegen nach der Einschätzung des BKartA der sog. Lebensmittelspezialhandel. Hierzu gehören solche Betriebe, die nur Produkte eines Sortimentsbereichs (z.B. Obst und Gemüse, Fisch etc.) mit erheblich größerer Sortimentstiefe anbieten. Ausgangspunkt für diese Ausgrenzung des Lebensmittelspezialhandels ist das Einkaufsverhalten der Verbraucher. Während der Verbraucher im Sortimentshandel seinen durchschnittlichen Bedarf an Nahrungsmitteln der verschiedensten Art decken könne, sei seine Einkaufsmöglichkeit im Spezialhandel auf jeweils einen Sortimentsbereich beschränkt. Die Abdeckung des gleichen Bedarfs erfordere im Spezialhandel daher mehrere Einkaufsvorgänge in verschiedenen Einkaufsstätten. Ergänzend verweist das BKartA[48] auf die Einschränkung der Wettbewerbsparameter bei den Spezialhändlern. Gegenüber dem Sortimentshandel, in dem Art und Umfang der Sortimentsgestaltung ebenso wie die Mischkalkulation zwischen den verschiedenen Warengruppen

---

[45] Das BKartA geht davon aus, daß der Anteil der Lebensmittel am Gesamtumsatz regelmäßig weniger als 30 % beträgt. Vgl. BKartA, a.a.O. (siehe Fn. 43), 1972.

[46] So ausdrücklich BKartA, a.a.O. (siehe Fn. 43).

[47] Darunter versteht das BKartA Betriebsstätten mit einer Verkaufsfläche von deutlich unter 1000 m^2. Vgl. WuW/E BKartA 2022, 2024 „Zum bösen Wolf“.

[48] BKartA, a.a.O. (siehe Fn. 43).

wesentliche Wettbewerbsparameter darstellten, verfüge der Spezialhandel über diese Wettbewerbsparameter nicht. Vom Spezialhandel gehe damit allenfalls ein „Randwettbewerb“ auf den Sortimentshandel aus[49].

Auch das Nahrungsmittelhandwerk gehört nach Ansicht des BKartA nicht zum relevanten Markt des Lebensmittelhandels. Wegen der besonderen Art und Qualität der dort angebotenen Waren sei eine große Divergenz zum typischen Angebot des Sortimentshandels festzustellen, die die angebotenen Produkte aus der Sicht der Verbraucher nicht als äquivalent erscheinen lasse. Wegen der Beschränkung der zur Verfügung stehenden Wettbewerbsparameter gehe auch vom Lebensmittelhandwerk allenfalls ein „Randwettbewerb“ aus. Das Nahrungsmittelhandwerk wie auch der Spezialhandel erfüllten gegenüber dem Sortimentshandel eine Komplementärfunktion wie das „Shop-in-the-Shop-System“ zeige[50].

bb) Kritik

Gegenüber dieser von der Kartellbehörde vorgenommenen Abgrenzung des relevanten Marktes, nach der alle Betriebe des Lebensmittelsortimentseinzelhandels ohne Rücksicht auf mehr oder weniger große Sortimentsüberschneidungen einen sachlich relevanten Markt bilden, lassen sich begründete Zweifel anmelden. Im Vordergrund steht dabei die Nichtberücksichtigung der unterschiedlichen Betriebsformen im Lebensmittelhandel. Nach der vom BKartA vorgenommenen Marktabgrenzung sind, um einmal die Extreme aufzuzeigen, das kleine Nachbarschaftsgeschäft und der riesige Verbrauchermarkt, jedenfalls soweit dessen Sortimentsschwerpunkt im Food-Bereich liegt, auf einem sachlich relevanten Markt tätig. Vergegenwärtigt man sich demgegenüber, daß die Verbraucher ihren Bedarf an Nahrungs- und Genußmitteln heute zum überwiegenden Teil in den Großbetriebsformen des Einzelhandels und nicht mehr in „kleinen Nachbarschaftsgeschäften“ decken, so drängt sich die Frage auf, ob die vom BKartA vorgenommene Marktabgrenzung mit den dargelegten Konsequenzen noch der Sicht der Verbraucher entspricht[51].

Zunächst einmal läßt sich aus der großen Betriebsformenvielfalt im Lebensmittelbereich ein Argument gewinnen, das die sortimentsbezogene sachliche Marktabgrenzung als zweifelhaft erscheinen lassen könnte. Die große Zahl unterschiedlicher Betriebsformen beruht auf einer Vielzahl absatzpolitischer Konzepte, bei denen — je nach Betriebsform — mal preis- oder sortimentspoliti-

---

[49] WuW/E BKartA 2022, 2024 „Zum bösen Wolf“.

[50] BKartA, a. a. O. (siehe Fn. 49).

[51] Zur Kritik an der sachlichen Marktabgrenzung durch das BKartA, insbesondere *Lademann*, Schutzzweck- und Rechtstatsachenprobleme..., DB 1984, S. 758, 759 ff.

sche, mal service- und bedienungspolitische Schwerpunkte[52] im Vordergrund stehen. Da diese absatzpolitischen Konzeptionen nicht losgelöst vom Verbraucherinteresse bzw. -verhalten gesehenwerden können[53], man vielmehr erkennen muß, daß eine spezifische Betriebsform und die ihr zugrunde liegende Absatzpolitik auf eine bestimmte Konsumentengruppe „zugeschnitten" ist und von ihr auch akzeptiert wird[54], ließe sich die Auffassung vertreten, aus der Sicht der Verbraucher seien die Distributionsleistungen von Betrieben, die verschiedenen Betriebsformen zugehören, nicht gegeneinander austauschbar. Konsequenz dieser betriebsformen- bzw. bezugsquellenorientierten Marktabgrenzung[55] dürfte die Ausgrenzung jedenfalls der kleinen Einzelhandelsbetriebe aus den sachlich relevanten Märkten der „Handelsriesen" sein. Das Konzept der bezugsquellenorientierten Marktabgrenzung läßt daher die Eingriffsbefugnis der Kartellbehörden aus § 37a Abs. 3 GWB weitgehend leerlaufen.

Für die Erforderlichkeit einer bezugsquellenorientierten Marktabgrenzung läßt sich das geänderte Käuferverhalten anführen, das seine Ursachen in hersteller- und verbraucherseitig geänderten Rahmenbedingungen für die Deckung des Nahrungsmittelbedarfs hat. Durch die Entwicklung und den Ausbau moderner Verkehrsmittel hat der Verbraucher eine erhöhte Mobilität erreicht, die es ihm ermöglicht, auch an den Rändern der Ballungszentren gelegene Betriebsformen des Handels aufzusuchen. Die gleichzeitige Verbesserung der Bevorratungsmöglichkeiten (größere Haltbarkeit von Lebensmitteln, Tiefkühlgeräte etc.) und die durch die Zunahme des Individualverkehrs erhöhte Bequemlichkeit beim Transport der Lebensmittel versetzen den Verbraucher in die Lage, durch eine Erhöhung der Einkaufsmengen die Einkaufsintervalle zu verlängern[56]. Auf dieses „moderne" Verbraucherverhalten sind in erster Linie die Discounter, SB-Warenhäuser und Verbrauchermärkte ausgerichtet. Sie sind insbesondere in der Lage, eine hinreichend große Verkaufsfläche und ein entsprechendes Parkplatzangebot zur Verfügung zu stellen. Demgegenüber sind kleinere Einzelhandelsbetriebe, die oftmals in gewachsenen Ortsteilen angesiedelt sind, kaum expansionsfähig. All dies hat dazu geführt, daß heute eine veränderte Nachfragesituation zu beobachten ist. Der Kosument deckt seinen längerfristigen Nahrungs- und Genußmittelbedarf in den Großbetriebsformen des Handels; dies gilt jedenfalls für die sog. problemlosen Güter[57]. Auf der

---

[52] Zur Definition einzelner Betriebsformen *Nieschlag / Kuhn*, Binnenhandel und Binnenhandelspolitik, S. 74ff.

[53] *Hansen*, Absatz- und Beschaffungsmarketing, Bd. I, S. 59ff.

[54] Vgl. zu den Erkenntnissen der Kaufverhaltensforschung *Happel*, Hier wohne ich, wo kaufe ich ein?, LZ v. 22. 10. 1982, S. 34ff.

[55] Zu diesem Begriff und zur Begründung des Konzeptes, *Lademann*, a.a.O. (siehe Fn. 51), S. 760.

[56] Dazu *Lademann*, a.a.O. (siehe Fn. 51), S. 760.

[57] Vgl. zur Unterscheidung von problemlosen und problemvollen Waren *Nieschlag*, Der Klein- und Mittelbetrieb im Handel, S. 14ff.

anderen Seite deckt der Verbraucher seinen kurzfristigen Lebensmittelbedarf, insbesondere an Frischwaren, eher in Nachbarschaftsgeschäften. Auch solche Artikel, die beim „Großeinkauf" vergessen worden sind, werden regelmäßig in diesen Betrieben nachgefragt. Dieses Einkaufsverhalten des überwiegenden Teils der Verbraucher läßt die vom BKartA praktizierte sortimentsorientierte Marktabgrenzung nicht unproblematisch erscheinen.

cc) Stellungnahme

Eine eingehende Auseinandersetzung mit der Kritik an der kartellbehördlichen Marktabgrenzung nimmt jedoch den vorgebrachten Argumenten ihre Überzeugungskraft. Letztlich wird daher der sortimentsorientierten sachlichen Marktabgrenzung trotz gewisser Einschränkungen der Vorzug zu geben sein.

Betrachtet man zunächst einmal nur das Ergebnis des bezugsquellenorientierten Konzeptes, nach dem Nachbarschaftsgeschäfte und Verbrauchermärkte[58] für die Deckung eines bestimmten Bedarfs, und zwar des längerfristigen Nahrungs- und Genußmittelbedarfs, aus der Sicht der Verbraucher verschiedenen Märkten zuzuordnen sind, so muß dies doch einigermaßen überraschen. Da mit der Bestimmung der Grenzen des relevanten Marktes immer auch eine Entscheidung über die Wettbewerbsbeziehung der Marktteilnehmer getroffen wird[59], führt die betriebsformen- bzw. bezugsquellenorientierte Marktabgrenzung zu der Erkenntnis, daß zwischen Großbetrieben und kleinen Einzelhändlern keine Wettbewerbsbeziehungen bestehen. Dieses Ergebnis stellt jedoch m. E. eine Mißachtung der tatsächlichen Gegebenheiten dar. Es läßt sich kaum in Abrede stellen, daß kleine und mittlere Unternehmen einem erheblichen Wettbewerbsdruck der Großbetriebsformen ausgesetzt sind[60], der sie zu Ausweichreaktionen veranlaßt[61]. Aufgrund ihrer besonderen, auf die spezifischen Verbrauchererwartungen zugeschnittenen Absatzpolitik ist es den Großbetriebsformen des Handels gelungen, von kleinen und mittleren Betrieben bei der Versorgung mit Nahrungs- und Genußmitteln erhebliche Marktanteile zu gewinnen. Wenngleich auch die Vertreter der bezugsquellenorientierten Marktabgrenzung dies erkennen, sehen sie sich dennoch nicht gehindert, an einer Trennung der Märkte für Großbetriebsformen und kleine und mittelständische Einzelhandelsgeschäfte festzuhalten[62]. Hier wird ein innerer Widerspruch offenbar. Wer erkennt, daß bei der Lebensmittelversorgung Marktanteilsum-

---

58 Aus der Vielzahl der Betriebsformen werden bewußt nur zwei Extreme beispielhaft herausgegriffen, um die Problematik stärker zu verdeutlichen.

59 So u.a. I. *Schmidt*, Relevanter Markt..., WuW 1965, S. 453, 457.

60 Auch *Lademann*, Schutzzweck- und Rechtstatsachenprobleme ..., DB 1984, S. 758, 762, weist hierauf ausdrücklich hin, ohne jedoch daraus die Konsequenzen zu ziehen.

61 Vgl. hierzu *Greipl*, Wettbewerbssituation und -entwicklung..., S. 60ff., 78ff.

62 So jedenfalls *Lademann*, a.a.O. (siehe Fn. 60).

schichtungen von kleinen und mittleren Unternehmen auf Großbetriebsformen stattgefunden haben, muß auch akzeptieren, daß beide Betriebsformen einem sachlich relevanten Markt angehören. Wird jedoch das Bestehen von Wettbewerbsbeziehungen unter verschiedenen Betriebsformen geleugnet, läßt sich nur dann, wenn man der insbesondere in der betriebswirtschaftlichen Literatur vertretenen Auffassung zuneigt, nach der der Markt einheitlich und nicht in einzelne Teilmärkte zerlegbar ist[63], logisch vertretbar von einem Marktanteilszuwachs der Betriebsformen sprechen. Gerade diese Auffassung, die jedenfalls aus kartellrechtlichen Praktikabilitätsgründen abzulehnen ist[64], ist aber mit dem Konzept der bezugsquellenorientierten Marktabgrenzung nicht vereinbar[65].

Besonders deutlich wird die Fragwürdigkeit der bezugsquellenorientierten Marktabgrenzung bei der Behandlung dynamischer Wettbewerbsphänomene. Dort, wo etwa ein preisaggressiver Großbetrieb in einen bisher mittelständisch strukturierten Markt „einsteigt" und es ihm gelingt, zu Lasten der Kleinbetriebsformen Marktanteile zu erobern, soll auch bei bezugsquellenorientierter Betrachtung ein einheitlicher sachlich relevanter Markt bestehen, auf dem sowohl der Newcomer als auch die mittelständischen Unternehmen tätig sind. Allerdings soll hier die Wettbewerbsbeziehung nur zeitlich begrenzt bestehen[66], offenbar beschränkt auf den Zeitraum der Marktanteilsumschichtung. Dies erhellt, daß das Konzept der bezugsquellenorientierten Marktabgrenzung zu relevanten Märkten führen muß, deren Grenzen letztlich vom wettbewerblichen Erfolg der Unternehmen bestimmt werden. Hat sich die Absatzpolitik eines Unternehmens bewährt, ist also die Akzeptanz dieser Betriebsform durch die Verbraucher so groß geworden, daß andere Unternehmen aus der Sicht der Verbraucher nicht mehr als äquivalent eingestuft werden, so sind diese Betriebe einem anderen relevanten Markt zugehörig. Mit der Ausgrenzung dieser Betriebe aus dem relevanten Markt der Großbetriebsformen werden gerade solche Unternehmen dem Schutz des GWB vor machtbedingten Behinderungen entzogen, die eines besonderen Schutzes bedürfen. Der Grund für diese Fehlentwicklung liegt m. E. darin, daß das Konzept der bezugsquellenorientierten Marktabgrenzung in Wirklichkeit kein Ansatz zur Bestimmung des sachlich relevanten Marktes ist, sondern ein Konzept einstufiger Marktmachtmessung. Folgende Überlegungen sollen dies verdeutlichen: Nach der im deutschen

---

[63] *L. v. Mises*, Markt, HdSW, Bd. 7, S. 134; im Ansatz auch *Oberender*, Zur Problematik der Marktabgrenzung, WiSt 1975, S. 575; auch *Kantzenbach*, Die Funktionsfähigkeit des Wettbewerbs, S. 140 Fn. 1, weist auf die Unmöglichkeit der Marktabgrenzung hin.

[64] So zutreffend die h. M.; vgl. nur *Backhaus*, Die Abgrenzung des relevanten Marktes, S. 3; *Hoppmann*, Die Abgrenzung des relevanten Marktes, S. 14.

[65] Allerding äußert *Lademann*, a.a.O. (siehe Fn. 60), S. 761, gleichwohl Zweifel am Partialmarktkonzept.

[66] Vgl. *Lademann*, a.a.O. (siehe Fn. 60), S. 762.

Kartellrecht herrschenden Theorie der zweistufigen Marktmachtmessung[67] geht der eigentlichen Bestimmung der Marktmacht eines Unternehmens die Bestimmung des relevanten Marktes voraus. Während der erste Schritt, die Marktabgrenzung, nach objekt-bezogenen Kriterien vorgenommen wird — die Substituierbarkeit bestimmter Güter ist entscheidend —, orientiert sich die zweite Stufe, die Marktmachtbestimmung, an subjekt-bezogenen Kriterien. Hier wird analysiert, in welchem Maße zwischen den auf dem Markt tätigen Unternehmen Wettbewerb herrscht und ob die „kritische" Schwelle[68], von der an die Marktmacht eines Betriebes eine für die Anwendbarkeit der jeweiligen Norm des GWB relevante Größe hat, überschritten ist. Demgegenüber sieht die Theorie der einstufigen Marktmachtmessung[69] in den Fragen der Marktabgrenzung und Marktmachtbestimmung eine Problemidentität[70]. Da es sowohl bei der Abgrenzung des relevanten Marktes als auch bei der eigentlichen Marktmachtbestimmung um die Analyse von Wettbewerbsbeziehungen, und zwar objektiver und subjektiver Art, gehe, sei es wenig zweckmäßig, die Marktmacht eines Unternehmens in zwei aufeinanderfolgenden Schritten zu bestimmen. Vielmehr sei es sinnvoll, die Marktstärke unmittelbar ohne vorherige Marktabgrenzung festzulegen. Für eine einstufige Marktmachtbestimmung werden verschiedene Kriterien angeboten[71], von denen das Kriterium der fühlbaren Beweglichkeit der Nachfrage auch in der Rechtswissenschaft Anerkennung gefunden hat[72]. Mit dieser Theorie der einstufigen Marktmachtbestimmung unter Berücksichtigung der Kriterien der fühlbaren Beweglichkeit der Nachfrage hat das Konzept der bezugsquellenorientierten Marktabgrenzung starke Ähnlichkeit. Anders als die Vertreter der zweistufigen Marktmachtbestimmung fragen die Anhänger der bezugsquellenorientierten Marktabgrenzung nicht zunächst nach objekt-bezogenen Wettbewerbsbeziehungen, sondern es werden sogleich subjekt-bezogene Wettbewerbsbeziehungen der Unternehmen verschiedener Betriebsformen untersucht, und zwar aus der Sicht der Verbraucher. Damit wird gleichzeitig über die fühlbare Beweglichkeit der Nachfrage und die Intensität des Wettbewerbs zwischen den Unternehmen entschieden. Eine

---

[67] Vgl. KG WuW/E OLG 1599ff., 1602 „Vitamin B-12"; *Westrick/Loewenheim*, GWB, § 22 Rdnr. 6, 17f.; *Müller/Gießler/Scholz*, Wirtschaftskommentar, § 22 Rdnr. 11; *Ewald*, Zur Abgrenzung des relevanten Marktes..., BB 1975, S. 255ff.; *Beckmann*, Die Abgrenzung des relevanten Marktes, S. 140, 161 ff.

[68] Hierzu *Hoppmann*, Die Abgrenzung des relevanten Marktes, S. 41.

[69] Vgl. etwa *Mestmäcker*, Das marktbeherrschende Unternehmen, S. 11; *Sandrock*, Grundbegriffe..., S. 126f.; *derselbe*, Grundprobleme der sachlichen Marktabgrenzung, FS *Kummer*, S. 449ff.; *Axster/Reimann*, Relevanter Markt und Marktbeherrschung, WRP 1975, S. 193ff.

[70] So ausdrücklich *Sandrock*, Grundbegriffe..., S. 127.

[71] Vgl. etwa *Eucken*, Die Grundlagen der Nationalökonomie, S. 100ff., zur subjektiven Theorie; E. *Schneider*, Einführung in die Wirtschaftstheorie, Teil II, S. 68, 71, 72, zur subjektiv bestimmten Theorie der realen Verhaltensweisen.

[72] So *Sandrock*, a.a.O. (siehe Fn. 69).

bezugsquellenorientierte Betrachtung der Wettbewerbsbeziehungen führt mithin unmittelbar zur Feststellung der Marktmacht eines Unternehmens. Soweit mit Hilfe der bezugsquellenorientierten Betrachtung eine Marktabgrenzung vorgenommen wird, beruht dies letztlich auf einem Rückschluß von der Marktmacht eines Unternehmens auf den relevanten Markt. Ein derartiger Rückschluß ist aber m. E. unzulässig[73]. Da die Maßstäbe, die der Bestimmung der Marktmacht zugrunde gelegt werden, mit den Kriterien der Marktabgrenzung nicht übereinstimmen, muß ein Rückschluß von der Marktbeherrschung auf den relevanten Markt zu unzutreffenden Ergebnissen führen.

Für die Abgrenzung des sachlich relevanten Marktes ist daher im Grundsatz am Bedarfsmarktkonzept festzuhalten, das zunächst die güterbezogenen Wettbewerbsbeziehungen der Unternehmen untersucht. Die Güter, deren Substituierbarkeit aus der Sicht der Verbraucher zu überprüfen ist, sind letztlich die zu einem Sortiment zusammengefaßten Nahrungs- und Genuß- sowie Körperpflege-, Wasch- und Reinigungsmittel sowie bestimmte Non-Food-Artikel. Soweit daher das BKartA den sachlich relevanten Markt im Lebensmittelhandel als Lebensmittelsortimentseinzelhandel bezeichnet und diesem Markt ohne Rücksicht auf das Ausmaß der Sortimentsüberschneidungen alle Unternehmen mit entsprechendem Lebensmittelsortiment zurechnet, stößt dies im Grundsatz nicht auf Bedenken.

Fraglich erscheint indes, ob die vom BKartA vorgenommene Ausgrenzung des Lebensmittelspezialhandels und des Nahrungsmittelhandwerks aus dem sachlich relevanten Markt sachgerecht ist. Die von der Kartellbehörde vorgebrachte Begründung[74], es handele sich insoweit um einen „Randwettbewerb", der wesentliche Wettbewerbsparameter des Sortimentshandels nicht umfasse[75] und daher nicht geeignet sei, dessen Verhaltensspielraum wirksam zu begrenzen, kann nicht überzeugen. Es wird zunächst verkannt, daß eine Wettbewerbsbeziehung zwischen zwei Unternehmen auch dann bestehen kann, wenn beide Betriebe nicht über die gleichen, sondern über unterschiedliche Aktionsparameter verfügen[76]. Dies wird an folgendem Beispiel besonders deutlich: Ein Unternehmen A bietet das Produkt X zu einem Preis an, der weit unter dem Preis liegt, zu dem das Unternehmen B das Produkt X anbietet. Diesem wettbewerblichen Vorstoß des Unternehmens A könnte das Unternehmen B durch eine entsprechende Preissenkung „begegnen". Hier läge nach Auffassung des

---

[73] Auch *Hoppmann*, a. a. O. (siehe Fn. 68), S. 45, steht dem ablehnend gegenüber.

[74] Vgl. insbesondere BKartA, Verfügung v. 5. 5. 1983 B 9-712000-T-1019/81, S. 18f. „Co op Bremen", nicht veröffentlicht in WuW/E BKartA 2029ff. „Co op Bremen"; ähnlich WuW/E BKartA 1970, 1972 „Co op-Supermagazin".

[75] Das BKartA, a. a. O. (siehe Fn. 74), weist insoweit darauf hin, daß den Lebensmittelspezialbetrieben und dem Nahrungsmittelhandwerk das Instrument der Mischkalkulation nicht oder nur sehr eingeschränkt zur Verfügung steht.

[76] Zweifelnd wohl *Möschel*, Anforderungen an eine kartellbehördliche Mißbrauchsverfügung, BB 1986, S. 1785, 1791.

BKartA zu Recht eine Wettbewerbsbeziehung vor, d.h. beide Unternehmen wären dem gleichen relevanten Markt zuzuordnen. Ist das Unternehmen B, aus welchen Gründen auch immer, nicht in der Lage, eine Preissenkung, wie vom Unternehmen A vorgegeben, durchzuführen, so wird es möglicherweise die Aktionsparameter Service, Beratung etc. einsetzen, um den wettbewerblichen „Angriff" des Unternehmens A zu beantworten. Warum aber nach der Auffassung des BKartA in diesem Fall zwischen beiden Unternehmen keine Wettbewerbsbeziehung bestehen soll und beide Unternehmen nicht einem relevanten Markt zuzurechnen sein sollen, bleibt unerklärlich.

Überdies ist die Argumentation des BKartA bei der Abgrenzung des sachlich relevanten Marktes in sich widersprüchlich. Während nämlich der Lebensmittelspezialhandel und das Nahrungsmittelhandwerk wegen der beschränkten Anzahl der zur Verfügung stehenden Aktionsparameter aus dem sachlich relevanten Markt ausgegrenzt werden, spielt dieser Gesichtspunkt bei der Frage der Zugehörigkeit kleiner Lebensmittelsortimentseinzelhändler zum relevanten Markt keine Rolle. Obwohl auch bei diesen Unternehmen das Instrument der extensiven Mischkalkulation nicht oder wegen der oft recht geringen Größe des Sortiments nur in sehr beschränktem Maß angewendet werden kann[77], sieht sich die Kartellbehörde hier nicht gehindert, die Zugehörigkeit dieser Unternehmen zum relevanten Markt zu bejahen.

Der Widerspruch bei der Abgrenzung des sachlich relevanten Marktes kann in sachgerechter Weise nur durch die Einbeziehung der Betriebe des Lebensmittelspezialhandels und des Nahrungsmittelhandwerks in den sachlich relevanten Markt gelöst werden. Zunächst einmal ist darauf zu verweisen, daß realiter zwischen dem Sortimentshandel wegen dessen umfassendem sowie breit und tief gefächertem Sortiment und dem Spezialhandel sowie dem Nahrungsmittelhandwerk Wettbewerbsbeziehungen jedenfalls in der Weise bestehen, daß der Sortimentshandel Wettbewerbsdruck ausübt[78]. Eine an der wettbewerblichen Realität orientierte Marktabgrenzung muß daher den Spezialhandel und das Nahrungsmittelhandwerk in den relevanten Markt einbeziehen[79]. Demgegenüber ist es unerheblich, ob etwa Betriebe des Spezialhandels in der Lage sind, Wettbewerbsdruck auf die Großbetriebe des Sortimentshandels auszuüben. Dies ist ein Gesichtspunkt, der lediglich für die Beurteilung der Marktstärke eines Unternehmens[80], nicht aber für die Abgrenzung des relevanten Marktes von Bedeutung ist. Soweit das BKartA unter Berufung auf diesen Gesichtspunkt

---

[77] Vgl. hierzu die Ausführungen im 3. Kap. C II.

[78] Auch das BKartA, a.a.O. (siehe Fn. 74), verkennt dies nicht.

[79] Dies gilt jedenfalls, soweit eine Sortimentsüberschneidung vorliegt.

[80] Für die Frage etwa, ob ein Unternehmen eine überragende Marktstellung i.S.d. § 22 Nr. 2 GWB hat, kommt es nach h.M. darauf an, ob das jeweilige Unternehmen einen überragenden, vom Wettbewerb nicht hinreichend kontrollierten Verhaltensspielraum bei der Entwicklung von Marktstrategien oder auch beim Einsatz einzelner Aktionsparameter besitzt. Vgl. nur IM-*Möschel*, § 22 Rdnr. 53 m.w.N.

eine restriktive Marktabgrenzung vornimmt, liegt darin ein unzulässiger Rückschluß[81] von der Marktmacht eines Unternehmens auf die Grenzen des relevanten Marktes. Wäre diese Auffassung des BKartA zutreffend, so wäre eine überragende Marktstellung i. S. d. § 22 Abs. 1 Nr. 2 GWB kaum denkbar. Denn wenn ein Unternehmen einen vom Wettbewerb nicht hinreichend kontrollierten Verhaltensspielraum besitzt, so wären nach der in der „Co op Bremen"-Verfügung[82] vertretenen Auffassung die Unternehmen, die nicht in der Lage sind, den Verhaltensspielraum des Großunternehmens zu beschränken, aus dem relevanten Markt des Großbetriebes auszugrenzen. Dann aber läge die Situation des § 22 Abs. 1 Nr. 1 1. Alt. GWB vor. Die Existenz des § 22 Abs. 1 Nr. 2 GWB verdeutlicht daher ebenfalls die Unzulässigkeit des Rückschlusses von der Marktstärke eines Unternehmens auf die Marktabgrenzung.

Ein weiteres Argument gegen die Ausgrenzung des Spezialhandels und des Nahrungsmittelhandwerks aus dem relevanten Markt ergibt sich aus der Zielrichtung der erweiterten Angebotspalette der Großbetriebsformen. Unmittelbar zielt die Aufnahme der Produkte des Lebensmittelspezialhandels und des Nahrungsmittelhandwerks in das eigene Sortiment unbestritten auf Umsatzpotentiale dieser Sparten. Der Zugewinn von Marktanteilen zu Lasten der Lebensmittelspezial- und Nahrungsmittelhandwerksbetriebe erklärt die ausgeweiteten wettbewerblichen Aktivitäten der Großbetriebe nicht hinreichend. Vielmehr zielt die Erweiterung des echten Lebensmittelsortiments auf Produkte des Spezialhandels und des Nahrungsmittelhandwerks auch auf die Marktanteile von Nachbarschaftsgeschäften[83]. Hier darf der strategische Ansatzpunkt nicht unberücksichtigt bleiben, der das Großunternehmen veranlaßt hat, seine Angebotspalette zu erweitern. Der Verbraucher soll die Möglichkeit erhalten, seinen gesamten Nahrungs- und Genußmittelbedarf „unter einem Dach", d. h. durch den Besuch nur einer Einkaufsstätte, zu decken. Mit der Erweiterung des Sortiments soll der Verbraucher nicht nur aufgefordert werden, etwa nur seinen Bedarf an frischem Fisch, den er bisher im Fischspezialhandel erworben hat, zu decken; vielmehr soll der Kunde angehalten werden, neben den Fischprodukten auch andere Waren aus dem Food-Bereich in der jeweiligen Einkaufsstätte zu erwerben. In ähnlicher Weise besteht auch in der umgekehrten Richtung unter absatzstrategischen Gesichtspunkten eine Interdependenz der Sortimentsteile. Wegen dieser absatzstrategischen Verknüpfung der einzelnen Sortimentsteile ist es geboten, auch den Lebensmittelspezialhandel und das Nahrungsmittelhandwerk in den relevanten Markt einzubeziehen.

---

[81] Vgl. die Ausführungen zum Konzept der betriebsformenorientierten Marktabgrenzung.

[82] WuW/E BKartA 2029 ff.

[83] A. A. *Lademann*, Schutzzweck- und Rechtstatsachenprobleme ..., DB 1984, S. 758, 761, der es sich m. E. zu leicht macht bei der Annahme, die Fischabteilung eines Warenhauses ziele offenbar nur auf Umsatzpotentiale des traditionellen Fischspezialhandels und nicht auch auf die Marktanteile von Nachbarschaftsgeschäften.

Soweit das BKartA in der Begründung der getroffenen Marktabgrenzung den vom Spezialhandel ausgehenden Wettbewerb als „Randwettbewerb“ bezeichnet, wird ein besonderes Dilemma deutlich. Zum einen macht die Formulierung klar, daß sich die Kartellbehörde des Bestehens einer Wettbewerbsbeziehung zwischen dem Sortimentshandel und dem Spezialhandel bzw. dem Nahrungsmittelhandwerk durchaus bewußt ist. Zum anderen erhellt die Formulierung, daß die Behörde, aus welchen Gründen auch immer, die Einbeziehung von Betrieben dieser Sparte in den relevanten Markt gleichwohl nicht für zweckmäßig hält. Offenbar sollen diese Unternehmen, obwohl im Grundsatz als Wettbewerber identifiziert, aus der Marktbetrachtung ausscheiden. In Ermangelung von Gesichtspunkten jedoch, die eine Ausgrenzung des Spezialhandels und des Nahrungsmittelhandwerks zu rechtfertigen vermögen, erscheint die insoweit restriktive Marktabgrenzung der Kartellbehörde nicht haltbar.

Die sachliche Marktabgrenzung im Lebensmittelhandel ist mithin folgendermaßen vorzunehmen. Der relevante Markt umfaßt den gesamten Lebensmittelsortimentseinzelhandel einschließlich des Spezialhandels und des Nahrungsmittelhandwerks. Zum typischen Sortiment des Lebensmittelhandels zählen neben Nahrungs und Genußmittel sowie Körperpflege-, Wasch- und Reinigungsmitteln auch sonstige Non-Food-Artikel. Soweit eine Betriebsstätte neben dem Food-Sortiment auch ein umfangreiches Non-Food-Sortiment führt, hängt die Zurechnung dieses Betriebes zum relevanten Markt davon ab, welche Bedeutung das Food-Sortiment aus der Sicht der Verbraucher für die Einkaufsstättenwahl hat. Stellt das Food-Sortiment den ausschlaggebenden Faktor dar, so zählt der jeweilige Betrieb mit seinem Gesamtsortiment und -umsatz zum relevanten Markt. Ist das Non-Food-Sortiment von vorrangiger Bedeutung für die Einkaufsstättenwahl, so darf nur der Food-Anteil am Gesamtumsatz dem Marktvolumen zugeschlagen werden.

2. Räumliche und zeitliche Marktabgrenzung

a) Räumliche Marktabgrenzung

Sind die Grenzen des relevanten Marktes erst einmal unter sachlichen Gesichtspunkten festgelegt worden, so müssen in diesen großen Markt gegeneinander austauschbarer Güter zunächst unter Berücksichtigung räumlicher Gesichtspunkte weitere Grenzlinien eingezogen werden. Eine solche Differenzierung des sachlich relevanten Marktes hat die räumliche Marktabgrenzung zum Ziel[84]. Diese vollzieht sich im Grundsatz nach den gleichen Kriterien wie die Feststellung der sachlichen Marktgrenzen. Es ist daher zu untersuchen,

---

[84] Z. T. wird die räumliche Abgrenzung des relevanten Marktes nicht als eigenständiger Prüfungsschritt, sondern als Teil der sachlichen Marktabgrenzung aufgefaßt. Vgl. etwa *v. Stackelberg*, Grundlagen der theoretischen Volkswirtschaftslehre, S. 220, der den Standort des Anbieters als Eigenschaft der Ware auffaßt.

zwischen welchen Produkten unter räumlichen Aspekten aus der Sicht der Verbraucher Austauschmöglichkeiten bestehen[85]. Dabei kommt wirtschaftlichen Gründen für die räumliche Marktabgrenzung die größte Bedeutung zu. Hier spielen z. B. die Frachtkostenempfindlichkeit einzelner Produkte[86] und die Ortsgebundenheit des Angebots[87] eine Rolle.

Auch im Bereich des Lebensmittelhandels dürften wirtschaftliche Gründe die wesentliche Ursache für räumliche Teilmarktabgrenzungen sein. Es fragt sich, ob Großbetriebsformen und die in der Regel kleinen Nachbarschaftsgeschäfte bzw. die von diesen Unternehmen angebotenen Güter einem räumlich relevanten Markt zugeordnet werden können. Berücksichtigt man nämlich, daß die kleinen und mittleren Betriebe des Lebensmittelhandels, insbesondere die sog. Nachbarschaftsgeschäfte, nur ein eng begrenztes lokales Einzugsgebiet haben, so läßt sich die Auffassung vertreten, diese Unternehmen seien einem anderen räumlich relevanten Markt zuzurechnen als die in vielen Fällen „auf der grünen Wiese" am Stadtrand bzw. am Rande von Ballungszonen angesiedelten Großbetriebsformen[88]. Demgegenüber wird man jedoch nicht außer acht lassen können, daß sich mit der starken Zunahme des Individualverkehrs und der Verbesserung der Bevorratungsmöglichkeiten der Verbraucher wesentliche Rahmenbedingungen für die Deckung des Nahrungs- und Genußmittelbedarfs geändert haben. Mit Hilfe individueller Verkehrsmittel sind die Verbraucher heute in der Lage, große Entfernungen zu einer Einkaufsstätte relativ bequem und in angemessener Zeit zu überbrücken[89]. Auch der Transport der erworbenen Nahrungsmittel bereitet daher im Grundsatz keine Probleme. Natürlich ist nicht zu übersehen, daß dem Verbraucher durch die Benutzung individueller Verkehrsmittel Kosten entstehen, die die Wirtschaftlichkeit des Besuches einer relativ weit entfernten Einkaufsstätte des Lebensmittelhandels durchaus in Frage stellen können. Jedoch werden diese zusätzlichen Kosten der Bedarfsdeckung aus der Sicht der Verbraucher offenbar durch eine Verlängerung der Einkaufsintervalle und durch die jedenfalls in der Einschätzung der Konsumenten günstigeren Preise des gesamten Warenkorbes zumindest ausgeglichen.

Für eine Abgrenzung des räumlich relevanten Marktes im konkreten Einzelfall lassen sich wegen der von Fall zu Fall höchst unterschiedlichen tatsächlichen Verhältnisse[90] kaum verläßliche Kriterien aufstellen. Tendenziell

---

[85] Vgl. IM-*Möschel*, § 22 Rdnr. 35 m. w. N.

[86] Vgl. OLG Celle WuW/E OLG 254, 258 „Braunkohlen"; WuW/E BGH 1655, 1656ff. „Zementmahlanlage II"; KG WuW/E OLG 2093 „bituminöses Mischgut".

[87] WuW/E BGH 1685, 1691 „Springer-Elbe Wochenblatt"; KG WuW/E OLG 2228, 2230 „Zeitungsmarkt München".

[88] Ähnlich offenbar auch das Vorbringen der Betroffenen in dem Untersagungsverfahren „Co op Bremen". Vgl. BKartA, a. a. O. (siehe Fn. 82).

[89] Ebenso *Treis/Kepper*, Wettbewerb im Lebensmittelhandel, MA 1977, S. 133.

[90] Vgl. etwa WuW/E BKartA 2022, 2025 „Zum bösen Wolf"; BKartA, a. a. O. (siehe Fn. 82).

wird man aber wegen der veränderten modernen Rahmenbedingungen für die Deckung des Nahrungs- und Genußmittelbedarfs einen relativ großflächigen räumlich relevanten Markt abstecken können. Regelmäßig dürfte es nicht sehr problematisch sein, die Ausdehnung des räumlich relevanten Marktes an den Grenzen der jeweiligen Stadt zu orientieren[91].

Ein wichtiges Indiz für die Abgrenzung des räumlich relevanten Marktes läßt sich in der Praxis aus der räumlichen Ausdehnung des Gebietes gewinnen, in denen das als Adressat einer auf § 37a Abs. 3 GWB gestützten Untersagungsverfügung in Betracht kommende Unternehmen für seine UEP-Angebote Werbung betreibt. Die räumliche Ausdehnung solcher Werbemaßnahmen läßt einen Schluß darauf zu, wie das UEP verkaufende Unternehmen selbst die räumlichen Grenzen seines wettbewerblichen Wirkungskreises einschätzt. Für die Richtigkeit dieser Einschätzung spricht eine gewisse Vermutung, da die betreffenden Unternehmen i. d. R. fundierte Kenntnisse über das lokale und regionale Verbraucherverhalten sowie die infrastrukturellen Gegebenheiten besitzen[92]. Allerdings darf der räumlichen Ausdehnung der UEP-Verkäufe begleitenden Werbemaßnahmen für die räumliche Marktabgrenzung nur eine indizielle Wirkung beigemessen werden. Insbesondere bei Zeitungen (Tageszeitungen, Anzeigenblätter etc.), die für die die Niedrigpreisaktion begleitenden Werbemaßnahmen ein bevorzugtes Medium[93] darstellen, ist vor einem übereilten Rückschluß vom Verbreitungsgebiet auf den räumlich relevanten Markt Vorsicht geboten[94]. Zwar darf man beim Einsatz von Werbemedien davon ausgehen, daß das UEP-verkaufende Unternehmen bei der Auswahl des Werbeträgers eine Kosten-Nutzen-Analyse anstellt und das Medium auswählt, das die geringsten Streuverluste aufweist. Das Unternehmen wird seine Annoncen nur in solchen Zeitungen placieren, deren Leser auch unter räumlichen Gesichtspunkten als Kunden der werbenden Einkaufsstätte in Betracht kommen[95]. Dennoch wird es sich in der Praxis nicht vermeiden lassen, daß die als Werbeträger ausgewählte Zeitung einen aus der Sicht des werbenden Unternehmens zu großen Leserkreis anspricht und damit Streuverluste im o. g. Sinne aufweist. Wegen des erheblichen Nutzens dieser Werbung bei den als

[91] So BKartA, a. a. O. (siehe Fn. 90) „Zum bösen Wolf"; vgl. auch BKartA, a. a. O. (siehe Fn. 82) „Co op Bremen", sowie die Parallelverfahren „Real-Kauf", B 9-712000-T-1019/81, und „Kafu", B 9-712000-T-1019/81, in denen sogar das Umland der Stadt Bremen in den relevanten Markt einbezogen wurde.

[92] Mit gewissen Zweifeln allerdings *Beckmann*, Die Abgrenzung des relevanten Marktes, S. 122.

[93] Ein großer Teil der Verbraucher bezieht seine für die Einschätzung des Preisimage und die Wahl der Einkaufsstätte wesentlichen Informationen aus Zeitungen. Vgl. Einzelhandelsverband Baden-Württemberg, Untersuchung über die Einstellung der baden-württembergischen Bevölkerung..., S. 50.

[94] So zutreffend BKartA, a. a. O. (siehe Fn. 82), S. 24 "Co op Bremen".

[95] Ebenso *Schneider*, Die Preisstellung unter Einstandspreis, S. 128.

Kunden in Betracht kommenden Lesern der Zeitung lassen sich solche Streuverluste aber verschmerzen. Aus dem gleichen Grunde verbietet sich die Annahme, das Verbreitungsgebiet des Werbeträgers kennzeichne den räumlich relevanten Markt des werbenden Unternehmens. Vielmehr läßt sich eine juristisch haltbare Abgrenzung des räumlich relevanten Marktes nur nach einer eingehenden Analyse des tatsächlichen Verbraucherverhaltens und der von Fall zu Fall differierenden infrastrukturellen Bedingungen vornehmen.

b) Zeitliche Marktabgrenzung

Letzter Schritt auf dem Weg zu einer exakten Grenzziehung des relevanten Marktes, die dann die Messung der Marktstärke des als Verfügungsadressat in Betracht gezogenen Unternehmens ermöglicht, ist die Bestimmung des zeitlich relevanten Marktes. Hier ist zu untersuchen, ob der als sachlich und räumlich relevant identifizierte Markt zeitlichen Begrenzungen unterliegt. So stellte etwa das OLG Stuttgart[96] fest, daß in einem bestimmten Gebiet der Brennstoff „Kohle" nur im Frühjahr mit Brennholz konkurriert. Für den Bereich des Lebensmittelhandels jedoch dürften zeitliche Aspekte für die Feststellung der Wettbewerbsbeziehungen, d. h. des relevanten Marktes, regelmäßig keine Rolle spielen, so daß im Rahmen der Prüfung der Voraussetzungen für eine Untersagung von UEP-Verkäufen gem. § 37a Abs. 3 GWB eine zeitliche Marktabgrenzung entbehrlich ist.

Nach der Fixierung des relevanten Marktes lassen sich die Wettbewerber des als Adressat einer Untersagungsverfügung in Betracht kommenden Unternehmens leicht bestimmen. Es sind diejenigen Unternehmen, die auf der Stufe des relevanten Marktes tätig sind, auf der auch der potentielle Verfügungsadressat seine wettbewerblichen Aktivitäten entwickelt[97].

II. Bestimmung der kleinen und mittleren Wettbewerber

An die Abgrenzung des relevanten Marktes schließt sich die Bestimmung der kleinen und mittleren Wettbewerber an, denen gegenüber der potentielle Adressat einer Untersagungsverfügung eine überlegene Marktmacht haben muß.

1. Relative Größenbetrachtung

Da § 37a Abs. 3 GWB den Begriff der „kleinen und mittleren Unternehmen" selbst nicht definiert, müssen zunächst Kriterien ermittelt werden, die es erlauben, eine Wirtschaftseinheit als „klein oder mittel" i. S. dieser Vorschrift zu qualifizieren.

---

[96] OLG Stuttgart WuW/E OLG 423, 427 „Kohlenpreisempfehlung".

[97] Vgl. *Beckmann*, Die Abgrenzung des relevanten Marktes, S. 110f.

Der Gesetzgeber hat bei der Schaffung des § 37a Abs. 3 GWB die fehlende Konturenschärfe[98] des Begriffs der kleinen und mittleren Wettbewerber erkannt und zum Ausdruck gebracht, daß für dieses Merkmal die gleichen Erwägungen gelten sollten, die bei der Einführung des Mittelstandskriteriums in § 5b GWB durch die 2. Kartellnovelle angestellt worden sind[99]. Damals hatte der Gesetzgeber betont[100], durch den Begriff „kleine und mittlere Unternehmen" solle nur die Zielrichtung der Norm umschrieben werden. Die entscheidenden materiellen Voraussetzungen für die Zulassung von Kooperationsabsprachen lägen in den Tatbestandsmerkmalen „Rationalisierung" und „keine wesentliche Beeinträchtigung des Wettbewerbs". Der Begriff der kleinen und mittleren Unternehmen enthalte jedenfalls eine Relation, die sich aus der Stellung der betreffenden Unternehmen im Verhältnis zu ihren Wettbewerbern ergebe. Eine solche relative Betrachtungsweise soll nach dem Willen des Gesetzgebers auch für § 23a Abs. 1 Nr. 1 GWB gelten[101], in dem der gleiche Begriff verwendet wird. Diesem relativen Begriffsverständnis hat sich auch die ganz h. M. in der Literatur angeschlossen[102]. Danach sind die Wirtschaftseinheiten zum Kreis der kleinen und mittleren Unternehmen zu zählen, deren Unternehmensgröße im Verhältnis zur Größe des als Verfügungsadressat in Betracht gezogenen Unternehmens relativ klein ist. Dabei wird für die Bestimmung der Größe eines Unternehmens der Jahresumsatz eine wesentliche Rolle spielen. Neben dem Jahresumsatz kommt aber auch den Kriterien Beschäftigtenzahl, Eigenkapital etc. eine indizielle Bedeutung zu[103].

2. Absolute Obergrenze

Geht man mit der h. M. davon aus, daß bei der Bestimmung der kleinen und mittleren Unternehmen eine relative Betrachtungsweise geboten ist, so muß man sich die Frage stellen, ob eine solche verhältnismäßige Größenbestimmung nicht

[98] Die u. a. von *Gantzel*, Wesen und Begriff der mittelständischen Unternehmen, S. 261, vertretene Begriffsbestimmung, wonach der mittelständische Bereich kleine und mittlere Unternehmen in Industrie, Handel, Handwerk und im sonstigen Dienstleistungsbereich erfasse, die i. d. R. von selbständigen und mitarbeitenden Unternehmern geleitet werden, die ihr Unternehmen nicht über den Kapitalmarkt finanzieren und das unternehmerische Risiko selbst tragen, erscheint wenig hilfreich. Diese Definition setzt den Begriff des kleinen und mittleren Unternehmens als gegeben voraus und ist insbesondere im Hinblick auf veränderte Praktiken der Unternehmensfinanzierung heute zu eng.

[99] BT-Ausschuß für Wirtschaft, BT-Drs. VIII/3690, S. 30.

[100] BT-Ausschuß für Wirtschaft, BT-Drs. VII/765, S. 1, 3.

[101] Vgl. Regierungsbegründung zur 4. Kartellnovelle, BT-Drs. VIII/2136, S. 21.

[102] Insoweit übereinstimmend IM-*Emmerich*, § 37a Rdnr. 7 e; *Langen*, § 37a Rdnr. 13; GK-*Fischötter*, § 37a Rdnr. 22; *Markert*, Die Wettbewerberbehinderung..., S. 48; P. *Ulmer*, Die neuen Vorschriften gegen Diskriminierung und unbillige Behinderung, WuW 1980, S. 474, 487; *Friedrich*, Die neuen Mißbrauchstatbestände..., BB 1980, S. 1553, 1556.

[103] Hierzu *Veltins*, Die Mittelstandskooperation..., DB 1978, S. 239, 240.

durch absolute Grenzen einzuschränken ist. Die wohl h.M. vertritt die Auffassung, daß die Einordnung einer Wirtschaftseinheit als kleines oder mittleres Unternehmen grundsätzlich nur im Rahmen absoluter Grenzen dankbar ist[104]. Eine Stütze findet diese Auffassung im Bericht des Wirtschaftsausschusses zur 4. Kartellnovelle[105], der wiederum auf den Bericht des Wirtschaftsausschusses zu § 5b GWB im Rahmen der 2. Kartellnovelle verweist[106]. Dort ist die Rede davon, daß der Begriff der kleinen und mittleren Unternehmen auch eine absolute Grenze aufweise, für die aus den Umsatzzahlen in den §§ 22ff. GWB Anhaltspunkte hergeleitet werden könnten. Danach würde im Rahmen des § 37a Abs. 3 GWB eine absolute Obergrenze existieren, mit deren Überschreittung ein Unternehmen aus dem Kreis der kleinen und mittleren Wettbewerber ausscheidet.

Unklar ist unter den Vertretern der durch absolute Kriterien begrenzten relativen Größenbestimmung allerdings, welche Kriterien für die Einziehung einer absoluten Grenze herangezogen werden sollen und wo genau diese Grenze verlaufen soll.

a) Marktanteilskriterien

Z.T. wird die Auffassung vertreten, als ein taugliches Kriterium zur Begrenzung des Kreises kleiner und mittlerer Wettbewerber könne der Marktanteil herangezogen werden[107]. Unter Hinweis auf die vom Wirtschaftsausschuß im Rahmen des Berichts zur 2. Kartellnovelle zu § 5b GWB erwähnte Marktanteilsgrenze von 10-15%[108] wird argumentiert, die Einordnung eines Unternehmens als kleiner oder mittlerer Wettbewerber i.S.d. § 37a Abs. 3 GWB könne davon abhängig gemacht werden, daß es gemeinsam mit den auf diesem Markt tätigen vergleichbaren und kleineren Unternehmen zusammen einen Marktanteil von 10-15% nicht überschreite.

Dem kann jedoch nicht gefolgt werden. Die Vertreter dieser Auffassung differenzieren nicht hinreichend zwischen der Größe eines Unternehmens bzw. einer Gruppe von Unternehmen und deren Marktstärke. Im Rahmen des § 37a Abs. 3 GWB soll die Bestimmung der kleinen und mittleren Unternehmen eines Marktes dem Ziel dienen, einen der beiden Pole festzulegen, zwischen denen ein

[104] Vgl. etwa *Markert*, a.a.O. (siehe Fn 102); *Langen*, a.a.O. (siehe Fn. 102); IM-*Emmerich*, a.a.O. (siehe Fn. 102); unentschieden *Möschel*, Recht der Wettbewerbsbeschränkungen, S. 425; unklar *Müller/Gießler/Scholz*, Wirtschaftskommentar, § 37a Rdnr. 22-27.

[105] BT-Ausschuß für Wirtschaft, a.a.O. (siehe Fn. 99).

[106] BT-Ausschuß für Wirtschaft, a.a.O. (siehe Fn. 100).

[107] So wohl *Friedrich*, Die neuen Mißbrauchstatbestände..., BB 1980, S. 1553, 1557, der allerdings auch eine durch den Jahresumsatz bestimmte Obergrenze annimmt.

[108] BT-Ausschuß für Wirtschaft, BT-Drs. VII/765, S. 1, 3.

Marktmachtgefälle bestehen soll. Die Frage der Marktmacht eines dieser beiden Pole spielt an dieser Stelle noch keine Rolle. Soweit jedoch der Marktanteil, der ein wesentliches Kriterium für die Bestimmung der Marktstärke eines Unternehmens ist, für Zwecke der reinen Größenbestimmung nutzbar gemacht wird, werden die Fragen der Marktstärke und Größe eines Betriebes unzulässigerweise miteinander vermischt. Für eine strikte Trennung von Marktmacht bzw. Marktanteil eines Unternehmens und seiner Größe findet sich auch in § 23a Abs. 1 Nr. 1a GWB ein eindeutiger Hinweis[109]

Überdies stützt sich die Auffassung, für kleine und mittlere Unternehmen bestehe eine durch den Marktanteil bestimmte Obergrenze, zu Unrecht auf den Bericht des Wirtschaftsausschusses zur 2. Kartellnovelle. Dort wird die Marktanteilsgrenze von 10 bis 15 % nicht bei der Behandlung des Merkmals „kleine und mittlere Unternehmen" erwähnt; vielmehr sah der Wirtschaftsausschuß einen kartellierten Marktanteil von 10 bis 15 % als kritische Grenze für das Merkmal „wesentliche Beeinträchtigung des Wettbewerbs" an.

b) Umsatzkriterien

Da der Marktanteil als Kriterium zur Bestimmung einer absoluten Obergrenze für kleine und mittlere Unternehmen ausscheidet, stellt die Mehrzahl der Befürworter einer begrenzten relativen Betrachtungsweise auf den Jahresumsatz ab[110]. Dabei besteht jedoch keine Einigkeit darüber, wo genau die Grenze liegen soll, die das Unternehmen nicht überschreiten darf, um noch als klein oder mittel i. S. d § 37a Abs. 3 GWB zu gelten. Teilweise hält man eine Jahresumsatzgrenze von 250 Mio. DM für angemessen[111]. Diese Umsatzgröße wird dem § 22 Abs. 3 Nr. 1 GWB entnommen, der die höchste Umsatzgrenze der Mittelstandskriterien im §§ 22 Abs. 3, 23a Abs. 2, 24 Abs. 8 Nr. 2 GWB darstellt. Ein anderer Teil der Literatur meint, die absolute Obergrenze für die Zugehörigkeit zum Kreis kleiner und mittlerer Unternehmen liege bei 500 Mio. DM Jahresumsatz[112]. Der normative Ansatz ist insoweit § 24 Abs. 8 Nr. 1 GWB. Danach sei ein Jahresumsatz von 500 Mio. DM die Grenze für die uneingeschränkte Fusionskontrolle. Mithin könne diese Umsatzgrenze als Indikator für die gesamtwirtschaftliche Bedeutung eines Unternehmens gelten. Eine solche Wirtschaftseinheit lasse sich aber kaum als kleines oder mittleres Unternehmen qualifizieren.

Dieser Streit erinnert vom Ansatz her an die wenig weiterführenden Auseinandersetzungen über die Obergrenze für kleine und mittlere Unterneh-

---

[109] So zutreffend *Markert*, Die Wettbewerberbehinderung..., S. 49 Fn. 195.

[110] Vgl. hierzu die in der Fn. 102 genannten Autoren.

[111] So *Markert*, a.a.O. (siehe Fn. 109), S. 48; *Friedrich*, a.a.O. (siehe Fn. 107).

men im Rahmen des § 5b GWB[113], für die bekanntlich Umsatzzahlen von 10 bis 500 Mio. DM genannt werden[114]. In Anbetracht der offensichtlichen Schwierigkeiten, eine Obergrenze für kleine und mittlere Unternehmen herauszuarbeiten, die nicht dem Vorwurf einer mehr oder weniger großen Willkürlichkeit ausgesetzt ist, stellt sich die Frage, ob im Rahmen des § 37a Abs. 3 GWB der Kreis der kleinen und mittleren Unternehmen einer Begrenzung nach oben bedarf.

Das Erfordernis einer absoluten Obergrenze für kleine und mittlere Unternehmen läßt sich zunächst aus dem Wortlaut des Berichts des Wirtschaftsausschusses zur 4. Kartellnovelle herleiten, der seinerseits auf die für den Parallelbegriff in § 5b GWB angestellten Erwägungen im Rahmen der 2. Kartellnovelle verweist. Seinerzeit, so ließe sich argumentieren, hat der Gesetzgeber betont, daß im Rahmen des § 5b GWB für kleine und mittlere Unternehmen eine durch den Jahresumsatz indizierte absolute Obergrenze gelten sollte.

Es erscheint jedoch fraglich, ob eine solche Argumentation den Gesetzesmaterialien nicht zu großes Gewicht beimißt. Im Bericht des Wirtschaftsausschusses zur 2. Kartellnovelle stand die Begrenzung des Kreises kleiner und mittlerer Unternehmen nicht im Vordergrund. Vielmehr wurde diesem Merkmal in erster Linie nur eine programmatische Bedeutung beigemessen. Der Ausschuß ging nämlich davon aus, daß die entscheidenden materiellen Voraussetzungen für die Zulassung von Kooperationsabsprachen in den Tatbestandsmerkmalen „Rationalisierung" und „keine wesentliche Beeinträchtigung des Wettbewerbs" niedergelegt sind[115]. Liegt der Schwerpunkt der gesetzgeberischen Erwägungen zum Begriff der kleinen und mittleren Unternehmen in § 5b GWB aber nicht bei dem Erfordernis einer Begrenzung der relativen Größenbestimmung, so hat dies wegen der im Bericht 1980 vorgenommenen Verweisung auch Bedeutung für den Parallelbegriff in § 37a Abs. 3 GWB. Ebenso wie in § 5b GWB ist auch in dieser Vorschrift eine konkrete Obergrenze für das Begriffsverständnis nicht von wesentlicher Bedeutung.

Die hier vertretene These wird dadurch erhärtet, daß der Wirtschaftsausschuß im Bericht 1980 keinerlei Hinweise darauf gegeben hat, wo etwa eine absolute Obergrenze für kleine und mittlere Unternehmen verlaufen sollte. Da sich im Rahmen des § 5b GWB trotz des Hinweises des Gesetzgebers bis heute keine feste Umsatzgrenze herausgebildet hat[116] und z. T. sogar aus grundsätzlichen

---

[112] *Langen*, § 37a Rdnr. 13; nicht ganz klar P. *Ulmer*, Die neuen Vorschriften..., WuW 1980, S. 474, 488; vgl. aber auch *Langen*, § 56 Rdnr. 21, der hier eine Umsatzgrenze von „nur" 250 Mio. DM nennt.

[113] Vgl. GK-*Deringer*, 3. Aufl., § 5b Rdnr. 35.

[114] IM-*Immenga*, § 5b Rdnr. 73 m.w.N.

[115] Bericht des BT-Ausschusses für Wirtschaft, BT-Drs. VII/765, S. 3.

Erwägungen abgelehnt wird[117], wäre zu erwarten gewesen, daß für den Fall der Erforderlichkeit einer absoluten Obergrenze in § 37a Abs. 3 GWB ein konkreter Hinweis gegeben worden wäre.

Die Annahme, daß der Gesetzgeber für den Begriff des kleinen und mittleren Unternehmens keine absolute Begrenzung einführen wollte, wird auch durch die in der Begründung zum Regierungsentwurf der 4. Kartellnovelle veröffentlichten Überlegungen zum Parallelbegriff in § 23a Abs. 1 Nr. 1a GWB bestätigt. Hier hat der Gesetzgeber ausdrücklich davon Abstand genommen, diesen Begriff durch eine absolute Umsatzgrenze festzuschreiben[118]. Vielmehr, so wird dort betont, komme es auf die Relation zwischen den am Markt tätigen Großunternehmen und den übrigen Wettbewerbern an. Diese Erwägung des Gesetzgebers erscheint wegen des vergleichbaren Normcharakters[119] zur Übertragung auf § 37a Abs. 3 GWB in besonderer Weise geeignet.

Selbst wenn man der Auffassung sein sollte, der Gesetzgeber der 2. Kartellnovelle habe die Absicht gehabt, für den Begriff der kleinen und mittleren Unternehmen in § 5b GWB eine absolute umsatzabhängige Obergrenze zu entwickeln, zwingt dies nicht zu der Annahme, auch in § 37a Abs. 3 GWB bedürfe die relative Größenbestimmung einer Begrenzung. Ein solcher schematischer Transfer der gesetzgeberischen Erwägungen zu § 5b GWB berücksichtigt den unterschiedlichen Normcharakter beider Vorschriften nicht hinreichend[120]. Anders als § 37a Abs. 3 GWB stellt § 5b GWB keine Eingriffsnorm, sondern einen Freistellungstatbestand dar. Er erlaubt eine Unternehmenskooperation u. a. unter der Voraussetzung, daß der Kooperationsvertrag dazu dient, die Leistungsfähigkeit kleiner und mittlerer Unternehmen zu fördern. Würde hier keine absolute Obergrenze für die zu schützenden mittelständischen Unternehmen eingezogen, liefe man Gefahr, den Teufel mit Beelzebub auszutreiben. Ohne Geltung einer absoluten Obergrenze wäre nach § 5b GWB auch eine Kooperation zur Steigerung der Leistungsfähigkeit solcher Unternehmen zulässig, die zwar im Verhältnis zu den großen am Markt tätigen Wettbewerbern noch als „kleine" bzw. „mittlere" Unternehmen bezeichnet, aber de facto nicht mehr dem Mittelstand zugerechnet werden können. Gerade diese Situation würde aber der mittelstandsschützenden Zielsetzung des § 5b GWB zuwiderlaufen. Eine derartige Umkehrung der Zielrichtung droht in § 37a Abs. 3 GWB jedoch nicht. Eine ausschließlich relative Größenbestimmung läuft dem mittelstandsschützenden Charakter der Norm nicht zuwider. Es ist nicht ersichtlich, wie die kartellrechtlich schützenswerten Interessen des Mittelstandes dadurch

---

[116] Vgl. nur die Nachweise bei IM-*Immenga*, a. a. O. (siehe Fn. 114); ebenso P. *Ulmer*, a. a. O. (siehe Fn. 112), S. 487.

[117] IM-*Immenga*, a. a. O. (siehe Fn. 114), Rdnr. 74.

[118] Begr. z. RegE, WuW 1980, S. 337, 348.

[119] Sowohl § 37a Abs. 3 GWB wie auch §§ 24, 23a GWB stellen Eingriffsermächtigungen dar.

verletzt werden könnten, daß ein de facto großer, im Verhältnis zu dem potentiellen Verfügungsadressaten aber relativ kleiner Betrieb in den Kreis der kleinen und mittleren Unternehmen einbezogen wird. Auch aus diesem Grunde ist die Verweisung im Bericht 1980 auf die Erwägungen zu § 5b GWB im Bericht zur 2. Kartellnovelle 1973 nur als eine erneute Betonung mittelstandsschützender Gesetzgebungspolitik zu verstehen.

Das Erfordernis einer durch eine Umsatzgrenze beschränkten relativen Größenbestimmung läßt sich auch nicht aus rechtsstaatlichen Erwägungen herleiten. Insbesondere ist es nicht aus verfassungsrechtlichen Gründen geboten, wegen der Unbestimmtheit des Begriffs „kleine und mittlere Unternehmen" eine absolute Umsatzgrenze im Wege der verfassungskonformen Auslegung des § 37a Abs. 3 zu entwickeln. Dem Gesetzgeber steht es grundsätzlich frei, sich bei der Aufstellung von Normen unbestimmter Gesetzesbegriffe zu bedienen. Gerade im Bereich des Wirtschaftsrechts kommt der Gesetzgeber nicht ohne sie aus[121]. Allerdings befreit die grundsätzliche Zuverlässigkeit der Verwendung solcher unbestimmter Begriffe nicht von dem rechtsstaatlichen Zwang, die Vorschrift so zu fassen, daß sie den Grundsätzen der Normklarheit und Justitiabilität entspricht. Sie muß in ihren Voraussetzungen und ihrem Inhalt so formuliert sein, daß die von ihr Betroffenen die Rechtslage erkennen und ihr Verhalten danach einrichten können. Die Gerichte müssen in der Lage sein, die gesetzgeberische Entscheidung zu konkretisieren[122]. Diesen Anforderungen genügt die Vorschrift des § 37a Abs. 3 GWB[123] und der Begriff der kleinen und mittleren Wettbewerber selbst dann, wenn man davon ausgeht, daß der Begriff keine absolute Obergrenze beinhaltet. Ob ein Unternehmen im Einzelfall dem Kreis der kleinen und mittleren Wettbewerber zuzurechnen ist, kann mit Hilfe einer relativen Betrachtungsweise hinreichend exakt bestimmt werden. Jedes einzelne Merkmal kann unter Berücksichtigung der Entstehungsgeschichte der Vorschrift und dem erklärten Zweck der Norm im Wege der Auslegung durch die Gerichte ermittelt werden. Dabei werden sich im Laufe der Zeit u. U. Größenrelationen herauskristallisieren, bei deren Vorliegen ein Unternehmen im Verhältnis zu seinen großen Konkurrenten noch als kleiner oder mittlerer Wettbewerber i. S. d. § 37a Abs. 3 GWB bezeichnet werden kann.

Abschließend kann daher festgestellt werden, daß der Begriff „kleine und mittlere Wettbewerber" in § 37a Abs. 3 GWB keine absolute umsatzabhängige Obergrenze beinhaltet. Weder aus den gesetzgeberischen Erwägungen bei Schaffung dieser Vorschrift noch aus der mittelstandsschützenden Zielrichtung der Norm lassen sich Gesichtspunkte herleiten, die zur Annahme einer solchen

[120] Hierauf weisen auch *Müller/Gießler/Scholz*, Wirtschaftskommentar, § 37a Rdnr. 23 zutreffend hin. Ebenso *Möschel*, Recht der Wettbewerbsbeschränkungen, S. 425, allerdings ohne daraus Konsequenzen zu ziehen.

[121] Vgl. BVerfGE 13, S. 153, 161; 19, S. 33, 42; 21, S. 72, 79.

[122] BVerfGE 31, S. 255, 264.

Obergrenze zwingen[124]. Im übrigen darf nicht übersehen werden, daß die zur Diskussion stehenden Umsatzgrenzen von 250 Mio. DM bzw. 500 Mio. DM in der Praxis ohnehin von kleinen und mittleren Unternehmen nicht erreicht werden dürften, so daß in jedem Fall der relativen Betrachtungsweise bei der Bestimmung kleiner und mittlerer Wettbewerber die entscheidende Bedeutung zukommt.

3. Sonderprobleme

Ist ein Unternehmen dem Kreis der kleinen und mittleren Wettbewerber dann zuzuordnen, wenn seine absolute Unternehmensgröße im Verhältnis zur absoluten Unternehmensgröße der als Verfügungsadressat in Betracht kommenden Wirtschaftseinheit relativ klein ist, so stellt sich die Frage, wie die absolute Größe eines Unternehmens zu bestimmen ist, wenn es sich um ein abhängiges Unternehmen i. S. d. § 17 AktG oder um ein kooperierendes, etwa einer Einkaufsgenossenschaft zugehöriges Unternehmen handelt. Diese Frage bedarf deshalb einer kurzen Erörterung, weil § 37a Abs. 3 GWB keine sog. Konzernklausel enthält.

a) Konzernunternehmen, abhängige Unternehmen

Die Bestimmung der absoluten Unternehmensgröße von Konzern- bzw. abhängigen Unternehmen hängt letztlich davon ab, ob eine Zurechnung der Umsätze, Beschäftigtenzahlen etc. des herrschenden Unternehmens erfolgen muß oder nicht. Da § 37a Abs. 3 GWB selbst eine derartige Zurechnungsklausel nicht enthält, ist zunächst zu fragen, ob der Gesetzgeber damit zum Ausdruck bringen wollte, daß eine Zurechnung nicht erfolgen soll, oder ob die Vorschrift insoweit eine planwidrige Regelungslücke enthält.

Die eher spärlichen Gesetzesmaterialien zu § 37a Abs. 3 GWB geben keinen Hinweis darauf, daß nach dem Willen des Gesetzgebers eine Zurechnung der Umsatzerlöse des herrschenden Unternehmens nicht stattfinden soll[125]. Sie vermitteln vielmehr den Eindruck, daß insoweit eine planwidrige Regelungslücke vorliegt.

Zweck der absoluten Größenbestimmung der Wettbewerber des potentiellen Verfügungsadressaten ist es, mit Hilfe einer nachgeschalteten relativen Größenbetrachtung die Pole zu ermitteln, zwischen denen das von § 37a Abs. 3 GWB geforderte Machtgefälle bestehen muß. Diese Funktion der Größenbestimmung erfordert es, die tatsächlichen Marktverhältnisse zugrunde zu legen. Dies erscheint aber nur möglich, wenn man einer wirtschaftlichen Betrachtungsweise

---

[123] I. E. ebenso BGH WuW/E BGH 2073, 2075 „Kaufmarkt".

[124] I. E. ebenso P. *Ulmer*, Die neuen Vorschriften..., S. 474, 487; GK-*Fischötter*, § 37a Rdnr. 22.

folgt und solche Unternehmen, die mit anderen Unternehmen zwar nicht rechtlich aber wirtschaftlich eine Einheit bilden, für die Zwecke des Kartellrechts auch als Einheit betrachtet[126]. Anderenfalls würde der Inhalt der kartellrechtlichen Entscheidung von der im Grunde beliebigen rechtlichen Organisation wirtschaftlich verbundener Unternehmen abhängen[127]. Dies führt zu der Frage, wie die entsprechende Regelungslücke in § 37a Abs. 3 GWB geschlossen werden kann. In Betracht kommt insoweit nur eine entsprechende Anwendung der Verbundklausel des § 23 Abs. 1 S. 2-10 GWB[128], der die gleichen Erwägungen zugrunde liegen, die auch im Rahmen des § 37a Abs. 3 GWB eine Gesamtbetrachtung der Wirtschaftskraft der verbundenen Unternehmen erforderlich macht. Der entsprechenden Anwendung des § 23 Abs. 1 S. 2-10 GWB im Rahmen des § 37a Abs. 3 GWB steht auch nicht entgegen, daß die Verbundklausel zunächst einmal auf die spezifischen Bedürfnisse der Fusionskontrolle zugeschnitten ist. Aus der Verweisung in § 22 Abs. 3 S. 2 ergibt sich, daß der Gesetzgeber der „Konzernklausel" eine grundsätzliche Bedeutung beimißt, die auch im Rahmen der Mißbrauchsaufsicht nicht unberücksichtigt bleiben soll.

Bei der Bestimmung der absoluten Größe eines Unternehmens für die Zwecke des § 37a Abs. 3 GWB sind mithin einem abhängigen Unternehmen bzw. einem Konzernunternehmen entsprechend § 23 Abs. 1 S. 2-10 GWB alle größenrelevanten Kriterien der verbundenen Unternehmen zuzurechnen.

b) Franchise-Unternehmen

Das Zurechnungserfordernis für wirtschaftlich verbundene Unternehmen führt zu der Frage, wie die Größe eines Unternehmens zu bestimmen ist, wenn es sich um ein Franchise-Unternehmen handelt[129]. Sind in einem solchen Fall[130] dem Franchisenehmer die Größenkriterien des Franchisegebers bzw. der übrigen Franchisenehmer zuzurechnen?

---

[125] Dies gilt auch für die Gesetzesmaterialien zu § 5b GWB. Soweit FK, § 53 Tz. 40, gleichwohl den Schluß zieht, in § 5b GWB habe eine Anrechnung nicht zu erfolgen, ist dies m. E. nicht vertretbar.

[126] Von dieser Überlegung hat sich auch der Gesetzgeber bei der Einführung des § 23 Abs. 1 S. 2 GWB leiten lassen. Vgl. Begr. z. RegE z. 2. Kartellnovelle, BT-Drs. VI/2520, S. 26.

[127] Zu diesem Argument *Langen*, § 23 Rdnr. 85.

[128] § 23 Abs. 1 S. 2 bis 10 GWB wird von der h. M. im übrigen auch im Rahmen des § 5b GWB entsprechend angewandt. Vgl. nur IM-*Immenga*, § 5b Rdnr. 72 m. w. N.

[129] Das Franchising ist eine auch im Lebensmittelhandel stark expandierende Kooperationsform. Die Anzahl der Franchisepartner in dieser Branche ist von 90 im Jahre 1975 auf rd. 500 im Jahre 1982 angestiegen. Als Franchisesystemträger im Lebensmittelhandel sind in erster Linie zu nennen: Deutsche Spar Handelsgesellschaft mbH ® Co. und die REWE-Zentral AG. Vgl. *Tietz*, Konsument und Einzelhandel, S. 1032ff.

Eine allgemeingültige Antwort läßt sich kaum geben, ohne den Rahmen dieser Untersuchung zu sprengen. Das hat seinen Grund in den stark differierenden Franchise-Vereinbarungen im Einzelfall[131]. So kann es in den Fällen, in denen der Franchisegeber eine wesentliche Beteiligung am Franchisenehmer hält[132], unter Berücksichtigung der weitgehenden Einflußmöglichkeiten, des möglichen Gewinn- und Verlustausgleichs etc. angemessen sein, den Franchisenehmer als abhängiges Unternehmen entsprechend § 17 AktG zu qualifizieren[133]. Aber selbst dann, wenn eine Abhängigkeit entsprechend § 17 AktG nicht feststellbar ist, ist eine Zurechnung der Größenkriterien nicht ausgeschlossen. Wegen der gegenüber dem Unternehmensrecht unterschiedlichen Funktion des Abhängigkeitsbegriffes im Kartellrecht[134], die wirtschaftliche Unternehmenseinheit zu ermitteln, kommt auch bei anderen Konstruktionen im Rahmen von Franchisevereinbarungen durchaus eine § 23 Abs. 1 S. 2-10 GWB entsprechende Zurechnung größenrelevanter Kriterien in Betracht. Man wird auch insoweit zu berücksichtigen haben, daß der wirtschaftliche Erfolg des Franchisenehmers in besonderem Maße von den wettbewerbsrelevanten Entscheidungen des Franchisegebers abhängt und damit eine starke wirtschaftliche Verknüpfung der Franchisepartner besteht. Ob allerdings diese wirtschaftliche Verbindung im Einzelfall eine solche Intensität erreicht, daß von einer wirtschaftlichen Einheit gesprochen werden kann, läßt sich nur unter Berücksichtigung der konkreten Umstände entscheiden.

c) Kooperationsunternehmen

Abschließend soll noch die Frage erörtert werden, ob eine entsprechende Zurechnung größenrelevanter Kriterien auch dann erfolgen muß, wenn ein Unternehmen zwar rechtlich selbständig ist, sich aber zusammen mit anderen Wettbewerbern zu einer Kooperationsgemeinschaft, also beispielsweise einer Einkaufsgenossenschaft, zusammengeschlossen hat. Im Gegensatz zu der Situation bei abhängigen bzw. Konzernunternehmen scheint hier eine § 23 Abs. 1 S. 2-10 GWB entsprechende Zurechnung von Größenkriterien der Kooperationsgemeinschaft ausgeschlossen.

Zunächst einmal liegt insoweit keine Unternehmensverbindung i. S. d. § 23 Abs. 1 S. 2-10 GWB vor[135], so daß eine entsprechende Anwendung der

---

130 Grundlegend zum Franchising im Handel *Tietz/Mathieu*, Das Franchising als Kooperationsmodell für den mittelständischen Groß- und Einzelhandel, 1979; *Gross/Skaupy*, Das Franchise-System, insbes. S. 242.

131 Vgl. hierzu die instruktive Darstellung bei *Tietz*, a. a. O. (siehe Fn. 129).

132 Hierzu *Treis/Kepper*, Wettbewerb im Lebensmittelhandel, MA 1977, S. 128, 138; *Tietz*, a. a. O. (siehe Fn. 129), S. 1035.

133 Zur Weite des Beherrschungstatbestandes im Aktienrecht vgl. RGZ 167, S. 40, 49; KK-*Biedenkopf/Koppensteiner*, AktG, § 17 Rdnr. 7.

134 Vgl. nur IM-*Mestmäcker*, § 23 Rdnr. 40 mit zahlreichen Nachweisen.

Verbundklausel auf zusätzliche Bedenken stößt. Darüber hinaus rechtfertigt die gegenüber abhängigen Unternehmen i. S. d. § 17 AktG unterschiedliche wirtschaftliche Situation eine entsprechende Anwendung des § 23 Abs. 1 S. 2-10 GWB nicht. Dieser Vorschrift liegt eine wirtschaftliche Betrachtungsweise zugrunde, die solche Unternehmen, die als wirtschaftliche Einheit im Wettbewerb auftreten, auch für die Zwecke des Kartellrechts als Einheit betrachtet[136]. Diese Voraussetzung erfüllen die sog. Kooperationsunternehmen jedoch nicht. Wesentliches Gewicht hat insofern die Tatsache, daß im Gegensatz zu verbundenen Unternehmen bei den Einzelhändlern, die sich etwa einer Einkaufsgenossenschaft angeschlossen haben, das volle wirtschaftliche Risiko verbleibt. Damit korrespondiert bei den verschiedenen Kooperationssystemen eine im Grundsatz dezentralisierte Entscheidungsstruktur. Zwar wird der einzelne kooperierende Einzelhändler in der Regel aus wirtschaftlichen Gründen auf die Leistungen des Kooperationssystems zurückgreifen; anders als bei verbundenen Unternehmen beruht dies aber auf einer autonomen Entscheidung des Händlers. Wegen der fehlenden Reaktionsverbundenheit zwischen kooperierenden Unternehmen und der jeweiligen Einkaufsgenossenschaft ist eine Zurechnung der Größenkriterien entsprechend § 23 Abs. 1 S. 2-10 GWB m. E. ausgeschlossen. Klarstellend muß zum Abschluß noch darauf hingewiesen werden, daß diese Überlegungen natürlich nicht für sog. „Regiebetriebe" von Einkaufsgenossenschaften und sonstigen Kooperationssystemen gelten können. Dies sind rechtlich selbständige Einzelhandelsbetriebe, die ähnlich wie Filialbetriebe von der übergeordneten Zentralstelle geführt werden. Sämtliche unternehmenspolitischen Entscheidungen werden auf der Zentralebene getroffen und von den Leitern der Regiebetriebe weisungsgemäß durchgeführt[137]. Es handelt sich mithin bei den Regiebetrieben um Unternehmen, die eine wirtschaftliche Einheit mit der jeweiligen Einkaufsgenossenschaft bilden. Im Gegensatz zu den rechtlich und wirtschaftlich selbständigen Kooperationsunternehmen ist hier bei der Bestimmung der Größe des Regiebetriebes eine Gesamtbetrachtung entsprechend den unter a) dargelegten Grundsätzen vorzunehmen.

III. Überlegene Marktmacht

Mit dem Merkmal der „gegenüber kleinen und mittleren Wettbewerbern überlegenen Marktmacht" in § 37a Abs. 3 hat der Gesetzgeber einen für das GWB neuen Marktmachttatbestand geschaffen. Neben dem Begriff der Marktbeherrschung i. S. d. § 22 Abs. 1 GWB, der absoluten Charakter in der Weise hat, daß das marktbeherrschende Unternehmen allen seinen Konkurrenten auf dem relevanten Markt an Marktmächtigkeit überlegen ist, und dem der

---

135 So zutreffend BKartA, Verfügung v. 5. 5. 1982, B 9-712000-T-1019/81, S. 30.

136 Vgl. Begr. z. RegE z. 2. Kartellnovelle, BT-Drs. VI/2520, S. 26.

relativen vertikalen Marktstärke[138] im Rahmen des § 26 Abs. 2 S. 2 GWB, für die die bilaterale Beziehung zwischen Nachfragern und Anbietern entscheidend ist, führt § 37a Abs. 3 GWB einen weiteren relativen Marktmachtbegriff ein. Er ist nur auf das Horizontalverhältnis zwischen Wettbewerbern auf der gleichen Wirtschaftsstufe ausgerichtet[139]. Ziel des Gesetzgebers war es, mit der Einführung dieses relativen horizontalen Marktmachtbegriffes eine „Schutzlücke" im GWB zu schließen. Diese „Schutzlücke" wurde darin gesehen, daß in der Zeit vor der 4. Kartellnovelle die unbillige Konkurrentenbehinderung in den Fällen kartellrechtlich irrelevant war, in denen das behindernde Unternehmen weder eine marktbeherrschende Stellung i. S. d. § 22 Abs. 1 GWB noch eine überragende Marktmacht gegenüber abhängigen Unternehmen innehatte[140].

Bei der Bestimmung der relativen Machtstellung eines Unternehmens i. S. d. § 37a Abs. 3 GWB fragt es sich zunächst, wem gegenüber die vom Gesetz als „überlegen" definierte Machtstellung bestehen muß. Zieht man den Wortlaut der Vorschrift zu Rate, so scheint die Antwort eindeutig zu sein: gegenüber den kleinen und mittleren Wettbewerbern des potentiellen Verfügungsadressaten. Gleichwohl wird in der Literatur die Auffassung vertreten, der potentielle Adressat einer auf § 37a Abs. 3 GWB gestützten Untersagungsverfügung brauche die geforderte Machtstellung nicht gegenüber allen auf dem relevanten Markt tätigen kleinen und mittleren Unternehmen zu haben. Es reiche vielmehr aus, wenn er eine überlegene Marktmacht gegenüber den mittelständischen Wettbewerbern habe, deren Behinderung untersagt werden solle[141]. Diese Auffassung ist m. E. nicht haltbar. Sie widerspricht dem Wortlaut der Vorschrift, der den Kreis der an Marktmacht unterlegenen kleinen und mittleren Wettbewerbern in keiner Weise beschränkt[142]. Auch die Entstehungsgeschichte der Norm bietet für eine derartige, restriktive Auslegung des Marktmachterfordernisses keinen Anhaltspunkt. Im übrigen liegt dieser Interpretation ein Mißverständnis zugrunde. Die von § 37a Abs. 3 eröffnete Eingriffsbefugnis der Kartellbehörden knüpft nicht an eine unbillige Behinderung einzelner mittelständischer Wettbewerber an[143], sondern an die unbillige Behinderung der mittelständischen Wettbewerbergruppe. Ein anderes restriktives Verständnis der Eingriffsvoraussetzungen ist mit dem Wortlaut der Norm — „diese Wettbewerber" — nicht zu vereinbaren und würde darüber hinaus § 37a Abs. 3 GWB bedenklich in die Nähe eines Individualschutzes für einzelne kleine und

---

[137] Hierzu *Treis/Kepper*, Wettbewerb im Lebensmittelhandel, MA 1977, S. 128, 133.

[138] Der Begriff der relativen vertikalen Marktstärke wird hier zunächst nur in einem subjektiv-individualisierenden Sinne verwendet. Zur Doppeldeutigkeit des Begriffes im Rahmen des § 26 Abs. 2 S. 2 GWB, IM-*Markert*, § 26 Rdnr. 92.

[139] So der Bericht des Wirtschaftsausschusses, BT-Drs VIII/3690, S. 29.

[140] Vgl. Bericht des Wirtschaftsausschusses, a. a. O. (siehe Fn. 139); P. *Ulmer*, Die neuen Vorschriften..., WuW 1980, S. 474, 486.

[141] So *Markert*, Die Wettbewerberbehinderung im GWB, S. 49.

[142] I. E. ebenso *Müller/Gießler/Scholz*, Wirtschaftskommentar, § 37a Rdnr. 26.

mittlere Unternehmen rücken. Gerade dies zu vermeiden war aber, wie noch zu zeigen sein wird, eine wesentliche Intention des Gesetzgebers[144].

Die graduelle Bestimmung der überlegenen Marktmacht i. S. d. § 37a Abs. 3 GWB erfolgt im Grundsatz ebenso wie die Feststellung der überragenden Marktstellung i. S. d.§ 22 Abs. 1 Nr. 2 GWB[145]. Berücksichtigt man also die zur überragenden Marktstellung in § 22 Abs. 1 Nr. 2 GWB ergangene Rechtsprechung[146], so läßt sich die überlegene Marktmacht des § 37a Abs. 3 GWB dahin definieren, daß ein Unternehmen einen gegenüber seinen kleinen und mittleren Wettbewerbern überlegenen, vom Wettbewerb nicht hinreichend kontrollierten Verhaltensspielraum bei der Entwicklung von Marktstrategien oder auch beim Einsatz einzelner Aktionsparameter besitzt. Für die Beurteilung der so definierten Machtstellung sind zunächst die in § 22 Abs. 1 Nr. 2 GWB genannten fünf Kriterien heranzuziehen.

Dies gilt auch und insbesondere für den Marktanteil[147]. Es erscheint nicht einsichtig, daß es der bilaterale Charakter der Machtstellung in § 37a Abs. 3 GWB ausschließen soll, den Marktanteil als machtindizierenden Gesichtspunkt zu berücksichtigen. Diese Ansicht verkennt, daß die Methode der Bestimmung der überragenden Marktstellung i. S. d. § 22 Abs. 1 Nr. 2 GWB[148] ebenso wie die Methode der Marktmachtbestimmung in § 37a Abs. 3 GWB nicht ohne eine relative Betrachtung auskommt. Die überragende Marktstellung ergibt sich nämlich nicht aus der absoluten Größe des Marktanteils oder aus dem absoluten Ausmaß der Finanzkraft etc. Vielmehr ist es erst der Vergleich der Größe des Marktanteils, der Finanzkraft etc. mit den entsprechenden Kriterien der Wettbewerber, der einen überragenden Verhaltensspielraum des Normadressaten i. S. d. § 22 Abs. 1 Nr. 2 GWB indiziert. Absoluten Charakter hat die überragende Marktstellung nur insoweit, als der Normadressat alle seine Wettbewerber an Marktmacht überragt. Ebenso wie in § 22 Abs. 1 Nr. 2 GWB ist die Marktmacht des potentiellen Verfügungsadressaten des § 37a Abs. 3 GWB durch einen Vergleich mit den Marktmachtkriterien seiner Konkurrenten zu bestimmen. Der Unterschied zu § 22 Abs. 1 Nr. 1 GWB besteht nur darin, daß als Vergleichspartner nicht alle Konkurrenten, sondern lediglich die kleinen

---

143 Anders § 26 Abs. 2 S. 2 GWB, der als Eingriffsvoraussetzung die unbillige Behinderung eines einzelnen Unternehmens, des abhängigen Unternehmens, nennt.

144 Vgl. nur Bericht des Wirtschaftsausschusses, a. a. O. (siehe Fn. 139), S. 30.

145 Auf die Maßgeblichkeit des § 22 Abs. 1 Nr. 2 GWB für die Bestimmung der Marktmacht im Rahmen des § 37a Abs. 3 GWB weist bereits der Wirtschaftsausschuß, a. a. O. (siehe Fn. 139), S. 29, hin. Ebenso *Markert*, a. a. O. (siehe Fn. 139); IM-*Emmerich*, § 37a Rdnr. 7e; GK-*Fischötter*, § 37a Rdnr. 22.

146 Insbes. BGH WuW/E BGH 1435, 1439 „Vitamin B-12"; WuW/E BGH 1445, 1449 „Valium"; KG WuW/E OLG 1767, 1770 „Kombinationstarif".

147 A. A. *Müller/Gießler/Scholz*, Wirtschaftskommentar, § 37a Rdnr. 28, die die Auffassung vertreten, wegen des bilateralen Charakters der Machtstellung komme es auf den Marktanteil nicht an.

und mittleren Wettbewerber heranzuziehen sind. Ist aber die Methode der Marktmachtbestimmung in § 22 Abs. 1 Nr. 2 GWB mit der in § 37a Abs. 3 GWB identisch, so sind auch die in § 22 Abs. 1 Nr. 2 GWB genannten Marktmachtkriterien im Rahmen des § 37a Abs. 3 GWB berücksichtigungsfähig.

Auch das unternehmensbezogene Merkmal der Finanzkraft hat für die Bestimmung der überlegenen Marktmacht des potentiellen Verfügungsadressaten im Rahmen des § 37a Abs. 3 GWB eine große Bedeutung. Dies gilt insbesondere mit Blick auf die Unterbindung von UEP-Strategien, die, wie bereits dargelegt[149], wegen ihres hohen kurzfristigen Verlustrisikos ein gesteigertes Maß an Finanzkraft erfordern.

Neben den Merkmalen des Marktanteils und der Finanzkraft kommt auch dem in § 22 Abs. 1 Nr. 2 GWB genannten Kriterium des Zugangs zu den Absatz- und Beschaffungsmärkten eine gesteigerte Bedeutung zu. Hier ist zunächst zu berücksichtigen, daß es für die Großunternehmen des Handels wegen ihres in Relation zur Umsatzhöhe stehenden Nachfragepotentials erheblich leichter sein dürfte, einen direkten Zugang zum Herstellerabsatzmarkt zu finden, als für ihre mittelständischen Konkurrenten. Überdies dürften die Großunternehmen auch einen besseren Zugang zu den Absatzmärkten haben. Dies gilt insbesondere dann, wenn man berücksichtigt, daß die Großunternehmen des Lebensmittelhandels auf dem jeweils relevanten Markt häufig mit mehreren Betriebsstätten vertreten und daher in der Lage sind, sich durch eine unterschiedliche Ausstattung dieser Betriebsstätten auf die individuell verschiedenen Verbrauchererwartungen einzustellen.

C. Fähigkeit, die Marktverhältnisse wesentlich zu beeinflussen

Letztes Merkmal im Rahmen der Verfügungsadressatenvoraussetzungen des § 37a Abs. 3 GWB ist die Fähigkeit, die Marktverhältnisse wesentlich zu beeinflussen. Ein mit überlegener Marktmacht i. S. d. § 37a Abs. 3 GWB ausgestattetes Unternehmen kommt nur dann als Adressat einer Untersagungsverfügung in Betracht, wenn es aufgrund seiner Marktmacht in der Lage ist, die Marktverhältnisse wesentlich zu beeinflussen. Mit der Aufstellung dieses Erfordernisses wollte der Gesetzgeber sicherstellen, daß sich die Vorschrift nicht zu einem primären „Individualschutz" für mittelständische Unternehmen verengt und die vorrangige Zielsetzung der Sicherung des Wettbewerbs auf dem Gesamtmarkt in den Hintergrund tritt[150]. Das Merkmal der Fähigkeit zur wesentlichen Beeinflussung der Marktverhältnisse ist mithin nicht, wie Möschel

---

[148] Vgl. insbesondere den Wortlaut des § 22 Abs. 1 Nr. 2 GWB: „eine im Verhältnis zu seinen Wettbewerbern überragende Marktstellung...".

[149] Vgl. 3. Kap. C I.

meint[151], als partielle Rücknahme der bilateral definierten Marktmacht zu verstehen, sondern stellt klar, daß nur ein gesamtmarktrelevantes bilaterales Machtgefälle zugunsten des potentiellen Verfügungsadressaten die Eingriffsbefugnis der Kartellbehörden auslöst[152]. Unter diesem Aspekt ist das Erfordernis der Gesamtmarktrelevanz der überlegenen Marktmacht i.S.d § 37a Abs. 3 GWB auch nicht etwa deshalb entbehrlich, weil eine Untersagungsbefugnis der Kartellbehörden nur besteht, wenn auch die unbillige Behinderung geeignet ist, den Wettbewerb nachhaltig zu beeinträchtigen[153]. Allein die Bindung der Eingriffsermächtigung des § 37a Abs. 3 GWB an die Gesamtmarktrelevanz des unbilligen Marktverhaltens hätte nicht hinreichend deutlich gemacht, daß der Anknüpfungspunkt für das kartellbehördliche Einschreiten in der Ausnutzung eines gesamtmarktrelevanten Machtgefälles liegt.

Ist also davon auszugehen, daß das Merkmal der Fähigkeit, die Marktverhältnisse wesentlich zu beeinflussen, eine eigenständige, die Machtstellung des potentiellen Verfügungsadressaten kennzeichnende Bedeutung hat, so fragt sich, wie die Gesamtmarktrelevanz zu bestimmen ist. Entgegen der Auffassung des Wirtschaftsausschusses kann es dabei nicht darauf ankommen, im Wege einer Gesamtmarktbetrachtung festzustellen, ob das durch den Begriff „überlegene Marktmacht" umschriebene bilaterale Machtgefälle zwischen einem Unternehmen und seinen kleinen und mittleren Wettbewerbern tatsächlich zu wettbewerblich nicht hinreichend kontrollierten Verhaltensspielräumen des marktstarken Unternehmens führt[154]. Diese Betrachtungsweise würde — darauf wird in der Literatur zutreffend hingewiesen[155] — die „Machtstellung" des § 37a Abs. 3 GWB in große Nähe zu der von § 22 GWB definierten Marktbeherrschung rücken und eine Anwendbarkeit des § 37a Abs. 3 GWB nur noch in Ausnahmefällen ermöglichen. Die Fähigkeit zur wesentlichen Beeinflussung der Marktverhältnisse setzt auch nicht voraus, daß die Marktstrategie und der Markterfolg jedes konkreten oder potentiellen Konkurrenten beeinflußt werden kann[156]. Diese Voraussetzung aufzustellen, hieße ebenfalls, die Anwendbarkeit des § 37a Abs. 3 GWB unangemessen zu beschränken.

Bei der Frage, wann ein potentieller Verfügungsadressat des § 37a Abs.3 GWB die Fähigkeit hat, die Marktverhältnisse wesentlich zu beeinflussen, ist von der ratio legis auszugehen. Das Merkmal hat die Funktion, solche bilateralen Marktmachtrelationen aus dem Anwendungsbereich des § 37a

---

150 Vgl. Bericht des Wirtschaftsausschusses, BT-Drs. VIII/3690, S. 30.

151 *Möschel*, Recht der Wettbewerbsbeschränkungen, S. 424.

152 I.E. ebenso P. *Ulmer*, Die neuen Vorschriften..., WuW 1980, S. 474, 488f., der allerdings schon beim Merkmal der überlegenen Marktmacht eine eher gesamtmarktbezogene Betrachtung vornehmen will.

153 So *Markert*, Die Wettbewerberbehinderung..., S. 50.

154 So der Bericht des Wirtschaftsausschusses, a.a.O. (siehe Fn. 150).

155 Vgl. GK-*Fischötter*, § 37a Rdnr. 23.

Abs. 3 GWB auszunehmen, die nur für die Gruppe der kleinen und mittleren Unternehmen von großer Relevanz, für die Gesamtmarktverhältnisse jedoch nur von untergeordneter Bedeutung sind. Deshalb kann es nicht darauf ankommen, ob der potentielle Verfügungsadressat eine unter absoluten Gesichtspunkten zu ermittelnde Machtstellung innehat. Die Funktion des Merkmals legt es daher nahe, die Fähigkeit zur wesentlichen Beeinflussung der Marktverhältnisse unter besonderer Berücksichtigung des bilateralen Machtgefälles zwischen dem potentiellen Verfügungsadressaten und den kleinen und mittleren Unternehmen zu beurteilen. Danach hat ein mit überlegener Marktmacht i. S. d. § 37a Abs. 3 GWB ausgestattetes Unternehmen jedenfalls dann die Fähigkeit, die (Gesamt-)Marktverhältnisse wesentlich zu beeinflussen, wenn die an Marktmacht unterlegenen mittelständischen Unternehmen eine Gesamtmarktrelevanz haben[157]. Für die Gesamtmarktbedeutung der Gruppe der kleinen und mittleren Unternehmen bietet sich als Maßstab ihr Marktanteil an. Fraglich erscheint nur, wo die Grenze gezogen werden soll, deren Überschreitung der Gruppe der mittelständischen Unternehmen eine wesentliche Bedeutung für den Gesamtmarkt zuweist. Hier erscheint es sinnvoll, auf die Erwägungen und Maßstäbe zurückzugreifen, die im Rahmen anderer Vorschriften des GWB für eine wesentliche Gesamtmarktbedeutung kennzeichnend sind.

In Betracht kommen die Vorschriften der §§ 5b, 18 Abs. 1 lit c GWB[158]. Die Beurteilung der Wesentlichkeit der Wettbewerbsbeeinträchtigung setzt in beiden Vorschriften eine umfassende Gesamtwürdigung aller in Betracht kommenden Umstände voraus. Im Rahmen der Prüfung der Gesamtmarktrelevanz kleiner und mittlerer Unternehmen i. S. d. § 37a Abs. 3 GWB wird man daher neben dem Marktanteil auch der Intensität ihrer wettbewerblichen Aktivitäten Bedeutung beizumessen haben.

Für eine gesamtmarktrelevante Marktanteilsgrenze könnte auf die Kriterien des § 5b GWB zurückzugreifen sein[159], der bekanntlich bei einem kartellierten Marktanteil von 10-15 % von einer wesentlichen Beeinträchtigung des Wettbewerbs ausgeht[160]. Eine Übertragung dieser Marktanteilsgrenze auf den § 37a Abs. 3 GWB erscheint jedoch ausgeschlossen, da es im Rahmen des § 5b GWB nur auf die einzelnen kartellierten Wettbewerbsparameter ankommt[161]. Da im

---

156 A. A. *Friedrich*, Die neuen Mißbrauchstatbestände..., BB 1980, S. 1553, 1557; ihm folgend GK-*Fischötter*, a.a.O. (siehe Fn. 155).

157 Ebenso *Markert*, a.a.O. (siehe Fn. 153); WuW/E BKartA 2029, 2033f. „Co op Bremen".

158 So auch *Markert*, a.a.O. (siehe Fn. 153), S. 50 Fn. 206, der zutreffend darauf hinweist, daß sich der Begriff der Wesentlichkeit nach diesen Vorschriften zwar auf die Wettbewerbsbeschränkung bezieht und diese von der Fähigkeit zur Beeinflussung der Marktverhältnisse zu unterscheiden ist. In der Frage des Ausmaßes besteht jedoch eine weitgehende Übereinstimmung.

159 So wohl *Friedrich*, a.a.O. (siehe Fn. 156).

160 Bericht des Wirtschaftsausschusses z. 2. GWB-Novelle, BT-Drs. VII/765, S. 3.

Rahmen des § 37a Abs. 3 GWB die Gesamtmarktbedeutung der Gruppe der mittelständischen Unternehmen mit allen ihren möglichen Wettbewerbsaktivitäten in Frage steht, muß hier notwendigerweise schon bei einem geringeren Marktanteil von einer wesentlichen Bedeutung für den Gesamtmarkt ausgegangen werden. Als Grenze kommt hier ein Marktanteil von 5 % in Betracht. Aus § 23a Abs. 1 Nr. 1 lit a GWB läßt sich entnehmen, daß der Gesetzgeber bei Unternehmen, die einen Mindestmarktanteil von 5 % haben, von einer wesentlichen Bedeutung für den Gesamtmarkt ausgeht[162].

Ein Unternehmen mit überlegener Marktmacht i. S. d. § 37a Abs. 3 GWB hat mithin dann die Fähigkeit, die Marktverhältnisse wesentlich zu beeinflussen, wenn die Gruppe der an Marktmacht unterlegenen mittelständischen Unternehmen einen Marktanteil von mindestens 5 % hält.

---

[161] Zutreffend *Markert*, a.a.O. (siehe Fn. 153), S. 51 Fn. 207.
[162] Ebenso *Markert*, a.a.O. (siehe Fn. 161).

6. Kapitel

UEP-Verkäufe im Lichte der Eingriffsvoraussetzungen des § 37a Abs. 3 GWB

Die Möglichkeiten, § 37a Abs. 3 GWB zur Bekämpfung von UEP-Strategien einzusetzen, hängt im wesentlichen davon ab, ob derartige Niedrigpreisaktionen die Eingriffsvoraussetzungen der Norm erfüllen. Nur wenn UEP-Verkäufe in ihren unterschiedlichen Erscheinungsformen[1] als eine unbillige Behinderung der kleinen und mittleren Wettbewerber qualifiziert werden können und geeignet sind, den Wettbewerb nachhaltig zu beeinträchtigen, können die Kartellbehörden, gestützt auf § 37a Abs. 3 GWB, dieses Verhalten untersagen. Eine Subsumtion der UEP-Verkäufe unter diese Eingriffsvoraussetzungen macht es zunächst erforderlich, Kriterien herauszuarbeiten, die eine unbillige Behinderung i.S.d. § 37a Abs. 3 GWB kennzeichnen. Hierbei erscheint es nicht sinnvoll, so wie es der Wortlaut der Vorschrift nahelegt, zwischen dem Merkmal der unbilligen Behinderung und der Geeignetheit zur nachhaltigen Wettbewerbsbeeinträchtigung zu differenzieren. Beide Merkmale sind, wie noch zu zeigen sein wird, inhaltlich in einer Weise miteinander verknüpft, die eine getrennte Erörterung verbietet.

A. Behinderung

Bevor im weiteren Verlauf der Untersuchung versucht wird, UEP-Verkäufe an dem normativen Bewertungsmaßstab der Unbilligkeit zu messen, soll im folgenden zunächst kurz der Behinderungsbegriff des § 37a Abs. 3 GWB erläutert werden.

Bei der Schaffung der Vorschrift ist der Gesetzgeber davon ausgegangen, daß der Behinderungsbegriff dieser Norm derselbe sein soll wie in § 26 Abs. 2 S. 1 GWB[2]. Im Rahmen dieses Tatbestandes, der in erster Linie auf vertikale Wettbewerbspraktiken ausgerichtet ist, wird von der h.M. unter „Behinderung" jede objektive Beeinträchtigung der Betätigungsmöglichkeiten des geschützten Unternehmens verstanden[3]. Bei diesem wertneutralen Verständnis des Behinde-

---

[1] S.o. 2. Kap. B.

[2] Bericht des BT-Ausschusses für Wirtschaft, BT-Drs. VIII/3690, S. 30.

[3] Vgl. nur KG WuW/E OLG 2247, 2249 „Parallellieferteile"; insbes. auch WuW/E BGH 863, 869 „Rinderbesamungsgenossenschaft II"; IM-*Markert*, § 26 Rdnr. 183; GK-*Benisch*, § 26 Rdnr. 72.

rungsbegriffs im Rahmen des § 26 Abs. 2 S. 1 GWB und des § 37a Abs. 3 GWB stellt sich die Frage nach dem Sinn der Eingriffsvoraussetzung. Da jede wirtschaftliche Betätigung eines Unternehmens bei funktionsfähigem Wettbewerb die wirtschaftlichen Aktivitäten seiner Konkurrenten in irgendeiner Weise beeinflußt, läßt sich im Grunde jedes Marktverhalten als Behinderung i.S.d. § 37a Abs. 3 GWB qualifizieren. Es fragt sich daher, ob dieses extensive Verständnis des Behinderungsbegriffs nicht an den Intentionen des Gesetzgebers vorbeigeht und daher einer Beschränkung bedarf. In Anlehnung an den Begriff des Behinderungswettbewerbs im Bereich des § 1 UWG ließe sich die Auffassung vertreten, daß nur solche wettbewerblichen Aktivitäten eine Behinderung darstellen, die „wettbewerbsfremd" sind, sich gegen die Mitbewerber richten und diese daran hindern, ihre „Leistung" auf dem Markt anzubieten[4]. Im Gegensatz zu dem extensiven, rein objektiven Behinderungsbegriff der h. M. ist das restriktive Begriffsverständnis von normativen Elementen gekennzeichnet.

Wie P. Ulmer[5] überzeugend dargelegt hat, läßt sich aber nur ein objektives, von normativen Elementen losgelöstes Verständnis des Behinderungsbegriffes mit der ratio legis vereinbaren. Dies wird, ebenso wie bei § 26 Abs. 2 GWB, zunächst durch die Systematik des § 37a Abs. 3 GWB belegt. Nach dieser Vorschrift sind die Kartellbehörden nicht befugt, jede Behinderung zu untersagen; vielmehr sind nur solche Behinderungspraktiken der Untersagungsgefahr ausgesetzt, denen das zusätzliche Merkmal der Unbilligkeit anhaftet. Erst durch dieses Wertungselement erhält die Behinderung einen negativen Charakter. Darüber hinaus spricht auch eine teleologische Betrachtung für ein rein objektives Verständnis des Behinderungsbegriffes. Ziel des GWB ist es grundsätzlich nicht, marktstarke Unternehmen in ihrem inneren Wachstum zu behindern. Vielmehr stellt das GWB nur Mittel bereit zur Unterbindung solcher Wettbewerbspraktiken, die die Funktionsfähigkeit des Wettbewerbs beeinträchtigen oder beschränken. Dem Unwerturteil des GWB können daher nicht solche wettbewerblichen Aktivitäten ausgesetzt sein, die „nur" die anderen Marktteilnehmer in ihrer wirtschaftlichen Betätigung beeinträchtigen. Entscheidend kann nur sein, ob die Funktionsfähigkeit des Wettbewerbs betroffen ist oder nicht. Die Beantwortung dieser Frage setzt jedoch eine normative Bewertung voraus, mit der den Behinderungsbegriff zu belasten, kein Anlaß besteht. Dies gilt mehr noch als im Rahmen des § 26 Abs. 2 S. 1 GWB für § 37a Abs. 3 GWB, der für eine normative Bewertung die Merkmale der Unbilligkeit und Geeignetheit zur nachhaltigen Wettbewerbsbeeinträchtigung geradezu anbietet.

Nach alledem ist im Rahmen des § 37a Abs. 3 GWB für das Verständnis des Behinderungsbegriffs im Grundsatz der h.M. zum Parallelbegriff des § 26 Abs. 2

---

[4] So auch GK-*Benisch*, 3. Aufl., § 26 Abs. 2 Rdnr. 30.

[5] *P. Ulmer*, Der Begriff „Leistungswettbewerb" ..., GRUR 1977, S. 565, 575f.

S. 1 GWB zu folgen. Behinderung bedeutet mithin jede Beeinträchtigung der wirtschaftlichen Betätigungsmöglichkeiten der geschützten Unternehmen im Wettbewerb.

B. Unbilligkeit und Geeignetheit zur nachhaltigen Beeinträchtigung des Wettbewerbs

Da der Begriff der Behinderung i.s.d. § 37a Abs. 3 GWB wertneutral ist und nahezu die gesamte wirtschaftliche Betätigung eines Unternehmens erfaßt, trägt die Prüfung der Unbilligkeit die gesamte Last der Abgrenzung zwischen den i. S. eines funktionsfähigen Wettbewerbs positiven und negativen Verhaltensweisen. Das Merkmal der Unbilligkeit ist mithin wesentlicher Prüfstein für eine Instrumentalisierung der Vorschrift zur Unterbindung wettbewerbsschädlicher UEP-Verkäufe. Zwar hat der Gesetzgeber bei der Schaffung des § 37a Abs. 3 GWB gerade die Absicht verfolgt, systematische und gezielte agressive Preis- und Rabattpraktiken gegenüber kleinen und mittleren Unternehmen zu unterbinden[6]. Hieraus läßt sich jedoch nicht schließen, daß aus diesem Grunde UEP-Verkäufe gewissermaßen automatisch die Eingriffsvoraussetzungen des § 37a Abs. 3 GWB erfüllen. Der Gesetzgeber hat sich mit der Schaffung dieser Norm gerade nicht zu einem immer wieder geforderten generellen Verbot des UEP-Verkaufs[7] entschlossen, sondern solche Niedrigpreisstrategien sollen nur unter den Voraussetzungen des § 37a Abs. 3 GWB untersagt werden können, soweit sie unbillig und geeignet sind, den Wettbewerb nachhaltig zu beeinträchtigen.

Steht somit fest, daß die Kartellbehörden gegen UEP-Verkäufe nur im Fall der Unbilligkeit gem. § 37a Abs. 3 GWB einschreiten können, so fragt sich, anhand welcher Maßstäbe ein konkretes Marktverhalten im Rahmen der Unbilligkeitsprüfung untersucht werden muß. Da der Begriff der unbilligen Behinderung dem Parallelbegriff des § 26 Abs. 2 GWB nachgebildet worden ist, kann insoweit auf die umfangreiche Rechtsprechung und Literatur zu dieser Vorschrift zurückgegriffen werden. Ebenso wie dort kommt es für die Unbilligkeitsmaßstäbe im Rahmen des § 37a Abs. 3 GWB wesentlich darauf an, daß dem gesetzgeberischen Willen hinreichend Rechnung getragen wird, die Norm nicht aus der Gesamtkonzeption des GWB „ausschert" und ihre Aufgaben voll erfüllen kann.

I. Der Maßstab der normativen Interessenabwägung

Die Unbilligkeit einer Behinderung ist nach h. M. im Rahmen des § 37a Abs. 3 GWB im Wege einer Abwägung der Interessen der Beteiligten unter Berücksichtigung der auf die Freiheit des Wettbewerbs gerichteten Zielsetzung des GWB zu

[6] Bericht des BT-Ausschusses für Wirtschaft, a. a. O. (siehe Fn. 2).

[7] Vgl. etwa HB v. 9. 5. 1984, S. 17 „FDP-Mittelstand: Novelle wird zum Siechtum führen".

ermitteln[8]. Dieser Wertungsmaßstab der h.M. ist in besonders starkem Maße ausfüllungsbedürftig, da er im Grunde nur bestimmt, daß die Unbilligkeit einer wettbewerblichen Maßnahme unter Berücksichtigung einzelfallbezogener Kriterien wie auch übergeordneter, durch das Wertungssystem des GWB vorgegebener Gesichtspunkte zu beurteilen ist[9].

Nach h.M. muß im Rahmen der Unbilligkeitsprüfung also zunächst einmal festgestellt werden, welche Interessen der Beteiligten, d.h. des behindernden und der geschützten Unternehmen, in eine Abwägung einzubeziehen sind. Auf seiten des behindernden Unternehmens wird der Kreis der berücksichtigungsfähigen Interessen an der Aufrechterhaltung bzw. Fortsetzung des behindernden Verhaltens grundsätzlich sehr weit gezogen. Von vornherein sind nur solche Interessen nicht berücksichtigungsfähig, die auf einen gesetzeswidrigen Zweck gerichtet sind oder gegen gesetzliche Vorschriften verstoßen[10]. Deshalb können u.a. solche Interessen nicht berücksichtigt werden, die an der Aufrechterhaltung bzw. Fortsetzung von Verhaltensweisen bestehen, die gegen § 1 UWG verstoßen[11]. Solche Verhaltensweisen können mithin grundsätzlich bei Vorliegen der übrigen Voraussetzungen des § 37a Abs. 3 GWB untersagt werden. Insoweit stellt die h.M. einen Gleichklang zwischen der lauterkeitsrechtlichen und der kartellrechtlichen Bewertung eines Marktverhaltens her.

Anders als auf der Seite des Behinderers ist der Kreis der abwägungsfähigen Interessen auf der Seite der geschützten Unternehmen grundsätzlich enger zu ziehen. Der Grund ist darin zu sehen, daß § 37a Abs. 3 GWB die behinderten Unternehmen nur vor solchem Wettbewerbsverhalten schützen will, das seinen Ursprung in der Machtüberlegenheit des Behinderers hat[12]. Abwägungsfähig sind danach etwa die Interessen der behinderten mittelständischen Unternehmen an der Freiheit des Marktzugangs[13] oder an der Chancengleichheit in der wettbewerblichen Betätigung[14]. Gerade dieser letzte Gesichtspunkt dürfte bei

---

[8] Vgl. IM-*Emmerich*, § 37a Rdnr. 7f. unter Hinweis auf IM-*Markert*, § 26 Rdnr. 196ff.; *Langen*, § 37a Rdnr. 16; GK-*Fischötter*, § 37a Rdnr. 25; *Markert*, Die Wettbewerberbehinderung..., S. 53; zum Parallelbegriff in § 26 Abs. 2 GWB WuW/E BGH 502, 508 „Treuhandbüro"; WuW/E BGH 1238, 1243 „Registrierkassen"; WuW/E BGH 1391, 1395 „Rossignol"; KG WuW/E OLG 2247, 2251 „Parallellieferteile".

[9] IM-*Markert*, § 26 Rdnr. 196 a.E.

[10] So BGH WuW/E BGH 1783, 1785 „Neue Osnabrücker Zeitung".

[11] Vgl. *Hölzler/Satzky*, Wettbewerbsverzerrungen durch nachfragemächtige Handelsunternehmen, S. 122; *P. Ulmer*, Die Anwendung des erweiterten Diskriminierungsverbotes ..., BB 1975, S. 668; *Sack*, Zur sachlichen Rechtfertigung von Preis-, Rabatt- und Konditionendiskriminierungen, WRP 1975, S. 388.

[12] So IM-*Markert*, § 26 Rdnr. 199; diese Überlegungen zu § 26 Abs. 2 GWB sind auf die Unbilligkeitsprüfung im Rahmen des § 37a Abs. 3 GWB uneingeschränkt übertragbar.

[13] Vgl. KG WuW/E OLG 995, 1000 „Handpreisauszeichner"; KG WuW/E OLG 1767, 1772 „Kombinationstarif"; BGH WuW/E BGH 1567, 1569 „Nordmende".

[14] BGH WuW/E BGH 1027, 1031f. „Sportartikelmesse II".

der Unbilligkeitsprüfung von UEP-Verkäufen im Rahmen des § 37a Abs. 3 GWB besondere Bedeutung haben[15].

Nach der Ermittlung der sich gegenüberstehenden berücksichtigungsfähigen Interessen der Beteiligten wird nach der h. M. eine Abwägung vorgenommen, die noch nicht am normativen Maßstab „der auf die Freiheit des Wettbewerbs gerichteten Zielsetzung des GWB" orientiert ist. Vielmehr soll bereits auf der Ebene der Individualinteressen geprüft werden, ob die Interessen eines Beteiligten überwiegen[16]. Läßt sich bereits hier ein Überwiegen der Interessen des behindernden Unternehmens an der Aufrechterhaltung bzw. Fortsetzung dieses Marktverhaltens feststellen, so haftet ihm jedenfalls regelmäßig nicht der Makel der Unbilligkeit an.

Läßt sich jedoch in diesem Stadium der Unbilligkeitsprüfung ein Überwiegen der Interessen eines Beteiligten nicht feststellen, so hat eine normative Bewertung der Interessen zu erfolgen unter Berücksichtigung der auf die Freiheit des Wettbewerbs gerichteten Zielsetzung des GWB. Damit wird erreicht, daß die normative Bewertung nicht an den Zwecken der Vorschrift ausgerichtet ist, deren Eingriffsvoraussetzungen zu prüfen sind, sondern es wird sichergestellt, daß in den Abwägungsvorgang auch die freiheitssichernden Schutzzwecke der übrigen Normen des GWB einfließen.

II. Kritik

Dieser Interessenabwägungsmaßstab der h. M. weist jedoch gerade wegen seiner weitgehenden Offenheit beachtliche Mängel auf[17], die insbesondere in der neueren Rechtsprechung zu der Frage der unbilligen Behinderung immer deutlicher in Erscheinung treten[18].

Der wesentliche Kritikpunkt an dem Konzept der h. M. läßt sich an dem Stichwort „Rechtssicherheit" festmachen. Mit jeder einzelfallbezogenen Interessenabwägung ist notwendigerweise eine Einschränkung der Rechtssicherheit, der Vorhersehbarkeit einer Entscheidung verbunden. Es liegt in der Natur eines Abwägungsvorganges, daß er, je nachdem von wem er vorgenommen wird, zu mehr oder weniger unterschiedlichen Ergebnissen führt. Dies hat seinen Grund letztlich darin, daß der Rahmen, innerhalb dessen sich ein Abwägungsvorgang

---

[15] Zu den größenbedingten Vor- und Nachteilen bei der Durchführung von UEP-Aktionen vgl. oben 3. Kap. C II.

[16] IM-*Markert*, § 26 Rdnr. 202 unter Hinweis auf BGH WuW/E BGH 1027, 1031 „Sportartikelmesse II" und WuW/E BGH 1629, 1632 „Modellbauartikel II".

[17] Zur Kritik an der h. M. insbes. *P. Ulmer*, Der Begriff „Leistungswettbewerb"..., GRUR 1977, S. 565 ff.; *derselbe*, Kartellrechtswidrige Konkurrentenbehinderung..., FS *Kummer*, S. 565, 569 ff.

[18] Dies gilt insbes. für die Entscheidungen BGH WuW/E BGH 1629 ff. „Modellbauartikel II" und WuW/E BGH 1829 ff. „Original-VW-Ersatzteile II".

bewegt, so weit ist, daß er eine mehr oder weniger unterschiedliche Gewichtung der gegenüberstehenden Interessen zuläßt. Die Unsicherheit des Abwägungsvorganges im Hinblick auf das Abwägungsergebnis läßt sich grundsätzlich jedoch durch die Entwicklung von Maßstäben verringern, die nicht einzelfallabhängig sind, sondern ihren Ursprung in übergeordneten, vom Einzelfall losgelösten Überlegungen haben. Gelingt es, solche Maßstäbe in möglichst großer Zahl herauszuarbeiten, so erscheint es durchaus möglich, eine größere Vorhersehbarkeit und damit größere Rechtssicherheit der Entscheidungspraxis zu erreichen. Vor diesem Hintergrund findet der Maßstab der auf die Freiheit des Wettbewerbs gerichteten Zielsetzung des GWB im Rahmen der Interessenabwägung seine besondere Bedeutung. Zu einer Verstärkung der Rechtssicherheit bei der Interessenabwägung im Rahmen der Unbilligkeitsprüfung kann die Berücksichtigung der freiheitssichernden Zielsetzung des GWB jedoch nur führen, wenn er bei dem Abwägungsvorgang verstärkt Beachtung findet. Gerade dies erscheint jedoch fraglich, wenn man bestimmte Entscheidungen zur Unbilligkeit einer Behinderung berücksichtigt.

In seiner „Modellbauartikel II"-Entscheidung vom 24.9.1979[19] hat der BGH die die Unbilligkeit eines Markverhaltens bejahende Vorentscheidung des OLG Karlsruhe[20] aufgehoben. Zur Begründung hat der BGH angeführt[21], das OLG habe bei der von ihm vorgenommenen Interessenabwägung im Rahmen der Unbilligkeitsprüfung zu Unrecht auf eine gesamtwirtschaftliche Betrachtungsweise abgestellt. Nach ständiger Rechtsprechung des erkennenden Senats gehe es bei der Frage, ob ein sachlicher Grund die unterschiedliche Behandlung des betroffenen Unternehmens rechtfertige, um eine Abwägung der insoweit einander gegenüberstehenden Individualinteressen der Beteiligten. Es komme auf das individuelle Verhältnis der Parteien zueinander an. Diesen Erwägungen des BGH läßt sich entnehmen, daß für die Abwägung im Rahmen der Unbilligkeitsprüfung der Individualbetrachtung der absolute Schwerpunkt zukommt. Die freiheitssichernde Zielsetzung des GWB wird mithin nur in Grenzfällen als „tertium comparationis" berücksichtigt[22]. Eine starke Vernachlässigung des vom Einzelfall losgelösten Gesichtspunktes der freiheitssichernden Zielsetzung des GWB wird auch in der „Original-VW-Ersatzteile II"-Entscheidung des BGH vom 22.9.1981[23] deutlich. Der BGH hat in diesem Beschluß erneut unterstrichen, daß im Rahmen der Unbilligkeitsprüfung der Einzelfallbetrachtung das größere Gewicht zukommt. Nachdem der BGH zunächst ein Interesse der VW-AG an der Aufrechterhaltung der Bezugsbin-

[19] BGH, a.a.O. (siehe Fn. 18).

[20] OLG Karlsruhe WuW/E OLG 2085ff. „Multiplex".

[21] BGH, a.a.O. (siehe Fn. 18), S. 1632ff.

[22] So auch *P. Ulmer*, Kartellrechtswidrige Konkurrentenbehinderung..., FS *Kummer*, S. 565, 570.

[23] BGH WuW/E BGH 1829ff.

dung für Originalersatzteile für schutzwürdig befunden hat, führt er weiter aus: „Das bedeutet freilich nicht, daß dem Interesse der Kraftfahrzeughersteller unter allen Umständen der Vorrang vor den Belangen der Teilehersteller und -großhändler zukommt. Das Tatbestandserfordernis der Unbilligkeit wird auch durch die auf Wettbewerbsfreiheit gerichtete Zielsetzung des Gesetzes geprägt“[24]. Hier kommt zum Ausdruck, daß die freiheitssichernden Wertungen des GWB letztlich keinen Maßstab bilden für die Abwägung der Individualinteressen. Vielmehr stellen diese Wertungen des GWB nur die äußerste Grenzlinie dar, die die Abwägung der Individualinteressen nicht überschreiten darf. Bei diesem Verständnis der Funktion des Schutzzweckmaßstabes kommt diesem für eine Stärkung der Vorhersehbarkeit der Abwägungsentscheidung nur marginale Bedeutung zu[25]. Die Überbetonung der Individualinteressen im Rahmen der Interessenabwägung birgt für die Rechtssicherheit Gefahren in sich. Dies wird besonders deutlich, wenn man die beiden „Original-VW-Ersatzteil“-Entscheidungen des BGH[26] mit dem für den Fall des Behinderungswettbewerbs schon klassischen „Handpreisauszeichner“-Beschluß des KG[27] vergleicht. Obwohl das zu beurteilende Marktverhalten und die zugrundeliegende Interessenlage in wesentlichen Punkten übereinstimmt, kommen beide Gerichte zu unterschiedlichen Ergebnissen[28].

In der „Handpreisauszeichner“-Entscheidung des KG war eine ausschließliche Bezugsbindung für Haftetiketten zu beurteilen. Der Hersteller von Handpreisauszeichnungsgeräten, die dazu bestimmt sind, einzelne Waren mit Preisetiketten zu versehen, hatte die Käufer seiner Geräte verpflichtet, ausschließlich die von ihm hergestellten Haftetiketten zu verwenden und diese für die Dauer von fünf Jahren ausschließlich von ihm zu beziehen. Obwohl der Hersteller nachwies, daß die Verwendung von „Fremdetiketten“ nicht selten zu Störungen beim Betrieb der Handpreisauszeichnungsgeräte führte, wies das KG die Beschwerde des Herstellers gegen eine entsprechende Untersagungsverfügung des BKartA[29] mit der Begründung zurück, Kopplungsgeschäfte, bei denen die Abgabe einer stark nachgefragten Ware vom Bezug des für die Benutzung erforderlichen Hilfsstoffes abhängig gemacht werden, stellten einen Machtmißbrauch i.s.d. § 22 Abs. 3 GWB dar.

In den „Original-VW-Ersatzteil“-Entscheidungen war eine ausschließliche Bezugsbindung zu beurteilen, die der VW-Konzern seinen Vertragshändlern für

---

[24] BGH, a.a.O. (siehe Fn. 23), S. 1837f.

[25] Dies erkennt auch *Markert*, Die Wettbewerberbehinderung..., S. 40 Fn. 158, ohne allerdings Konsequenzen daraus zu ziehen.

[26] BGH WuW/E BGH 509ff. u. WuW/E BGH 1829ff.

[27] KG WuW/E OLG 995ff.

[28] Auf die schwer verständliche Divergenz weist *Baur*, Der Mißbrauch im deutschen Kartellrecht, S. 202ff., zutreffend hin.

[29] BKartA WuW/E BKartA 1189ff.

Original-VW-Ersatzteile auferlegt hat. In seinen Entscheidungen hat sich der BGH nicht in der Lage gesehen, diese Ausschließlichkeitsbindungen als unbillige Behinderung i.S.d. § 26 Abs. 2 GWB zu beurteilen. Zur Begründung stellte er in erster Linie auf die Interessenlage des Kfz-Herstellers ab. Dieser habe, so der BGH, ein schützenswertes Interesse daran, die Qualität der bei Reparaturen verwendeten Ersatzteile zu überwachen und sicherzustellen, daß nur qualitätsmäßig besonders geprüfte Ersatzteile, eben Original-VW-Ersatzteile, verwendet würden. Die Verwendung mangelhafter Ersatzteile werde vom Publikum dem Produkt und damit dem Kfz-Hersteller und nicht den Ersatzteilherstellern zugerechnet.

Vergleicht man die Entscheidung von KG und BGH miteinander, so ist festzustellen, daß in der „Handpreisauszeichner"-Entscheidung die Interessenlage des Herstellers überhaupt nicht berücksichtigt wurde mit der Folge, daß die Durchsetzung der Ausschließlichkeitsbindung als mißbräuchlich beurteilt wurde. Demgegenüber spielt das Interesse des Kfz-Herstellers an der Durchsetzung der Ausschließlichkeitsbindung in den Ersatzteil-Entscheidungen des BGH die streitentscheidende Rolle mit der Folge, daß die Ausschließlichkeitsbindung nicht als unbillige Behinderung bewertet wurde. Eine rationale Begründung für diese gegensätzliche Interessengewichtung erscheint kaum möglich. Dies unterstreicht, wie stark der Interessenabwägungsmaßstab der h.M. die Rechtssicherheit gefährdet.

Dem Argument, der Maßstab der Interessenabwägung biete für die zu fordernde Rechtssicherheit keine hinreichende Gewähr, läßt sich natürlich entgegenhalten, auch in anderen Fällen unbestimmter Gesetzesbegriffe sei eine Interessenabwägung als methodischer Ansatz anerkannt, um die Reichweite des Begriffes im konkreten Einzelfall zu bestimmen. Dies kann die Kritik an der konkreten Ausgestaltung der Interessenabwägung im Rahmen der kartellrechtlichen Unbilligkeitsprüfung nicht leugnen. Es muß aber darauf hingewiesen werden, daß der Grund für den Rückgriff auf eine Interessenabwägung nur darin zu sehen ist, daß es eine feste Rangordnung der miteinander konkurrierenden Interessen nicht gibt[30]. Soweit sich jedoch Kriterien herausarbeiten lassen, die es erlauben, die widerstreitenden Interessen in eine Rangordnung zu bringen, verliert eine Abwägung der Individualinteressen letztlich ihre Legitimation. Jedenfalls müßten diese rangordnenden Kriterien im Rahmen der Interessenabwägung einen entscheidenden Wertungsgesichtspunkt bilden.

Der Kritik an dem in seiner konkreten Ausgestaltung die Rechtsunsicherheit fördernden Interessenabwägungsmaßstab der h.M. kann nicht mit Erfolg entgegengehalten werden, ein vom Ansatz her richtiger Maßstab werde nicht deshalb unbrauchbar, weil er in Einzelfällen fehlerhaft gehandhabt werde[31].

---

[30] Vgl. *Larenz*, Methodenlehre..., S. 393.

[31] So aber *Markert*, Die Wettbewerberbehinderung..., S. 40 Fn. 158.

Dieses im Grundsatz zutreffende Argument verschleiert die dem Interessenabwägungsmaßstab zugrundeliegende Absicht. Das rigorose Festhalten am Maßstab der Abwägung der Individualinteressen bei der Prüfung der Unbilligkeit eines Marktverhaltens dient dazu, den „schwierigen Abwägungsproblemen unter angemessener Berücksichtigung auch der Besonderheiten des Einzelfalles“ Rechnung zu tragen[32]. Offenbar soll also mit Hilfe des Interessenabwägungsmaßstabes ein weitgehender Beurteilungsspielraum offengehalten werden. Vor diesem Hintergrund kann daher nicht von einer fehlerhaften Handhabung der Interessenabwägung im Einzelfall gesprochen werden. Vielmehr liegen diese „Einzelfehlentwicklungen“ im Wesen des offenen Abwägungsmaßstabes selbst. Gegen die Einschätzung der genannten Fehlentwicklungen als Einzelfälle spricht auch das Bemühen der h. M., die Entwicklung von wesentlichen Wertungshilfen, insbesondere des Nichtleistungskonzeptes, für die Interessenabwägung zu hemmen[33].

III. Das Konzept des Nichtleistungswettbewerbs

Sieht man in der offenen Ausgestaltung des Interessenabwägungsmaßstabes der h.M. nur die zweitbeste Lösung für die Unbilligkeitsprüfung im Rahmen des § 37a Abs. 3 GWB, so stellt sich die Frage, ob ein Konzept existiert, das eine Ordnung der konkurrierenden Interessen mit Blick auf die Schutzzwecke des GWB erlaubt. Als ein solches kommt das Konzept des Nichtleistungswettbewerbs in Betracht, das insbesondere P. Ulmer für die Zwecke des GWB fruchtbar gemacht hat[34] und das jedenfalls in die Rechtsprechung des KG Eingang gefunden hat[35].

1. Lauterkeitsrechtlicher Ursprung des Nichtleistungskonzeptes

Das Konzept des Nichtleistungswettbewerbs hat seinen Ursprung im Recht des unlauteren Wettbewerbs[36]. Hier wird die Gesamtheit der wettbewerblichen Verhaltensweisen in drei Kategorien eingeteilt, den Leistungs-, den Nichtlei-

---

[32] So ausdrücklich IM-*Markert*, § 26 Rdnr. 68.

[33] Vgl. 6. Kap. B IV.

[34] *P. Ulmer*, Schranken zulässigen Wettbewerbs..., S. 98ff.; *derselbe*, Der Begriff „Leistungswettbewerb“ ..., GRUR 1977, S. 565ff.; *derselbe*, Kartellrechtswidrige Konkurrentenbehinderung ..., FS *Kummer*, S. 565ff.

[35] KG WuW/E OLG 1767, 1772 „Kombinationstarif“; WuW/E OLG 1983, 1985 „Rama-Mädchen“; WuW/E OLG 2403, 2407 „Fertigfutter“; so nunmehr auch BGH JZ 1986, S. 589, 592 „Abwehrblatt II“.

[36] Vgl. bereits *Lobe*, Die Bekämpfung des unlauteren Wettbewerbs, S. 7ff.; insbes. aber *Nipperdey*, Wettbewerb und Existenzvernichtung, S. 164ff.

stungs- und den Behinderungswettbewerb. Während Maßnahmen des Leistungswettbewerbs grundsätzlich nicht gegen die guten Sitten i.S.d. § 1 UWG verstoßen, sind Maßnahmen des Behinderungswettbewerbs regelmäßig mit dem Makel der Unlauterkeit behaftet. Demgegenüber sind Verhaltensweisen im Rahmen des Nichtleistungswettbewerbs weder per se unlauter noch per se lauter. Vielmehr verläuft die Trennlinie zwischen lauterem und unlauterem Wettbewerb i.S.d. § 1 UWG irgendwo in der Grauzone des Nichtleistungswettbewerbs. Wegen dieser für das Lauterkeitsurteil über eine wettbewerblliche Verhaltensweise wesentlichen Funktion des Nichtleistungswettbewerbs erscheint es angezeigt, die Reichweite der Grauzone „Nichtleistungswettbewerb" nach beiden Seiten hin aufzuzeigen und die Kriterien vorzustellen, die in der lauterkeitsrechtlichen Rechtsprechung Maßnahmen des Nichtleistungswettbewerbs den Stempel der Unlauterkeit aufdrücken.

Der Bereich des Nichtleistungswettbewerbs ist zunächst einmal vom Behinderungswettbewerb abzugrenzen. Dessen Kennzeichen ist die auf die Verdrängung bzw. Behinderung von Konkurrenten gerichtete Tendenz eines Marktverhaltens[37]. Typische Maßnahmen des Behinderungswettbewerbs sind etwa zielgerichtete Verlustpreisunterbietungen oder der Boykott.

Auf der anderen Seite ist der Nichtleistungswettbewerb vom Leistungswettbewerb abzugrenzen. Dem Begriff des Leistungswettbewerbs liegt die Überlegung zugrunde, daß der Sinn wirtschaftlichen Wettbewerbs in seiner sozialen Zielrichtung auf dem Leistungsprinzip beruht[38] und deshalb nur die bessere wettbewerbliche Leistung wettbewerbspolitisch schützenswert ist[39]. Wenngleich es bisher nicht gelungen ist, ein ausdifferenziertes Bild des Leistungswettbewerbs zu entwickeln[40], so besteht doch Klarheit darüber, daß unter Leistungswettbewerb die Förderung der Absatzfähigkeit durch eigene tüchtige Leistung zu verstehen ist[41]. Unter Berücksichtigung der Grundsätze des Leistungswettbewerbs ist die Behinderung bzw. Verdrängung von Konkurrenten jedenfalls dann nicht unlauter i.S.d. § 1 UWG, wenn die Behinderungsmaßnahmen auf der größeren Leistungsfähigkeit des behindernden Unternehmens beruht.

Stellt man bei der Bestimmung des Nichtleistungswettbewerbs die Charakteristika des Leistungs- und des Behinderungswettbewerbs in Rechnung, so ergibt sich folgendes Bild: Maßnahmen des Nichtleistungswettbewerbs fehlt die Zielrichtung, die Konkurrenten zu behindern. Sie beruhen aber nicht auf der

---

37 Vgl. nur *Baumbach/Hefermehl,* Wettbewerbsrecht, § 1 Rdnr. 170ff. m.w.N.

38 *Baumbach/Hefermehl*, Wettbewerbsrecht, Einl. UWG Rdnr. 92.

39 So insbes. *Böhm*, Wettbewerb und Monopolkampf, S. 73ff., 178ff.; vgl. auch *Nipperdey*, a.a.O. (siehe Fn. 36).

40 So ausdrücklich *P. Ulmer*, Der Begriff „Leistungswettbewerb" ..., GRUR 1977, S. 565, 567.

41 KG WuW/E OLG 1767 „Kombinationstarif".

besseren Leistungsfähigkeit des handelnden Unternehmens, sondern verschaffen diesem durch andere Mittel einen Wettbewerbsvorteil[42]. Ein typisches, beinahe klassisches Beispiel für eine Maßnahme des Nichtleistungswettbewerbs ist das sog. „branchenfremde Vorspannangebot“[43]. Solche Vorspannangebote haben bekanntlich das Ziel, die Aufmerksamkeit des Kunden von der Hauptware, ihrer Qualität und Preiswürdigkeit und von sonstigen für den Kaufentschluß maßgeblichen Umständen abzulenken und den Kaufentschluß allein oder vorwiegend mit der Lockwirkung der Vorspannware zu beeinflussen. Dies ist nach ständiger Rechsprechung des BGH[44] regelmäßig unzulässig. Wettbewerbsrechtlich schützenswert ist der Leistungswettbewerb. Im Rahmen des Leistungswettbewerbs kommt dem Verbraucher die Funktion eines Schiedsrichters zu. Er vergleicht die konkurrierenden Leistungen miteinander und gibt letztlich mit seiner Kaufentscheidung der besseren Leistung - günstigerer Preis, gehobenere Qualität, besserer Service etc. - den Vorzug. Diese Schiedsrichterfunktion des Kunden auszuschalten, ist das Ziel branchenfremder Vorspannangebote, da die Verbraucher veranlaßt werden sollen, ihre Kaufentscheidung nicht in erster Linie nach der besseren Leistung bezogen auf die Hauptware zu treffen, sondern vor allem danach, wie sie in den Genuß der Vergünstigung kommen können. Dies verstößt gegen die Grundsätze des Leistungswettbewerbs und gehört daher in den Bereich des Nichtleistungswettbewerbs.

Ein weiteres wichtiges Beispiel für eine Maßnahme des Nichtleistungswettbewerbs ist das Verschenken von Originalware[45]. Während das dauernde Verschenken von Originalware als per se unlauter angesehen wird, gilt das Verschenken von Waren zu Einführungszwecken nach ständiger Rechtsprechung nicht als per se unlauter. Zwar kann die kostenlose Abgabe von Waren an die Verbraucher grundsätzlich nicht Ausdruck der besonderen Leistungsfähigkeit eines Unternehmens sein. Dies rechtfertigt jedoch nicht in jedem Fall das Unlauterkeitsurteil. Vielmehr muß bei der Beurteilung einer Wettbewerbshandlung auch ihr Erfolg, d.h. ihre Wirkung auf die Wettbewerber, die Verbraucher und den Markt berücksichtigt werden[46]. Danach ist das Verschenken von Originalware zu Einführungszwecken jedenfalls dann unzulässig, wenn es ein solches Ausmaß erreicht, daß eine Marktverstopfung und eine Gefährdung des Wettbewerbsbestandes auf dem betroffenen Markt eintritt.

Berücksichtigt man die vorgestellten Entscheidungen und werden noch

---

[42] Zu diesem nur schemenhaften Bild des Nichtleistungswettbewerbs *P. Ulmer*, a.a.O. (siehe Fn. 40), S. 568.

[43] Vgl. hierzu BGHZ 45, S. 68, 72; BGH NJW 1976, S. 2013 ff.; vgl. auch 4. Kap. A II.

[44] BGH, a.a.O. (siehe Fn. 43).

[45] BGHZ 43, S. 278 ff. „Kleenex“; BGH GRUR 1969, S. 295 ff. „Goldener Oktober“; GRUR 1977, S. 608 ff. „Feld und Wald II“.

[46] So ausdrücklich BGHZ 43, S. 278, 282 „Kleenex“.

weitere Urteile zu Phänomenen des Nichtleistungswettbewerbs[47] analysiert, so ergibt sich, daß die Unlauterkeit eines Marktverhaltens auf dem fehlenden Leistungsbezug und einer Gefährdung des Wettbewerbsbestandes beruht[48]. Diese beiden Kriterien sind letztlich für das Unlauterkeitsurteil bestimmend. Für den Bereich des Lauterkeitsrechts dürfte damit trotz nicht zu übersehender Gegenstimmen[49] feststehen, daß der Unwert eines wettbewerblichen Verhaltens nicht allein aus dem Verhalten selbst heraus bestimmt werden kann, sondern auf einer Gesamtbetrachtung von Verhalten und Erfolg beruht[50].

2. Leistungsbezug des GWB und Konvergenz von UWG und GWB

Die Grundsätze der Rechtsprechung zum UWG, die ihren wesentlichen Ansatzpunkt in der Leistungsfremdheit des zu beurteilenden Verhaltens hat, haben auch für die kartellrechtliche Beurteilung eines Marktverhaltens unter dem Gesichtspunkt der Wettbewerberbehinderung maßgebliche Bedeutung.

Ebenso wie im UWG hat der Leistungswettbewerb auch im GWB zunehmend an Bedeutung gewonnen. Mit der zweiten Kartellnovelle im Jahre 1973 ist der Begriff des „leistungsgerechten Wettbewerbs" in § 28 Abs. 2 GWB verankert worden. Damit ist der Leistungswettbewerb[51] ein fester Bezugspunkt im Wertsystem des GWB[52]. Dies wird auch durch einen Blick auf § 5b GWB bestätigt, der eine Kooperation zur Steigerung der Leistungsfähigkeit kleiner und mittlerer Unternehmen erlaubt. Hier wird deutlich, daß die unternehmerische Leistungsfähigkeit und ihr Einsatz im Wettbewerb ein Schutzgut des GWB ist. Bereits vor diesem Hintergrund erscheint eine besondere Berücksichtigung des Konzeptes des Nichtleistungswettbewerbs bei der Beurteilung einer Wettbe-

---

47 Zur Veranstaltung von Gewinnspielen BGH GRUR 1971, S. 223ff. „dix-Mann"; GRUR 1974, S. 394ff. „Verschlußkapselprämie". Zur kostenlosen Verteilung von Anzeigeblättern BGH GRUR 1956, S. 223ff. „Freiburger Wochenblatt"; BGHZ 51, S. 236ff. u. GRUR 1971, S. 477 „Stuttgarter Wochenblatt I und II"; vgl. auch BGH GRUR 1979, S. 321 ff. „Verkauf unter Einstandspreis I".

48 Zu einer eingehenden Analyse der Rechtsprechung insbes. *L. Raiser*, Marktbezogene Unlauterkeit, GRUR Int. 1973, S. 443ff.; *P. Ulmer*, Der Begriff „Leistungswettbewerb" ..., GRUR 1977, S. 565, 568f., 577 ff.

49 Vgl. *Samwer*, Verbraucherschutz und Wettbewerbsrecht, GRUR 1969, S. 326, 329, 330; kritisch auch *Mestmäcker*, Der verwaltete Wettbewerb, S. 73ff.

50 Vgl. *Lehmann*, Schutz des Leistungswettbewerbs ..., GRUR 1979, S. 368, 377; zu der erfolgsqualifizierten Unlauterkeit und der Paralleldiskussion im allgemeinen Deliktsrecht *L. Raiser*, a.a.O. (siehe Fn. 41); *Baudenbacher*, Zusammenhänge zwischen Recht des unlauteren Wettbewerbs und Kartellrecht, ZBJV 1983, S. 161, 164; MünchKomm-*Hanau*, § 276 Rdnr. 23ff. m.w.N.

51 Die Begriffe „leistungsgerechter Wettbewerb" und „Leistungswettbewerb" sind synonym zu verwenden. Vgl. IM-*Kellermann*, § 28 Rdnr. 56.

52 Ebenso *P. Ulmer*, a.a.O. (siehe Fn. 48), S. 566; dies erkennen auch die Gegner des Konzeptes des Nichtleisungswettbewerbs, vgl. IM-*Markert*, § 26 Rdnr. 207.

werberbehinderung wenig problematisch. Überdies drängt sich eine Berücksichtigung des Nichtleistungswettbewerbsansatzes geradezu auf, wenn man die in den letzten Jahren immer deutlicher hervortretende Konvergenz von UWG und GWB nicht außer acht läßt[53]. Während man früher insbesondere wegen der hoheitlichen Durchsetzung der Regelungen des GWB durch die Kartellbehörden und der starken Betonung der kartellbezogenen GWB-Normen UWG und GWB in einem „antinomischen Spannungsverhältnis“ sah[54], wird das Verhältnis beider Normbereiche in neuerer Zeit anders eingeschätzt. Heute sieht man UWG und GWB als Teile einer einheitlichen Gesamtwettbewerbsordnung. Beide Gesetzte haben nach neuerer Auffassung das gleiche Schutzziel, die Aufrechterhaltung einer als einheitlich zu begreifenden Wettbewerbsordnung[55]. Dieses Verständnis ist das Ergebnis eines Prozesses der Fortentwicklung beider Rechtsgebiete durch Gesetzgebung und Rechtsprechung. Er ist im folgenden kurz nachzuzeichnen.

Die früher vertretene These von der Dichotomie zwischen dem Lauterkeitsschutz des UWG und dem Freiheitsschutz des GWB hatte ihren Ursprung im Neutralitätsaxiom des Lauterkeitsrechts[56]. Danach ist das UWG wirtschaftspolitisch neutral mit der Folge, daß für die Beurteilung der Lauterkeit eines Wettbewerbsverhaltens wirtschaftspolitische Überlegungen grundsätzlich unbeachtlich sind[57]. Auch die Folgen eines nicht schlechthin unlauteren Wettbewerbsverhaltens für die Marktstruktur und den Bestand des Wettbewerbs können damit nicht zu dessen lauterkeitsrechtlicher Beurteilung herangezogen werden. Die These von der wirtschaftspolitischen Neutralität des UWG führt mithin zu einer recht klar definierten Trennlinie zwischen UWG und GWB. Während das GWB dem Schutz des Wettbewerbs als Institution dient, setzt das UWG dem Marktverhalten der Wettbewerber eine innere Lauterkeitsgrenze. Diese scharfe Trennung von UWG und GWB fand zunächst eine gewisse Stütze in der Konzeption der beiden Normbereiche. Das UWG legte den Schutz der Lauterkeit des Wettbewerbs zunächst in die Hände der von unlauterem

53 Vgl. *Lehmann*, Wettbewerbsrecht, Strukturpolitik und Mittelstandsschutz, GRUR 1977, S. 580, 586ff., 633ff.; *Gaedertz*, Ist eine UWG-Novelle erforderlich?, WRP 1977, S. 681ff.; *v. Gamm*, Neuere Rechtsprechung zum Wettbewerbsrecht, GRUR 1979, S. 680ff.; *Möschel*, Recht der Wettbewerbsbeschränkungen, S. 5f.; *Sack*, Lauterer und leistungsgerechter Wettbewerb ..., GRUR 1975, S. 297ff.; *Rittner*, Wirtschaftsrecht, S. 193f. m.w.N.; *Baudenbacher*, Zur funktionalen Anwendung ..., ZHR 1980, S. 145 m.w.N.

54 So *Koenigs*, Wechselwirkungen zwischen Gesetz gegen Wettbewerbsbeschränkungen und Recht des unlauteren Wettbewerbs, NJW 1961, S. 1041ff.

55 *Sack*, a.a.O. (siehe Fn. 53), S. 299 m.w.N.; *Möschel*, a.a.O. (siehe Fn. 53), S. 5; *derselbe*, Preiskonzentration ..., S. 151 m.w.N.; a.A. *Knöpfle*, Die marktbezogene Unlauterkeit, S. 7ff.

56 Zur wettberwerbspolitischen Neutralität des UWG neuerdings *Kraft*, Gemeinschaftsschädliche Wirtschaftsstörungen..., GRUR 1980, S. 966ff.

57 Vgl. nur *Kroitzsch*, Wirtschaftspolitische Entscheidungen ..., BB 1977, S. 220ff.

Marktverhalten betroffenen Wettbewerber, die zur Durchsetzung der Interessen am Erhalt bzw. an der Herstellung eines lauteren Wettbewerbs auf die Mittel des Zivilprozesses angewiesen sind. Demgegenüber stellte das GWB mit seinem Schwerpunkt, dem Kartellverbot, und der hoheitlichen Durchsetzung (Bußgeld, Untersagung) seiner Regelungen einen völlig neuen legislatorischen Ansatz dar[58].

Die These von der wirtschaftspolitischen Neutralität des UWG und die daraus abgeleitete These eines antinomischen Spannungsverhältnisses zwischen UWG und GWB wird jedoch den Entwicklungen, die beide Rechtsgebiete durchgemacht haben, nicht mehr gerecht[59]. Zunächst ist in diesem Zusammenhang auf die Rechtsprechung zum UWG hinzuweisen, die mit der Anerkennung einer marktbezogenen Unlauterkeit in den Fällen der Wertreklame und des Verschenkens von Originalware die Einheit der Wettbewerbsordnung deutlich unterstrichen hat. Hat sich auf der einen Seite mithin das UWG im Wege der Rechtsfortbildung durch die Rechtsprechung klar in Richtung auf das GWB hin ausgedehnt[60], so ist auf der anderen Seite auch eine Annäherung des GWB an das UWG feststellbar. Nachdem im Recht der Wettbewerbsbeschränkungen zunächst das Problem der Kartelle und anderer wettbewerbsbeschränkender Vereinbarungen im Vordergrund gestanden hat, hat sich das GWB in verstärktem Ausmaß der Bekämpfung bestimmter Verhaltensweisen, die dem Nichtleistungswettbewerb angehören, zugewandt[61]. Ausdruck dieser Fortentwicklung des GWB ist die mehrfache Änderung bzw. Verschärfung der §§ 22, 26 GWB und nicht zuletzt die Einfügung des § 37a Abs. 3 GWB. Auch die zivilrechtlichen Elemente des GWB haben in der kartellrechtlichen Praxis eine größere Bedeutung erlangt. Dies wird besonders augenfällig bei den Entscheidungen zum erweiterten Diskriminierungsverbot des § 26 Abs. 2 GWB und der damit zusammenhängenden Frage eines Kontrahierungszwanges, die in ihrer überwiegenden Mehrzahl auf zivilrechtliche Auseinandersetzungen zwischen dem diskriminierenden und dem betroffenen Unternehmen zurückgehen[62].

Die konvergierenden Bewegungen beider Normkomplexe haben ihren Kulminationspunkt im Bereich des Schutzes eines leistungsgerechten Wettbewerbs.

---

58 Hierzu *Rittner*, Wirtschaftsrecht, S. 193.

59 Insbes. *P. Ulmer*, Der Begriff „Leistungswettbewerb" ..., GRUR 1977, S. 565ff., 578; *Baudenbacher*, Machtbedingte Wettbewerbsstörungen ..., GRUR 1981, S. 19ff.; vgl. auch *Nette*, Die kartell- und wettbewerbsrechtliche Beurteilung der Preisunterbietung, S. 71f.

60 Zur Annäherung des UWG an das GWB *Tilmann*, Über das Verhältnis von GWB und UWG, GRUR 1979, S. 825ff.

61 So auch *Rittner*, a.a.O. (siehe Fn. 58).

62 Vgl. etwa BGH WuW/E BGH 1391ff. „Rossignol"; WuW/E BGH 1567 „Allkauf-Nordmende"; KG WuW/E OLG 1548ff. „Saba"; OLG Frankfurt WuW/E OLG 1842ff. „Brenner-Reparaturen"; lediglich dem Verfahren WuW/E BGH 1867ff., KG WuW/E OLG 2425ff. „Levi's Jeans" lag eine Verfügung des BKartA zugrunde.

Hier ergänzen sich UWG und GWB und überschneiden sich sogar[63]. Das im Rahmen des UWG entwickelte Konzept des Nichtleistungswettbewerbs kann daher auch im Rahmen des GWB bei der Kontrolle des Verhaltens marktstarker Unternehmen als eine wichtige bzw. entscheidende Wertungshilfe herangezogen werden.

3. Das Nichtleistungskonzept im Rahmen des GWB insbesondere in § 37a Abs. 3 GWB

Ergibt sich aus den o.g. Erwägungen, daß das Konzept des Nichtleistungswettbewerbs auch im GWB einen wesentlichen Wertungsgesichtspunkt liefert, so fragt sich, wie im Rahmen der in § 37a Abs. 3 GWB erforderlichen Unbilligkeitsprüfung das Konzept konkret angewandt werden kann.

Auszugehen ist von der Maxime, daß es nicht Aufgabe des GWB und des § 37a Abs. 3 GWB sein kann, kleine und mittelständische Unternehmen schlechthin in ihrem Bestand oder vor Beeinträchtigungen ihrer wirtschaftlichen Betätigungsmöglichkeiten zu schützen. Ziel kartellrechtlicher Vorschriften kann es grundsätzlich nur sein, Unternehmen vor solchen Beeinträchtigungen zu bewahren, die den Grundsätzen des Leistungswettbewerbs widersprechen und den Gesamtwettbewerb gefährden. Verstanden wird dabei der Leistungswettbewerb als Förderung der Absatztätigkeit durch die eigene tüchtige Leistung, wobei die Werbung mit der Güte und der Preiswürdigkeit der eigenen Leistung im Vordergrund steht[64]. In den Bereich des Nichtleistungswettbewerbs gehören mithin alle Maßnahmen, die den Leistungsvergleich verfälschen und es dem Verbraucher unmöglich machen, seine wettbewerbliche Schiedsrichterfunktion auszuüben. Gehört ein Marktverhalten dem Nichtleistungswettbewerb an, so ist weiter zu fragen, ob durch die Maßnahme der Bestand des Wettbewerbs gefährdet wird. Ist auch dieses Kriterium zu bejahen, so wird das zu beurteilende Wettbewerbsverhalten in der Regel als unbillig zu bewerten sein.

Eine Anwendung des Nichtleistungskonzeptes erscheint allerdings im Rahmen des § 37a Abs. 3 GWB nicht unproblematisch. Im Gegensatz zu § 26 Abs. 2 GWB sind die Eingriffsvoraussetzungen nicht nur durch die Worte „unbillige Behinderung“ umschrieben, sondern es ist zusätzlich erforderlich, daß die unbillige Behinderung geeignet ist, den Wettbewerb nachhaltig zu beeinträchtigen. Dies bereitet bei der Anwendung des Nichtleistungskonzeptes gewisse Schwierigkeiten. Das Konzept ist von P. Ulmer mit dem Ziel präzisiert worden, der Unbilligkeitsprüfung mit Hilfe eines klaren Entscheidungsmaßstabes eine größere Rechtssicherheit zu verleihen. Nach dem Nichtleistungskonzept hängt das Unbilligkeitsurteil u.a. davon ab, ob das betreffende Wettbewerbsverhalten

---

[63] So *von Gamm*, Die neuere Rechtsprechung ..., GRUR 1979, S. 680.

[64] KG WuW/E OLG 1767 „Kombinationstarif“; BGHZ 51, S. 236, 242 „Stuttgarter Wochenblatt I“.

geeignet ist, den Wettbewerb zu beeinträchtigen. Mithin ist bereits bei der Frage der Unbilligkeit eines Marktverhaltens dessen „Gefährlichkeit" für den Wettbewerb von entscheidender Bedeutung. Im Rahmen des § 37a Abs. 3 GWB würde die Anwendung des Nichtleistungskonzeptes dazu führen, daß das Merkmal der Geeignetheit zur nachhaltigen Wettbewerbsbeeinträchtigung überflüssig wäre; es sei denn, man sähe den Schwerpunkt dieses Merkmals bei dem Begriff „nachhaltig". Ein anderes Verständnis des Verhältnisses von unbilliger Behinderung und Geeignetheit zur nachhaltigen Wettbewerbsbeeinträchtigung wäre aus der Sicht des Nichtleistungskonzeptes dann geboten, wenn dem Merkmal der Unbilligkeit ein veränderter Begriffsinhalt zugewiesen würde. Für die Unbilligkeit eines Marktverhaltens könnte allein auf die Leistungsfremdheit abzustellen und dann, wie vom Wortlaut des § 37a Abs. 3 GWB nahegelegt, in einem zweiten Schritt der wettbewerbsgefährdende Charakter der Maßnahme zu prüfen sein. Die Folge wäre allerdings ein unterschiedliches Verständnis des Begriffes der Unbilligkeit innerhalb des GWB. Wenngleich eine solche von Norm zu Norm unterschiedliche Interpretation des Unbilligkeitsbegriffes durchaus möglich wäre[65], so erscheint sie doch wegen der zentralen Bedeutung des Begriffes für die Kartellaufsicht im Rahmen des Behinderungswettbewerbs nicht zweckmäßig und auch dem Willen des Gesetzgebers, der die Parallelität der Unbilligkeitsbegriffe in § 26 Abs. 2 GWB und § 37a Abs. 3 GWB besonders betont hat[66], nicht zu entsprechen. Die Lösung dieses Problems ist vielmehr bei dem zweiten Merkmal der Eingriffsvoraussetzungen, der Geeignetheit zur nachhaltigen Wettbewerbsbeeinträchtigung zu suchen. Mit diesem Eingriffskriterium wollte der Gesetzgeber sicherstellen, daß sich die Vorschrift nicht zu einer mittelstandsschützenden Norm verengt, sondern nur den Gesamtwettbewerb gefährdende Maßnahmen unterbunden werden können. Vor diesem Hintergrund läßt sich nicht annehmen, daß der Gesetzgeber die Prüfung der Unbilligkeit einer Wettbewerbsmaßnahme von der Frage ihrer Geeignetheit zur nachhaltigen Wettbewerbsbeeinträchtigung trennen wollte. Vielmehr sollten die Kartellbehörden eine Untersagungsbefugnis gegenüber Verhaltensweisen erhalten, denen ein erfolgsqualifizierter Verhaltensunwert innewohnt. Gerade zur Feststellung dieses Ansatzpunktes dient jedoch das Nichtleistungskonzept. Mithin bestehen keine Bedenken, im Rahmen des § 37a Abs. 3 GWB bereits bei der Unbilligkeitsprüfung mit Hilfe des Nichtleistungskonzeptes die Gefährlichkeit des Verhaltens für den Gesamtwettbewerb in die Betrachtung einzubeziehen[67].

---

[65] Beispielhaft sei auf das normorientierte differenzierte Verständnis der kleinen und mittleren Unternehmen hingewiesen. Vgl. 5. Kap. B II, S. 88ff.

[66] Vgl. Bericht des BT-Ausschusses für Wirtschaft, BT-Drs. VIII/3690, S. 30.

[67] Gegen die grundsätzliche Zulässigkeit der Marktfolgeprüfung lassen sich ernsthafte Bedenken kaum erheben. Vgl. *P. Ulmer*, Die neuen Vorschriften ..., WuW 1980, S. 474, 490; ähnlich auch IM-*Möschel*, § 22 Rdnr. 112.

Allerdings darf für die konkrete Anwendung des Konzeptes des Nichtleistungswettbewerbs im Rahmen der kartellrechtlichen Verhaltenskontrolle nicht außer acht gelassen werden, daß das Konzept unter kartellrechlichem Blickwinkel noch in den „Kinderschuhen" steckt. Der Rückgriff auf den Leistungsbezug des Wettbewerbs ist ein bislang nur wenig ausdifferenziertes Raster zur Bestimmung der Unbilligkeit eines Marktverhaltens[68]. Es bedarf erheblicher Konkretisierungsarbeit, um mit Hilfe von Fallgruppen eine mehr oder weniger klare Qualifizierung eines unbilligen Verhaltens zu ermöglichen. Solange die eingehendere Klärung des Nichtleistungskonzeptes nicht weiter vorangetrieben ist, erscheint es nicht angezeigt, für die Prüfung der Unbilligkeit eines Marktverhaltens ausschließlich auf das Nichtleistungskonzept abzustellen. Einige Fallkonstellationen[69] lassen sich gegenwärtig allein mit Hilfe des Nichtleistungskonzeptes noch nicht befriedigend lösen[70]. Deshalb erscheint es sinnvoll, jedenfalls während der Phase der Ausdifferenzierung des Nichtleistungskonzeptes, diesen Bewertungsmaßstab als wichtige Wertungshilfe in die nach der h.M. vorzunehmende Interessenabwägung einzustellen[71]. Danach kommt es für die Einschätzung eines Wettbewerbsverhaltens auf eine Abwägung der sich gegenüberstehenden Interessen an. Hierbei hat der Bewertungsmaßstab des Nichtleistungskonzeptes dann eine entscheidende Bedeutung[72].

IV. Zur Kritik am Konzept des Nichtleistungswettbewerbs

Das Konzept des Nichtleistungswettbewerbs und seine Nutzbarmachung für die Zwecke des GWB ist in der kartellrechtlichen Literatur bisher überwiegend auf Ablehnung gestoßen[73]. Die Auseinandersetzung mit den Argumenten der Gegner soll Gegenstand der folgenden Darlegung sein.

---

[68] Darauf weist *P. Ulmer*, Kartellrechtswidrige Konkurrentenbehinderung ..., FS *Kummer*, S. 565, 575, ausdrücklich hin.

[69] Hierzu zählen, wie noch zu zeigen sein wird, gewisse Erscheinungsformen des UEP-Verkaufs. Auch *P. Ulmer*, a.a.O. (siehe Fn. 68), S. 584 weist auf solche „Problemfälle" hin.

[70] Als sog. „Paradebeispiele" werden in der Literatur häufig Ausschließlichkeitsbindungen und Marktinformationsverfahren genannt. Bei beiden Phänomenen führe eine kartellrechtliche Beurteilung unter Berücksichtigung der Grundsätze des Nichtleistungswettbewerbs nicht zu sinnvollen Ergebnissen. Vgl. nur *Markert*, Die Wettbewerberbehinderung ..., S. 36f. m.w.N.

[71] *P. Ulmer*, Der Begriff „Leistungswettbewerb" ..., GRUR 1977, S. 565, 576, stellt die Richtigkeit des Interessenabwägungsmaßstabes nicht bedingungslos in Abrede.

[72] I.d.S. hat das Konzept des Nichtleistungswettbewerbs auch Eingang in die Praxis des BKartA gefunden. Vgl. BKartA WuW/E BKartA 1817,1822ff. „Fertigfutter".

[73] Vgl. etwa *Möschel*, Pressekonzentration ..., S. 95ff.; *Mestmäcker*, Medienkonzentration ..., S. 126ff.; IM-*Markert*, § 26 Rdnr. 65ff.; *Markert*, a.a.O. (siehe Fn. 70).

1. Inhaltslosigkeit des Begriffs „Leistungswettbewerb"

Das erste Argument, das immer wieder von den Gegnern des Nichtleistungskonzeptes ins Feld geführt wird, ist die gegenwärtige Unbestimmtheit des Begriffes „Leistungswettbewerb". Hier handele es sich um eine Leerformel, die neue Fragen aufwerfe und einen unbestimmten Begriff durch einen anderen ersetze[74].

Zutreffend an diesem Einwand ist, daß es dem Begriff Leistungswettbewerb noch an Konturenschärfe mangelt. Dies stellt allerdings die Anwendbarkeit des Konzeptes des Nichtleistungswettbewerbs für die kartellrechtliche Unbilligkeitsprüfung nicht ernsthaft in Frage, da das Konzept mit der Dauer seiner Berücksichtigung im Rahmen der Verhaltenskontrolle zunehmend stärker ausdifferenziert werden wird und sich ähnlich wie im UWG typische Fallgruppen des Nichtleistungswettbewerbs herauskristallisieren werden[75]. Im übrigen ist darauf hinzuweisen, daß beim Konzept des Nichtleistungswettbewerbs weniger der Begriff „Leistungswettbewerb" als vielmehr der Begriff „Nichtleistungswettbewerb" im Vordergrund steht. Es erscheint erheblich leichter, den Begriff des Leistungswettbewerbs nicht aus sich heraus zu bestimmen, sondern mit Hilfe einer Konkretisierung des Kontrastbegriffes des Nichtleistungswettbewerbs zu versuchen, eine Eingrenzung des Bereichs des Leistungswettbewerbs zu erreichen. Denn Maßnahmen des Nichtleistungswettbewerbs sind wegen ihres den Leistungsvergleich verfälschenden und die Schiedsrichterfunktion des Verbrauchers ausschließenden Charakters leichter identifizierbar.

Der Leerformeleinwand der wohl h.M. gegenüber dem Konzept des Nichtleistungswettbewerbs sieht sich überdies einem erheblichen Widerspruch zu dem Wertungssystem des GWB ausgesetzt. Mit der Neufassung des § 28 Abs. 2 durch die 2. GWB-Novelle im Jahre 1973 ist der Leistungswettbewerb zu einem festen Bezugspunkt im Wertsystem des GWB geworden. Spätestens seit diesem Zeitpunkt sind Rechtsprechung und Rechtswissenschaft aufgefordert, Beiträge zur Konkretisierung dieses Begriffes zu leisten. Angesichts dieser legislativen Situation und der im Rahmen der 4. GWB-Novelle 1980 geäußerten Absicht des Gesetzgebers, den Leistungswettbewerb mit Hilfe des Kartellrechts zu fördern[76], erscheint es schwer verständlich, wenn heute noch Gegner des Nichtleistungskonzeptes argumentieren, dieses Konzept stehe im Widerspruch zum eindeutigen Willen des Gesetzgebers[77].

Der Einwand der Inhaltslosigkeit des Begriffs Leistungswettbewerb übergeht

---

[74] Vgl. nur IM-*Markert*, § 26 Rdnr. 208; *Möschel*, a.a.O. (siehe Fn. 73), S. 97; *Emmerich*, Kartellrecht, S. 180.

[75] I.E. ebenso *P. Ulmer*, Kartellrechtswidrige Konkurrentenbehinderung ..., FS *Kummer*, S. 565, 575ff.

[76] Bericht des BT-Ausschusses für Wirtschaft, BT-Drs. VIII/3690, S. 28ff.

[77] So aber ausdrücklich *Emmerich*, a.a.O. (siehe Fn. 74), S. 180.

aber auch die im Rahmen des UWG von der Rechtsprechung bisher geleistete Konkretisierungsarbeit. Hier spielt der Leistungsbezug eines Wettbewerbverhaltens für das Lauterkeitsurteil eine bedeutende Rolle[78]. Im Bereich des UWG ist der Begriff des Leistungswettbewerbs offenbar geeignet, für die Unterscheidung von lauterem und unlauterem Verhalten einen wesentlichen Beitrag zu leisten. Die Frage, warum das Nichtleistungskonzept im Rahmen der kartellrechtlichen Verhaltenskontrolle keine wichtige Wertfunktion übernehmen kann, läßt sich mithin auch nicht unter Hinweis auf eine angebliche Inhaltsleere des Begriffs Leistungswettbewerb beantworten.

2. Nichtleistungskonzept und Geheimwettbewerb

Gegen das Konzept des Nichtleistungswettbewerbs wird weiter angeführt, es lasse wesentliche Zweifelsfragen offen und sei daher keine brauchbare Wertungshilfe im Rahmen des GWB. Dies gelte insbesondere für die Frage, ob ein leistungsfremdes Verhalten auch in „Geheimrabatten" marktbeherrschender Oligopolisten zu sehen sei, obwohl dieser „Geheimwettbewerb" im Rahmen des § 1 GWB als besonders schützenswert beurteilt werde[79]. Diese Auffassung verkennt jedoch, daß die positive Bewertung des Geheimwettbewerbs im Rahmen des § 1 GWB[80] durchaus mit dem Konzept des Nichtleistungswettbewerbs vereinbar ist.

Ausgangspunkt für die heute herrschende Auffassung, daß der Geheimwettbewerb ein Schutzgut des § 1 GWB ist[81], waren die „Aluminium-Halbzeug"-Entscheidungen[82]. Gegenstand dieses Rechtsstreits war ein sog. identifizierendes Marktinformationsverfahren in der Form eines „open-price-systems". Die führenden Hersteller der westdeutschen Aluminium-Halbzeug-Industrie hatten sich in einem Marktinformationsvertrag gegenseitig verpflichtet, einem Treuhandbüro die getätigten Verkaufsabschlüsse mit allen Einzelheiten anzuzeigen. Dies sollte insbesondere für den konkret vereinbarten Nettopreis gelten. Dieser Preis sollte überdies den übrigen Vertragsbeteiligten auf konkrete Anfrage — unter Identifizierung der früheren Lieferanten — bekanntgegeben werden. Das KG und der BGH bewerteten diesen Marktinformationsvertrag als einen Kartellvertrag i.S.d. § 1 GWB. Die Vereinbarung sei geeignet, die Marktverhältnisse für den Warenverkehr durch Beschränkung des Wettbewerbs zu beeinflus-

---

[78] Vgl. 6. Kap. B III 1.

[79] So IM-*Markert*, § 26 Rdnr. 208; *Markert*, Die Wettbewerberbehinderung ..., S. 36f.

[80] Hierzu *Langen*, § 1 Rdnr. 185ff.; IM-*Immenga*, § 1 Rdnr. 481ff.

[81] Vgl. IM-*Immenga*, § 1 Rdnr. 483; *Langen*, § 1 Rdnr. 188; *Markert*, Kartellrechtliche Beurteilung von Preismeldeverträgen, DB 1983, S. 1455ff.; *Kilian*, Marktinformationsverfahren ..., NJW 1974, S. 291ff.; *Säcker*, Zur Berücksichtigung der Marktposition ..., BB 1967, S. 681, 685ff.; *Hoppmann*, Preismeldestellen ..., WuW 1966, S. 97ff.

[82] WuW/E BKartA 1369ff.; KG WuW/E OLG 1327ff.; WuW/E BGH 1337ff.

sen[83]. In der Regel sei einem Hersteller nicht bekannt, zu welchen individuellen Preisen seine Mitbewerber eine bestimmte Ware angeboten hätten. Er könne dies im allgemeinen auch nicht kurzfristig zuverlässig feststellen. Wenn er einen Auftrag erstrebe, sei er daher gezwungen, scharf zu kalkulieren, um möglichst unter dem Preis der Mitbewerber zu bleiben. Je billiger sein Angebotspreis sei, desto höher sei seine Chance, den Auftrag zu erhalten. Diese Wettbewerbslage werde verfälscht, wenn er vor der Abgabe von Angeboten schnell, sicher und genau erfahren könne, welche konkreten Netto-Abgabepreise zu welchen Lieferungs- und Zahlungsbedingungen den potentiellen Kunden innerhalb der letzten sechs bis zwölf Monate von Konkurrenten gewährt worden seien. In Verbindung mit der branchenüblichen Kenntnis von der zwischenzeitlichen Marktentwicklung und der wirtschaftlichen Situation des oder der betreffenden Konkurrenten erlaube eine solche Information sehr genau abzuschätzen, welche akuten Konkurrenzangebote von den genannten früheren Anbietern zu erwarten seien. Die Folge dieser umfassenden Preisinformation ist eine Erstarrung des Preiswettbewerbs. Die beteiligten Unternehmen sind nicht mehr bemüht, durch Steigerung ihrer Leistungsfähigkeit die Preise ihrer Konkurrenten zu unterbieten. Sie richten ihre Preisgestaltung vielmehr an den gemeldeten Preisen aus. Hierdurch werden letztlich die Chancen der Marktgegenseite verringert, zu günstigen Preisen einzukaufen.

Mißt man ein solches identifizierendes Preisinformationsverfahren am Maßstab des Nichtleistungswettbewerbs, so kommt man zu dem gleichen Ergebnis. Wesentliche Aufgabe des GWB ist es danach, den Leistungswettbewerb zu schützen. Alle Maßnahmen, die den Leistungsvergeich verfälschen, die Unternehmen an der Entwicklung und Steigerung ihrer Leistungsfähigkeit hindern und den Verbraucher in der Ausübung seiner Schiedsrichterfunktion beschränken, gehören mithin dem Nichtleistungswettbewerb an und genießen nicht den Schutz des GWB. Preisinformationsverfahren erfüllen alle genannten Merkmale und müssen daher als Maßnahmen des Nichtleistungswettbewerbs eingestuft werden. Wichtiges Schutzgut des Leistungswettbewerbs ist aber auch die Markttransparenz. Sie ist erforderlich, damit der Verbraucher bzw. der Kunde einen Leistungsvergleich anstellen und seine wettbewerbliche Schiedsrichterfunktion ausüben kann. Ausgehend von dem Erfordernis der Markttransparenz könnte man argumentieren, Marktinformationsverfahren seien Maßnahmen, die zu einer gesteigerten Markttransparenz führten und deshalb nur dem Leistungswettbewerb zugeordnet werden könnten. Mithin, so ließe sich weiter vorbringen, bestehe ein Wertungswiderspruch zwischen dem Konzept des Nichtleistungswettbewerbs, das den „Geheimwettbewerb“ als nicht schützenswert betrachtet, und dem Wertsystem des GWB, in dessen Rahmen der Geheimwettbewerb nach der h. M. durch § 1 GWB geschützt wird.

Eine solche Auffassung würde die Bedeutung und die Wirkung des Geheim-

---

[83] Vgl. insbes. KG WuW/E OLG 1327, 1328ff.

wettbewerbs, der durch identifizierende Preisinformationssysteme ausgeschlossen werden soll, verkennen. Geheimwettbewerb als Geheimpreiswettbewerb i.S.d. „Aluminium-Halbzeug"-Entscheidung hat letztlich nur die Bedeutung, daß ein Unternehmen keine sicheren, unmittelbaren Informationen über das aktuelle Wettbewerbsverhalten seiner Konkurrenten erhalten soll. In diesem Sinne wird Geheimwettbewerb wegen seiner leistungssteigernden und die Erstarrung des Wettbewerbs verhindernden Wirkung von § 1 GWB geschützt. Insoweit wird die Markttransparenz beschränkt. Allerdings steht diese Beschränkung der „horizontalen" Markttransparenz nicht im Widerspruch zum Konzept des Nichtleistungswettbewerbs. Soweit zum Zwecke der Erhaltung und Förderung des Leistungswettbewerbs der Markttransparenz besondere Bedeutung beigemessen wird, ist eine Markttransparenz im „vertikalen" Sinne gemeint. Sie soll dazu dienen, der Marktgegenseite die Möglichkeit zu eröffnen, sich ein Bild über die von den Unternehmen am Markt angebotenen Leistungen zu verschaffen, auf dessen Grundlage der Kunde dann seine konkrete Kaufentscheidung treffen kann. Diese „vertikale" Markttransparenz wird aber durch den Geheimwettbewerb zwischen den Unternehmen nicht bzw. nur unwesentlich beeinträchtigt. Da der Geheimwettbewerb mithin tendenziell zu einer Steigerung der Leistungsfähigkeit der Unternehmen führt und die Schiedsrichterfunktion der Marktgegenseite nicht einschränkt bzw. ausschließt, kann auch eine Beschränkung dieses Geheimwettbewerbs unter Berücksichtigung des Konzepts des Nichtleistungswettbewerbs grundsätzlich nicht schutzwürdig sein.

3. Nichtleistungskonzept und Marktordnung

Das Konzept des Nichtleistungswettbewerbs sieht sich einem weiteren Argument ausgesetzt, das seine Unverträglichkeit mit der wettbewerbsschützenden Funktion des GWB begründen soll. Von den Gegnern des Nichtleistungskonzeptes wird argumentiert, es gehe von marktordnenden Prämissen aus und sei mit Zielvorstellungen verbunden, die letztlich auf eine Ordnung des Wettbewerbs durch Verringerung des Wettbewerbsdruckes hinausliefen. Was unter Wettbewerbsgesichtspunkten „richtig" oder „unrichtig" sei, könne nicht nach vorgegebenen außerwettbewerblichen Maßstäben, sondern nur durch den Wettbewerb selbst entschieden werden[84].

Den Gegnern des Nichtleistungskonzeptes ist zuzugestehen, daß die Berücksichtigung der Grundsätze des Nichtleistungswettbewerbs im Rahmen der kartellrechtlichen Verhaltenskontrolle naturgemäß eine marktordnende Wirkung hat. Dies stellt die Anwendbarkeit des Nichtleistungskonzeptes im GWB jedoch nicht ernsthaft in Frage. Betrachtet man nämlich das Argument genauer,

---

[84] So IM-*Markert*, § 26 Rdnr. 68f.; vgl. auch *Meier*, Orderly marketing ..., WRP 1979, S. 593 ff.

die „Richtigkeit" bzw. „Unrichtigkeit" eines Wettbewerbsverhaltens könne nicht nach vorgegebenen außerwettbewerblichen Maßstäben, sondern nur durch den Wettbewerb selbst entschieden werden, so liegt darin letztlich die Hinwendung zu einer in dieser extensiven Ausprägung auf der Grundlage des heutigen GWB kaum vertretbaren Auffassung vom Wettbewerb als Entdekkungsverfahren[85]. Denkt man diese Aufassung konsequent zu Ende, so muß man Sinn und Notwendigkeit kartellrechtlicher Verhaltenskontrolle im Grundsatz leugnen[86]. Abstellend auf ein dynamisches Wettbewerbsverständnis wird man sogar Sinn und Notwendigkeit der Fusionskontrolle in Abrede stellen können. Denn die aus externem Unternehmenswachstum resultierende „Verschlechterung" der Marktstruktur ist nach diesem Verständnis unter Wettbewerbsgesichtspunkten nicht negativ zu beurteilen, da sie — möglicherweise — nur vorübergehenden Charakter hat und die Voraussetzungen für das dynamische (Wieder-)Aufleben des Wettbewerbsprozesses darstellt. Eine solche Auffassung ist jedoch mit dem Wettbewerbsverständnis des GWB nicht vereinbar[87]. Mit der 2. GWB-Novelle 1973 ist in der Schutzrichtung des GWB eine Trendwende eingetreten. Hatte das GWB früher vorrangig den Schutz und die Förderung des Wettbewerbsprozesses zum Ziel, so ist nunmehr auch der Schutz des Wettbewerbsbestandes in den Vordergrund getreten[88]. Während früher nahezu ausschließlich überhöhte Preise marktbeherrschender Unternehmen im Blickfeld des Kartelljuristen standen, so stellt sich heute zunehmend Sorge ein über die Folgen eines scharfen, zur extremen Absenkung des Marktpreises führenden Preiswettbewerbs[89]. Getragen wird diese Sorge von der Erkenntnis, daß ein funktionsfähiger Wettbewerb kompetitive Marktstrukturen voraussetzt. Der Schutz solcher Marktstrukturen ist eine bedeutende Aufgabe des GWB. Hierzu kann das Konzept des Nichtleistungswettbewerbs einen wesentlichen Beitrag leisten.

4. Erfolgs- oder Verhaltensunwert

Ein weiteres Argument gegen das Nichtleistungskonzept steht mit dem Marktordnungsgesichtspunkt in engem Zusammenhang. Es geht dahin, das Nichtleistungskonzept sei wegen seines Abstellens auf die Wirkung des Wettbewerbsverhaltens erfolgsbezogen und verzichte auf den zu fordernden

[85] Hierzu *Schmidtchen*, Wettbewerbspolitik als Aufgabe, S. 111ff.; *Hoppmann*, Das Konzept des wirksamen Preiswettbewerbs, S. 15ff.

[86] Vgl. nur *Hoppmann*, Markmacht und Wettbewerb, S. 24ff.

[87] Vgl. zur Bedeutung und Konsequenz neoliberaler und neo-neoliberaler Wettbewerbstheorie die instruktiven Ausführungen *Gottholds*, Neue Entwicklungen der Wettbewerbstheorie, ZHR 145 (1981), S. 286ff.

[88] Ebenso *P. Ulmer*, Der Begriff „Leistungswettbewerb" ..., GRUR 1977, S. 565, 566.

[89] Hierzu *Kartte*, HB v. 5. 11. 1984, S. 1.

Verhaltensunwert. Das Nichtleistungskonzept begnüge sich mit einer wettbewerbstheoretisch und -politisch problematischen Marktergebniskontrolle[90].

Der Versuch, das Konzept des Nichtleistungswettbewerbs mit Hilfe dieses Einwandes zu blockieren, ist aus zwei Gründen verfehlt. Zum einen muß darauf hingewiesen werden, daß die Gegner des Konzeptes unzulässigerweise nur auf die zweite, die erfolgsorientierte Komponente des Konzeptes abstellen. Sie lassen den ersten Gesichtspunkt, das Kriterium der Leistungsfremdheit, zur Bestimmung der kartellrechtlichen Unbilligkeit eines Wettbewerbsverhaltens außer Betracht. Gerade dieser Gesichtspunkt ist für die Fixierung des kartellrechtlichen Unwertgehaltes eines Verhaltens von wesentlicher Bedeutung[91]. Die Frage des Verhaltensunrechts wird im Nichtleistungskonzept durch das Abstellen auf die Leistungsfremdheit geklärt. Allerdings führt allein die Leistungsfremdheit eines Verhaltens nicht zum kartellrechtlichen Unwerturteil. Vielmehr sollen nach dem Nichtleistungskonzept nur solche Verhaltensweisen kartellrechtlich angreifbar sein, die auf den Wettbewerb als Institution eine negative Wirkung haben. Unter Berücksichtigung dieses Verhältnisses der beiden Kriterien des Nichtleistungskonzeptes kann keine Rede davon sein, daß auf das Verhaltensunrecht verzichtet werde. Vielmehr führt das Nichtleistungskonzept zu einem erfolgsqualifizierten Verhaltensunrecht.

Zum anderen ist den Gegnern des Nichtleistungskonzeptes entgegenzuhalten, daß die beanstandete Ergebniskontrolle durchaus dem System des GWB immanent ist. Die Ergebniskontrolle des Nichtleistungskonzeptes bezieht sich nämlich im wesentlichen auf die Auswirkungen auf die Marktstruktur[92]. Die Frage aber, ob das konkrete Verhalten zu einer weitergehenden Vermachtung der Märkte unter Zurückdrängung des Restwettbewerbs geeignet ist, ist ein Ansatz, der den im wesentlichen unbestrittenen[93] Schutzzwecken des GWB Rechnung trägt. Darüber hinaus findet das Konzept des Nichtleistungswettbewerbs, soweit es ein kartellbehördliches Einschreiten nur bei einem erfolgsqualifizierten Verhaltensunrecht ermöglicht, ausdrückliche Bestätigung durch den Wortlaut des § 37a Abs. 3 GWB. Nach dieser Vorschrift sollen die Kartellbehörden gegen eine Behinderungsmaßnahme einschreiten können, wenn das Verhalten zum einen unbillig und zum anderen geeignet ist, den Wettbewerb nachhaltig zu beeinträchtigen. Die Kartellbehörde darf also, mit anderen

---

90 Vgl. *Mestmäcker*, Medienkonzentration ..., S. 132; *Hoppmann*, Behinderungsmißbrauch, S. 51.

91 Ebenso *P. Ulmer*, a.a.O. (siehe Fn. 88), S. 579ff., der darauf hinweist, daß die Gegner des Nichtleistungskonzeptes marktbeherrschenden bzw. marktstarken Unternehmen offenbar grundsätzlich auch den Zugriff auf leistungsfremde Mittel offenhalten wollen. Vgl. *Fischötter*, Zum Tätigkeitsbericht ..., WuW 1980, S. 14, 19f.

92 So bereits *P. Ulmer*, a.a.O. (siehe Fn. 78), S. 582.

93 Hierzu *Mestmäcker*, a.a.O. (siehe Fn. 90), S. 116, 128; ebenso *Möschel*, Pressekonzentration ..., S. 95, 123; i.E. auch BGH JZ 1986, S. 589, 592 „Abwehrblatt II".

Worten, einschreiten, wenn der Behinderung ein erfolgsqualifizierter Verhaltensunwert innewohnt.

Nach alledem sind überzeugende Gesichtspunkte, die eine Berücksichtigung der Grundsätze des Nichtleistungswettbewerbs bei der Unbilligkeitsprüfung im Rahmen des § 37a Abs. 3 GWB ausschließen könnten, nicht ersichtlich.

V. UEP-Verkäufe im Lichte des Nichtleistungskonzeptes

Im folgenden soll dargestellt werden, ob und ggfs. wann UEP-Verkäufe bei Abwägung der Interessen der Beteiligten unter Berücksichtigung des Wertsystems des GWB, insbesondere des Konzepts des Nichtleistungswettbewerbs, die Eingriffsvoraussetzungen des § 37a Abs. 3 GWB erfüllen. Dazu erscheint es zunächst angezeigt, zwischen offensiven, defensiven und den neutralen Erscheinungsformen des Phänomens zu differenzieren. Wegen der verschiedenen Zielrichtungen drängt sich eine solche Differenzierung auch unter kartellrechtlichen Aspekten geradezu auf.

1. Offensive UEP-Verkäufe[94]

Gestützt auf den § 37a Abs. 3 können offensive UEP-Verkäufe von den Kartellbehörden dann untersagt werden, wenn sie unbillig und geeignet sind, den Wettbewerb nachhaltig zu beeinträchtigen. Für die Frage, ob den offensiven UEP-Verkäufen ein erfolgsqualifizierter Verhaltensunwert in diesem Sinne innewohnt, kommt es auf die Abwägung der Interessen der Beteiligten unter der Berücksichtigung der Zielsetzung des GWB an. Entscheidende Bedeutung im Rahmen dieser Interessenabwägung kommt dabei den bereits vorgestellten Grundsätzen des Nichtleistungswettbewerbs zu.

Isoliert man zunächst für die Zwecke der Abwägung die sich gegenüberstehenden Interessen, so ergibt sich folgendes Bild: Auf seiten des potentiellen Verfügungsadressaten steht bei offensiven UEP-Strategien zunächst einmal das im Grundsatz legitime Interesse an einer Ausweitung des Umsatzes bzw. des Marktanteils. Dahinter steht das jedem im Wettbewerb engagierten Unternehmen eigene Bemühen, die Liquidität zu erhalten, eine möglichst hohe Rentabilität zu erreichen und die Marktposition als Grundlage langfristiger Rentabilität zu sichern[95]. Zur Verwirklichung dieser Ziele hat sich der potentielle Verfügungsadressat dazu entschlossen, auf Stückgewinne bei einzelnen Artikeln zu verzichten und die ihm offenstehenden Möglichkeiten des kalkulatorischen Ausgleichs zu nutzen. Mißt man dieses Verhalten allein an betriebswirtschaftli-

---

[94] Zum Begriff „Offensive UEP-Verkäufe" vgl. 2. Kap. B I.

[95] Zu den Zielen der Unternehmenspolitik *Deppe*, Selbstkosten ..., in: *Fikentscher*, Die Preisunterbietung ..., S. 104ff.

chen Maßstäben, so erscheint es unter Berücksichtigung der bereits aufgezeigten Wirkungen[96] durchaus sinnvoll[97].

Den Interessen des UEP-verkaufenden Verfügungsadressaten stehen die Interessen der betroffenen kleinen und mittelständischen Wettbewerber gegenüber, die letztlich ebenfalls zumindest auf die Erhaltung bzw. Wiederherstellung ihrer Liquidität, Rentabilität und ihrer Marktposition gerichtet sind. Diese Unternehmen sind bereits wegen ihrer erheblich geringeren Größe und ihrer vergleichsweise bescheidenen Sortimentsweite regelmäßig nicht in der Lage, dem wettbewerblichen Angriff des Großunternehmens mit „gleicher Münze" zu begegnen[98]. Auch der Einsatz anderer Wettbewerbsparameter zu Erhaltung der Marktposition ist für die häufig an der Grenze ihrer Leistungsfähigkeit agierenden Kleinbetriebe wenig erfolgversprechend. Damit erlangt das Interesse der kleinen und mittleren Unternehmen an der Erhaltung ihres Marktanteils bzw. ihrer Marktposition eine existenzielle Qualität. Dies läßt jedoch das Abwägungspendel nicht per se zugunsten der Interessen der Kleinbetriebe ausschlagen. Das Ausscheiden aus dem Markt ist eine natürliche Folge gesunden Wettbewerbs und rechtfertigt mithin grundsätzlich nicht eine stärkere Gewichtung der Interessen der von einer wettbewerblichen Maßnahme in ihrer Existenz bedrohten Unternehmen.

Eine unterschiedliche Gewichtung der miteinander konkurrierenden Interessen ermöglicht jedoch die Berücksichtigung der Grundsätze des Nichtleistungswettbewerbs. Danach muß sich das auf seinen wettbewerblichen Unwertgehalt zu prüfende Verhalten zunächst an den Maßstäben des Nichtleistungswettbewerbs messen lassen. Leistungswidrig ist jedes Verhalten, das nicht auf der eigenen gesteigerten wettbewerblichen Leistungsfähigkeit des handelnden Unternehmens beruht und dem Verbraucher, in seiner Funktion als wettbewerblichem Schiedsrichter, den Vergleich der ihm von den Wettbewerbern angebotenen „Handelsleistungen" erschwert oder gar unmöglich macht. Legt man diese Maßstäbe bei der Prüfung von offensiven UEP-Verkäufen an, so kommt man nicht umhin, die Leistungswidrigkeit dieser Maßnahmen zu bejahen.

UEP-Verkäufe beruhen zunächst einmal nicht auf der besonderen Leistungsfähigkeit der Unternehmen. Der im Vergleich zu den Angeboten der Wettbewerber niedrigere Warenpreis beruht nicht auf einem besonders günstigen Einkaufs- bzw. Einstandspreis oder auf einer besonders günstigen Kostenstruktur des UEP-verkaufenden Unternehmens. Vielmehr nutzt diese Wirtschaftseinheit

---

96 S. o. 3. Kap., S. 30ff., insbes. S. 39ff.

97 Es ist betriebswirtschaftlich anerkannt, daß es das Ziel eines Unternehmens sein muß, mit dem Absatz des gesamten Verkaufsprogramms ein möglichst günstiges Betriebsergebnis zu erreichen. Vgl. nur *Gutenberg*, Grundlagen ..., Bd. II, S. 303.

98 Zu den unter wirtschaftlichen Aspekten geringen Möglichkeiten kleiner und mittelständischer Unternehmen, mit eigenen UEP-Aktionen zu reagieren, vgl. 3 Kap. C II.

entweder die Weite des Sortiments, um die beim UEP-Verkauf entstehenden Verluste durch einen kalkulatorischen Ausgleich bei den übrigen Produkten zu kompensieren, oder aber sie setzt ihre Finanzkraft als Verlustpuffer ein. Als weitere Möglichkeit des notwendigen kurzfristigen Verlustausgleichs käme überdies eine Transferierung von Gewinnen aus anderen Regionen in Betracht, in denen der potentielle Verfügungsadressat einem geringeren Wettbewerbsdruck ausgesetzt ist. Keinesfalls jedoch liegt der Grund für die Möglichkeit, UEP-Verkäufe durchzuführen, in der gesteigerten wettbewerblichen Leistungsfähigkeit des Unternehmens.

Darüber hinaus erschweren solche Niedrigpreisphänomene die Schiedsrichterfunktion der Verbraucher. Sie „verfälschen" den Leistungsvergleich[99]. Der Verbraucher erkennt auch bei UEP-Angeboten regelmäßig nicht, daß der Verkauf eines jeden UEP-Artikels für das Unternehmen mit Verlusten behaftet ist. Der Verbraucher, bei dem der Eindruck vorherrscht, der Kaufmann habe nichts zu verschenken[100], sieht in der niedrigen Preisstellung eines Produkts den Ausdruck großer Leistungsfähigkeit des Unternehmens. Dies führt zu einer Diskriminierung der nicht UEP bzw. zu höheren Preisen verkaufenden Wettbewerber. Deren Angebote stellen in den Augen des Verbrauchers eine geringere wettbewerbliche Leistung dar. Da der Kunde den Preis der angebotenen Artikel zum Maßstab für seine Kaufentscheidung macht, fällt seine Entscheidung zugunsten des preiswerteren Anbieters aus. Er hat sich damit zugunsten des nur scheinbar leistungsfähigeren Unternehmens entschieden[101].

Nach alledem läßt sich nur feststellen, daß UEP-Verkäufe grundsätzlich dem Nichtleistungswettbewerb zuzurechnen sind. Dies gilt im übrigen auch für sog. „Eröffnungssonderangebote". Hier handelt es sich um solche UEP-Angebote, die ein „Newcomer" durchführt, um überhaupt in den Markt eindringen zu können. Allerdings ist die Zuordnung solcher „Einführungs-" UEP-Verkäufe zum Nichtleistungswettbewerb nicht schon gleichbedeutend mit der Bejahung des für die Eingriffsvoraussetzungen des § 37a Abs. 3 GWB erforderlichen erfolgsqualifizierten Unwertgehaltes.

An die Feststellung der grundsätzlichen Leistungswidrigkeit von UEP-Verkäufen schließt sich im Rahmen der Prüfung der Eingriffsvoraussetzungen des § 37a Abs. 3 GWB entsprechend dem Nichtleistungskonzept die Frage an, ob offensive Aktionen geeignet sind, den Wettbewerb nachhaltig zu beeinträchtigen.

---

[99] Ebenso *Munzinger*, Mißbräuchliche Preise ..., S. 131 f.; *Skiba*, Preisdiskriminierung ..., S. 63; *Hahn*, Die Beurteilung von Niedrigpreispolitik ..., WuW 1984, S. 285, 292.

[100] Dieser Gedanke hat auch in der Rechtsprechung noch in den 30er Jahren eine besondere Rolle gespielt. Vgl. KG GRUR 1937, S. 951; RG GRUR 1936, S. 810 „Diamantine".

[101] A.A. *Knöpfle*, Die marktbezogene Unlauterkeit, S. 120, der allerdings einen — jedenfalls für die Zwecke des GWB — zu engen Leistungsbegriff zugrunde legt.

Mit der Einfügung dieses Merkmals in die Eingriffsvoraussetzungen des § 37a Abs. 3 GWB wollte der Gesetzgeber sicherstellen, daß nur solche Maßnahmen eine Untersagungsbefugnis der Kartellbehörden auslösen können, die eine Gefahr für den Gesamtwettbewerb auf dem relevanten Markt darstellen. Der Begriff „nachhaltig" soll dabei sowohl die sachliche Intensität der Wettbewerbsbeeinträchtigung als auch deren zeitliche Dauer zum Ausdruck bringen. Es muß sich also nach Art, Ausmaß und zeitlicher Dauer um eine nicht nur unerhebliche und vorübergehende Gefährdung des Wettbewerbs handeln[102]. Damit knüpft der Gesetzgeber an die Rechtsprechung des KG zum Behinderungsmißbrauch an[103] und setzt mit dem Merkmal „nachhaltig" schärfere Voraussetzungen als für die Eingriffsbefugnis in § 22 Abs. 4 Nr. 1 GWB[104].

Es ist also zunächst zu fragen, ob offensive UEP-Verkäufe unter dem Aspekt der sachlichen Intensität zur nachhaltigen Wettbewerbsbeeinträchtigung geeignet sind. Dieses Eingriffsmerkmal im Rahmen des § 37a Abs. 3 GWB erfordert mithin eine sachlich schwerwiegende Beeinträchtigung des Wettbewerbs auf dem relevanten Markt[105]. Diese Voraussetzung ist jedenfalls erfüllt, wenn die wirtschaftliche Existenz der Gruppe der kleinen und mittleren Unternehmen, denen gegenüber der potentielle Verfügungsadressat eine überlegene Marktmacht hat, durch offensive UEP-Verkäufe nicht unerheblich gefährdet wird[106]. Mit diesem Abstellen auf die Gefährdung der kleinen und mittleren Wettbewerber wird nicht etwa der Eingriffsmaßstab der Vorschrift einseitig in Richtung auf den Schutz mittelständischer Unternehmen verengt. Es darf nicht außer acht gelassen werden, daß im Rahmen der Prüfung der Verfügungsadressatenvoraussetzungen die Gesamtmarktrelevanz dieser Wettbewerbergruppe festgestellt worden ist[107]. Hat die Gruppe der kleinen und mittleren Wettbewerber aber eine Gesamtmarktrelevanz, so stellt eine schwerwiegende Gefährdung des Bestandes dieser Wettbewerber auch eine nachhaltige Beeinträchtigung des Gesamtwettbewerbs auf dem relevanten Markt dar.

Ruft man sich die Wirkungen von UEP-Verkäufen in Erinnerung, so kann deren Eignung, den Bestand kleiner und mittlerer Unternehmen zu gefährden, kaum zweifelhaft sein. Wegen der großen Bedeutung des Preises signifikanter Artikel für die Einkaufsstättenwahl der Verbraucher, führt die Absenkung des Preises dieser Waren unter das Einstandspreisniveau sowohl kurzfristig wie auch langfristig zu einer spürbaren Umlenkung der Nachfrageströme. Die

---

102 So ausdrücklich der Bericht des Wirtschaftsausschusses, BT-Drs. VIII/3690, S. 30.

103 KG WuW/E OLG 1767f. „Kombinationstarif"; KG WuW/E OLG 1983, 1986f. „Rama-Mädchen".

104 Vgl. GK-*Fischötter*, § 37a Rdnr. 26 m. w. N.

105 Hierzu IM-*Emmerich*, § 37a Rdnr. 7 i.

106 A. A. wohl *Langen*, § 37a Rdnr. 17, der eine Beeinträchtigung der Betätigungsmöglichkeiten der kleinen und mittleren Unternehmen nicht als ausreichend ansieht.

107 S. o. 5. Kap. C.

Verbraucher wandern von dem nicht UEP- anbietenden Unternehmen ab und decken ihren Bedarf an Nahrungs- und Genußmitteln zum überwiegenden Teil bei den preisagressiven Betriebsformen. Diese Umlenkung des Nachfragestromes wird dadurch verstärkt, daß die großen Wettbewerber der UEP-verkaufenden Unternehmen ihrerseits mit ähnlichen Preisstellungen „zurückschlagen" müssen, um nicht ins wettbewerbliche Hintertreffen zu geraten. Demgegenüber haben die kleinen und mittleren Betriebe des Einzelhandels nahezu keine Möglichkeit, sich erfolgversprechend zu verteidigen. Für diese Unternehmen ist es nahezu ausgeschlossen, ähnliche die Verbraucher anziehende UEP-Aktionen durchzuführen. Die Gründe hierfür liegen in erster Linie in ihrer geringen Finanzkraft, ihrer geringen Sortimentsweite und den beschränkten Möglichkeiten, ihre UEP-Aktionen mit intensiven Werbemaßnahmen zu unterstützen. Auch das Abweichen auf andere Wettbewerbsparameter stellt für kleine Unternehmen keine erfolgsversprechende Alternative dar. Natürlich sind kleinere Unternehmenseinheiten besser in der Lage, flexibler auf die Wünsche und Vorstellungen der Verbraucher einzugehen. Überdies können Kleinbetriebsformen den Kunden eine persönlichere Einkaufsatmosphäre bieten als ihre großen Konkurrenten. Möglicherweise sind Kleinbetriebe auch eher in der Lage, qualitätvollere Produkte anzubieten als die Großbetriebe[108]. Jedoch dürfen die Ausweichmöglichkeiten der Kleinbetriebe auf die Wettbewerbsparameter Qualität, Service etc. nicht überbewertet werden. Zum einen ist zu berücksichtigen, daß auch die Großbetriebsformen bemüht sind, die genannten Wettbewerbsparameter in verstärktem Maße für eigene Zwecke zu nutzen[109]. Zum anderen fällt ins Gewicht, daß in Zeiten wirtschaftlicher Stagnation und der daraus resultierenden realen Minderung der Einkommen ein erheblicher Teil der Verbraucher nicht bereit oder nicht in der Lage ist, sich die erwähnten Angebotsvorteile der Kleinbetriebe zu erkaufen. Kommen daher für kleinere und mittlere Unternehmen gegenüber den UEP-Aktionen der Großbetriebe kaum erfolgversprechende Ausweichreaktionen in Betracht, so läßt sich eine schwerwiegende Existenzgefährdung dieser Kleinbetriebe nicht bestreiten. Hat die Gruppe der gefährdeten kleinen und mittleren Unternehmen aber eine Gesamtmarktrelevanz, so stellt eine schwerwiegende Existenzgefährdung dieser Wettbewerbergruppe eine nachhaltige Gefährdung des Gesamtwettbewerbs auf dem relevanten Markt dar.

Allerdings hat das Merkmal der nachhaltigen Wettbewerbsgefährdung in § 37a Abs. 3 GWB auch eine zeitliche Komponente. Für die Annahme einer nachhaltigen Gefährdung des Wettbewerbs auf dem relevanten Markt reicht eine Gefährdung der gesamtmarktrelevanten Gruppe kleiner und mittlerer Unternehmen nur aus, wenn sie auch von gewisser Dauer ist. Eine „nur"

---

108 Dies gilt insbesondere für die sog. problemvollen Güter wie z. B. Frischwaren.

109 In nahezu allen Wirtschaftsbereichen haben die Großunternehmen die „economy of small scale" entdeckt. Sie versuchen, sich die typischen Vorteile der Kleinbetriebe nutzbar zu machen und mit den typischen Vorteilen eines Großbetriebes zu kombinieren.

punktuelle Beeinträchtigung der Wettbewerbsmöglichkeiten kleiner und mittlerer Unternehmen muß bei einer objektiven Gesamtbetrachtung als eine erheblich geringere Gefährdung kompetitiver Marktstrukturen gewertet werden. Mißt man offensive UEP-Verkäufe an dem Erfordernis der Dauerhaftigkeit der von ihnen ausgehenden Wettbewerbsbeeinträchtigung, so führt dies zu einer Differenzierung zwischen kurzfristigen bzw. gelegentlichen und dauerhaften bzw. systematischen[110] UEP-Aktionen. Gelegentliche UEP-Verkäufe führen nicht zu einer nachhaltigen Wettbewerbsbeeinträchtigung. Der kurzfristig relativ geringe Anlockeffekt solcher Preisaktionen stellt auch keine ernsthafte Gefährdung der kleinen und mittleren Wettbewerber dar. Wegen ihres punktuellen Charakters vermögen gelegentliche UEP-Aktionen, die Einkaufsstättenwahl des Verbrauchers nicht auf Dauer zu beeinflussen. Seine Einschätzung des Gesamtpreisniveaus des von den Wettbewerbern gebotenen Warensortiments wird durch solche Preisaktionen kaum beeinflußt. Die Einschätzung des Preisimage einer Einkaufsstätte durch den Verbraucher ist das Ergebnis eines längerwährenden Lernprozesses. Diese Einstellung des Verbrauchers läßt sich durch gelegentliche UEP-Verkäufe nicht oder nur unwesentlich verändern[111]. Deshalb wird der Verbraucher von solchen Preisaktionen auch nicht dauerhaft von seiner unter normalen Umständen bevorzugten Einkaufstätte abwandern.

Völlig anders ist die Wirkung von systematischen UEP-Verkäufen zu bewerten. Hier setzt ein Unternehmen einen erheblichen Teil seines gesamten Sortiments auf Dauer durch UEP-Aktionen ab. Zwar werden nicht immer die gleichen Produkte UEP angeboten; vielmehr werden ständig wechselnd Artikel eines oder mehrerer Warenbereiche UEP verkauft. Diese dauerhaften Preisaktionen beeinflussen die Einstellung der Verbraucher aber in der Weise, daß das Preisimage dieser Einkaufsstätte in den Augen der Kunden nach und nach günstiger wird. Gleichzeitig fällt das Preisimage der nicht UEP anbietenden Konkurrenten, d. h. de facto der kleinen und mittleren Wettbewerber, erheblich zurück. Die Folge ist eine nicht nur vorübergehende Abwanderung der Kunden von den mittelständischen Unternehmen zu den preisaktiven Großbetrieben des Handels, der die betroffenen Kleinunternehmen auf Dauer nicht wirksam begegnen können. Mithin stellen allein systematische UEP-Verkäufe eine schwerwiegende Gefährdung kompetitiver Marktstrukturen dar. Nur systematische UEP-Aktionen sind danach geeignet, den Wettbewerb i. S. d. § 37a Abs. 3 GWB nachhaltig zu gefährden.

Mit Hilfe der Differenzierung von gelegentlichen und systematischen UEP-Verkäufen läßt sich auch das Problem der an sich ebenfalls leistungswidrigen Eröffnungsangebote lösen. Ein Newcomer muß die Möglichkeit haben, in der Eröffnungsphase mit Hilfe von UEP-Angeboten seine Marktposition aufzu-

---

110 So zutreffend WuW/E BKartA 2029, 2035ff. „Co op Bremen".

111 S.o. 3. Kap. A III.

bauen. Wegen der besonderen Bedeutung des Preises für die Einkaufsstättenwahl der Verbraucher haben solche UEP-Aktionen für Newcomer eine besonders große Bedeutung. Würde man unter Hinweis auf die Leistungswidrigkeit der Preisstellung untersagen, auf diese Wettbewerbsmaßnahme zuzugreifen, so würde man ihnen den Marktzutritt erheblich erschweren. Ziel und Aufgabe des kartellrechtlichen Wettbewerbsschutzes muß es jedoch sein, Marktzutrittsschranken abzubauen und die Märkte für neue Initiativen offenzuhalten[112]. Diesem Ziel kann auch im Rahmen des § 37a Abs. 3 GWB Rechnung getragen werden. Echte Eröffnungsangebote von Newcomern haben nämlich i. d. R. keinen Dauercharakter. Sie dienen lediglich dazu, die Verbraucher auf das neue Unternehmen aufmerksam zu machen und sie anzuregen, die neue Einkaufstätte „auszuprobieren". Um allerdings die auf diese Weise angelockten Kunden dauerhaft als Stammkundenpotential zu binden, ist der Newcomer ebenso wie die übrigen Wettbewerber grundsätzlich auf Maßnahmen des Leistungswettbewerbs beschränkt. Da die sog. Eröffnungsangebote also auf einen begrenzten Zeitraum beschränkt sind, dürften ihre den echten Leistungsvergleich verfälschenden Wirkungen ebenfalls nur begrenzt sein. Derartige Verkaufsaktionen vermögen die Einstellung der Verbraucher zum Preisniveau der einzelnen Wettbewerber jedoch nicht entscheidend zu verändern. Sie sind insoweit den gelegentlichen UEP-Aktionen gleichzustellen. Danach sind UEP-Eröffnungsangebote der im Rahmen des § 37a Abs. 3 GWB nicht zu beanstandenden Fallgruppe der gelegentlichen UEP-Aktionen zuzuordnen[113]. Dies kann jedoch nur für echte Eröffnungsangebote gelten, die sich auf einen begrenzten Zeitraum von ca. zwei bis sechs Wochen erstrecken[114].

Als Ergebnis kann daher festgehalten werden: Offensive UEP-Verkäufe sind unter Berücksichtigung der Grundsätze des Konzeptes des Nichtleistungswettbewerbs dann als erfolgsqualifizierte unbillige Behinderung i. S. d. § 37a Abs. 3 GWB der kleinen und mittleren Wettbewerber zu bewerten, wenn sie systematisch und dauerhaft durchgeführt werden. nur gelegentliche UEP-Verkäufe erfüllen die Eingriffsvoraussetzungen des § 37a Abs. 3 GWB grundsätzlich nicht. Sog. Eröffnungs-UEP-angebote sind der Fallgruppe der nicht zu beanstandenden gelegentlichen UEP-Verkäufe zuzurechnen, wenn sie einen Zeitraum von ca. zwei bis sechs Wochen nicht überschreiten.

---

[112] Zu dieser Funktion des GWB WuW/E BGH 1200, 1204 „Vermittlungsprovision für Flugpassagen"; WuW/E BGH 1567, 1569 „Nordmende"; vgl. auch IM-*Markert*, § 26 Rdnr. 71.

[113] Insoweit besteht i. E. Übereinstimmung mit *Markert*, Die Wettbewerberbehinderung ..., S. 56, und *Knöpfle*, Die marktbezogene Unlauterkeit, S. 123; vgl. auch *Nette*, Die kartell- und wettbewerbsrechtliche Beurteilung der Preisunterbietung, S. 51.

[114] Eine zeitliche Grenze für die Durchführung von Eröffnungsangeboten läßt sich hier nicht mit Exaktheit festlegen. Als Richtwert scheint jedoch der in der Fortschreibung der Berliner Erklärung festgehaltene Zeitraum von etwa vier Wochen durchaus angemessen. Vgl. WuW 1984, S. 852.

2. Defensive UEP-Verkäufe[115]

Auch defensive UEP-Verkäufe können als wettbewerbliche Behinderungsmaßnahmen grundsätzlich gem. § 37a Abs. 3 GWB untersagt werden. Voraussetzung ist, daß sie als unbillige Behinderung gewertet werden können und geeignet sind, den Wettbewerb nachhaltig zu beeinträchtigen. Versucht man mit Hilfe einer Abwägung der gegenüberstehenden Interessen unter besonderer Berücksichtigung des Nichtleistungskonzeptes festzustellen, ob defensive UEP-Verkäufe die erfolgsqualifizierten Eingriffsvoraussetzungen des § 37a Abs. 3 GWB erfüllen, kommt man zunächst zu einem möglicherweise überraschenden Ergebnis. Werden nämlich an defensive UEP-Aktionen die Maßstäbe des Nichtleistungskonzeptes angelegt, so müssen diese Wettbewerbsmaßnahmen dem Nichtleistungswettbewerb zugeordnet werden. Dies mag zunächst verwundern, erklärt sich jedoch daraus, daß offensive und defensive UEP-Strategien in ihrem äußeren Erscheinungsbild identisch sind. Der wesentliche Unterschied zwischen den beiden Erscheinungsformen des UEP-Verkaufs liegt allein im auslösenden Moment. Anders als bei offensiven Preisaktionen liegt der defensiven Variante eine lediglich bestandserhaltende Tendenz zugrunde. Mißt man defensive UEP-Verkäufe weiter am Maßstab der Geeignetheit zur nachhaltigen Wettbewerbsbeeinträchtigung, so kann auch hier nur der gefährdende Charakter dieser Wettbewerbsmaßnahme festgestellt werden. Wegen der Wirkungsidentität zwischen offensiven und defensiven UEP-Aktionen fallen nur gelegentliche defensive UEP-Verkäufe aus dem Anwendungsbereich des § 37a Abs. 3 GWB heraus. Sieht sich also ein Unternehmen wegen ähnlicher offensiver Preisaktionen eines Wettbewerbers zu defensiven systematischen UEP-Verkäufen gezwungen, so setzt es sich, wenn man die Maßstäbe des Nichtleistungskonzeptes anlegt, der Gefahr einer kartellbehördlichen Untersagungsverfügung aus. Allerdings eröffnet § 37a Abs. 3 GWB eine Untersagungsbefugnis nur in wenigen, in der Praxis kaum aufgetretenen Konstellationen. Sieht man auch defensive UEP-Aktionen als erfolgsqualifizierte unbillige Behinderung i. S. dieser Vorschrift an, so ist eine Untersagung dieser Wettbewerbsmaßnahme gleichwohl rechtswidrig, wenn die zuständige Kartellbehörde, trotz Vorliegens einer entsprechenden Eingriffsbefugnis, nicht zumindest gleichzeitig die offensiven UEP-Verkäufe des Konkurrenzunternehmens untersagen würde. Denn die Kartellbehörde ist natürlich bei der Ausübung ihres Eingriffsermessens im Rahmen des § 37a Abs. 3 GWB an den allgemeinen Gleichheitssatz gebunden. Würde sie, obwohl die Voraussetzungen einer Eingriffsermächtigung gegenüber den offensiven UEP-Aktionen vorliegen, nicht einschreiten und nur die Durchführung defensiver UEP-Aktionen untersagen, so liegt regelmäßig ein Ermessensfehler vor, der die Rechtswidrigkeit der Untersagung begründet.

---

[115] Zur Definition von defensiven UEP-Verkäufen 2. Kap. B II.

Der Gefahr einer kartellbehördlichen Untersagung wären defensive UEP-Aktionen durchführende Unternehmen mithin nur ausgesetzt, wenn eine Eingriffsbefugnis der Kartellbehörde gegenüber den offensiven Unternehmen nicht besteht[116]. Würde man in diesen Fällen, gestützt auf den bisherigen Entwicklungsstand des Nichtleistungskonzeptes, die Eingriffsvoraussetzungen des § 37a Abs. 3 GWB bejahen, so stellt sich die Frage, ob dies mit dem tragenden Wertsystem des GWB vereinbar ist[117].

Die Antwort auf diese Frage ergibt sich m. E. aus dem Prinzip des Leistungswettbewerbs. Danach ist der Leistungswettbewerb ein wesentliches Schutzgut des GWB, dessen Regelungen die Wettbewerber u. a. vor leistungswidrigen Behinderungsmaßnahmen schützen will. Schutzwürdig kann aber nur derjenige sein, der seinerseits die Grenzen des Leistungswettbewerbs nicht überschreitet. Greift ein Unternehmen selbst auf Maßnahmen des Nichtleistungswettbewerbs zurück, so besteht kein Anlaß, es dem Schutz des GWB dadurch zu unterstellen, daß den Kartellbehörden eine Befugnis zur Untersagung gleichfalls leistungswidriger „Verteidigungsmaßnahmen" eingeräumt wird. Hierin läge letztlich eine Unterstützung von Maßnahmen des Nichtleistungswettbewerbs durch das GWB. Dies ist mit den Grundsätzen des Leistungswettbewerbs prinzipiell nicht vereinbar.

An dieser Einschätzung ändert auch der mittelstandsschützende Charakter des § 37a Abs. 3 GWB nichts. Es kann nicht davon ausgegangen werden, daß der durch diese Norm eröffnete Mittelstandsschutz auch durch die Förderung des Nichtleistungswettbewerbs „erkauft" werden sollte[118]. Vielmehr hat der Gesetzgeber den Schutz der mittelständischen Unternehmen mit dem Ziel verknüpft, den Wettbewerb, d. h. den Leistungswettbewerb, auf dem Gesamtmarkt zu sichern. Gerade diesem Ziel würde man nicht Rechnung tragen, wenn man die Eingriffsvoraussetzungen des § 37a Abs. 3 GWB auch für defensive UEP-Verkäufe uneingeschränkt bejahen würde.

Besteht also zwischen dem Schutz des Leistungswettbewerbs und dem Konzept des Nichtleistungswettbewerbs, das offenbar zur Bejahung einer Untersagungsmöglichkeit gegenüber defensiven UEP-Verkäufen führt, ein innerer Widerspruch, so fragt man sich, wie dieser Widerspruch aufgelöst werden kann. Eine Möglichkeit läge darin, im Wege einer Berücksichtigung von Rechtfertigungsgründen zu einer qualitativen Veränderung des Leistungsaspek-

---

[116] Theoretisch denkbar wäre etwa eine Fallkonstellation, in der offensive UEP-Verkäufe von einem mittelständischen Unternehmen durchgeführt werden, das die Verfügungsadressatenvoraussetzungen des § 37a Abs. 3 GWB z. B. wegen seiner geringen Größe nicht erfüllt.

[117] Bereits *Böhm*, Wettbewerb und Monopolkampf, S. 304ff., 312f., hat dieses schwierige Problem erkannt. Auch die jüngeren Anhänger des Nichtleistungskonzeptes erkennen diese Schwierigkeit. Vgl. *P. Ulmer*, Kartellrechtswidrige Konkurrentenbehinderung ..., FS *Kummer*, S. 564, 584.

[118] Ebenso zutreffend WuW/E BKartA 2029, 2044f. „Co op Bremen".

tes zu kommen[119] mit der Folge, daß defensive UEP-Verkäufe grundsätzlich als leistungsbezogene Maßnahmen einzuordnen wären. Eine andere Möglichkeit wäre, mit Hilfe der Bildung von Ausnahmebereichen in bestimmten Fällen wettbewerbsgefährdende, leistungswidrige Maßnahmen zuzulassen. Beide Lösungsmöglichkeiten brauchen hier jedoch nicht weiter vertieft zu werden, da im Rahmen dieser Untersuchung dem Nichtleistungskonzept nur der Charakter einer wichtigen Wertungshilfe für die bei der Unbilligkeitsprüfung vorzunehmende Interessenabwägung beigemessen wird. Da diese Interessenabwägung aber unter dem Vorbehalt der Übereinstimmung mit dem Wertsystem des GWB steht, ist eine Korrektur des aus dem Nichtleistungskonzept folgenden Abwägungsergebnisses wenig problematisch. Gerade unter Berücksichtigung dieses Wertsystems des GWB muß die Interessenabwägung grundsätzlich zugunsten des defensive UEP-Verkäufe durchführenden Unternehmens ausfallen.

Fraglich erscheint allerdings, ob diese positive Einschätzung defensiver UEP-Verkäufe ohne Einschränkung gelten kann. Dies gilt insbesondere für solche defensiven UEP-Verkäufe, mit denen ein Unternehmen auf den Einstandspreis nicht unterschreitende Niedrigpreisangebote von Wettbewerbern reagiert. Anders als bei den durch leistungswidrige Preisaktionen induzierten defensiven UEP-Verkäufen liegt der Angriff auf den Leistungswettbewerb bei den durch Über-Einstandspreis-Angeboten hervorgerufenen defensiven UEP-Aktionen in der Abwehrmaßnahme. Kann ein Unternehmen in die niedrigen, aber noch leistungsgerechten Preise seiner Konkurrenten nur mit eigenen UEP-Angeboten „einsteigen", so verläßt es den Bereich des Leistungswettbewerbs. Es verteidigt seine wirtschaftliche Existenz mit Mitteln des leistungsverfälschenden Wettbewerbs. Wegen dieses Verstoßes gegen die Grundsätze des Leistungswettbewerbs muß daher die Interessenabwägung in diesen Fällen zu Lasten des defensiven UEP-Verkäufe durchführenden Unternehmens ausfallen[120].

Die gegenteilige Auffassung, defensive UEP-Aktionen seien auch gegenüber UEP-Angeboten der Konkurrenten im Rahmen des § 37a Abs. 3 GWB nicht zu beanstanden, läßt sich nicht mit einem Hinweis auf das Gebot der Erhaltung des Preiswettbewerbs begründen[121]. § 37a Abs. 3 GWB ist Ausdruck des gesetzgeberischen Willens, insbesondere mittelständische Marktstrukturen vor leistungswidrigen Eingriffen zu schützen. Der Wettbewerb, d.h. auch der Preiswettbewerb, ist nicht vorbehaltlos Schutzgut des GWB. Vielmehr ist nach dem Willen des Gesetzgebers nur der Wettbewerb durch hoheitliche Eingriffsbefugnisse zu schützen, der den Regeln des Leistungswettbewerbs entspricht. Mithin

---

[119] So *Böhm*, a.a.O. (siehe Fn. 117).

[120] A.A. offenbar WuW/E BKartA 2029, 2044f. „Co op Bremen"; *Scholz*, Verkauf unter Selbstkosten ..., WRP 1983, S. 373, 374.

[121] So aber BKartA, a.a.O. (siehe Fn. 120); *Mestmäcker*, Der verwaltete Wettbewerb, S. 247f., weist überdies darauf hin, daß die unterschiedlose, positive Beurteilung von defensiven UEP-Verkäufen ein abgestimmtes Verhalten begünstigt.

ist auch der Preiswettbewerb dort Beschränkungen ausgesetzt, wo er den Bereich des Leistungswettbewerbs verläßt. Die Erhaltung eines leistungsgerechten Preiswettbewerbs erfordert geradezu, auch solche defensiven UEP-Verkäufe der Untersagungsbefugnis des § 37a Abs. 3 GWB zu unterstellen, die nur eine Reaktion auf ÜEP-Angebote der Konkurrenten darstellen. Als Grundsatz für die Behandlung defensiver Niedrigpreisaktionen läßt sich mithin festhalten:

Ist ein Unternehmen einem leistungswidrigen wettbewerblichen Angriff seiner Konkurrenten in der Form des offensiven systematischen UEP-Verkaufs ausgesetzt, so darf es sich grundsätzlich auch mit leistungswidrigen systematischen UEP-Aktionen verteidigen, ohne sich der Gefahr einer kartellbehördlichen Untersagungsverfügung gegenüberzusehen. Ist ein Unternehmen jedoch einem leistungsgerechten wettbewerblichen Angriff ausgesetzt, so fordert der Grundsatz des Leistungswettbewerbs, daß sich das angegriffene Untenehmen dem Leistungsvergleich stellt und ihn nicht durch leistungswidrige Praktiken verfälscht. Defensive UEP-Verkäufe, die nicht durch offensive UEP-Aktionen der Wettbewerber induziert sind, unterfallen mithin der von § 37a Abs. 3 GWB eröffneten Eingriffsermächtigung. Ein Vorgehen nach § 37a Abs. 3 GWB bei defensiven UEP-Verkäufen kleiner und mittlerer Unternehmen wird allerdings regelmäßig daran scheitern, daß die Verfügungsadressatenvoraussetzungen der Norm nicht vorliegen.

3. Neutrale UEP-Verkäufe[122]

Abschließend sind noch die neutralen UEP-Verkäufe im Lichte der Eingriffsvoraussetzungen des § 37a Abs. 3 GWB zu untersuchen.

Da die Wirkung von UEP-Aktionen auf den Wettbewerb letztlich nicht davon abhängt, aus welchen Gründen sich ein Unternehmen zu dieser Maßnahme entschließt, sind natürlich auch neutrale UEP-Verkäufe vom Ansatz her als zur Wettbewerbsgefährdung geeignete unbillige Behinderungen i.S.d. § 37a Abs. 3 GWB zu beurteilen. Da aber neutrale UEP-Verkäufe per definitionem kein Instrument zur Gewinnmaximierung durch Marktanteilserweiterung sind, sie mithin keinen Lockvogelcharakter haben, hat ein Unternehmen regelmäßig auch kein Interesse, diese Wettbewerbsmaßnahme dauerhaft und systematisch einzusetzen. Vielmehr sind neutrale UEP-Verkäufe typischerweise absatzpolitische Maßnahmen, die nur gelegentlich eingesetzt werden, um eine im Grundsatz vorgegebene unternehmensinterne Problemsituation zu lösen. Als Beispiel soll hier der UEP-Verkauf leicht verderblicher Waren dienen. Mit Hilfe einer extensiven Niedrigpreisaktion ist das Unternehmen in der Lage, die durch den drohenden Verderb der Ware zu erwartenden Verluste wenigstens graduell zu mindern. Das unternehmerische Interesse ist also gerade, anders als

---

122 Zur Definition neutraler UEP-Verkäufe 2. Kap. B III.

bei offensiven und defensiven UEP-Verkäufen, auf den schnellen Verkauf der preisgünstig angebotenen Ware gerichtet.

Neutrale UEP-Verkäufe haben mithin typischerweise den Charakter gelegentlicher Preisaktionen, die die erfolgsqualifizierten Eingriffsvoraussetzungen des § 37a Abs. 3 GWB nicht erfüllen.

Aus alledem folgt, daß § 37a Abs. 3 GWB den Kartellbehörden nur eine Untersagungsbefugnis gegenüber den für den Gesamtwettbewerb besonders gefährlichen offensiven systematischen UEP-Verkäufen einräumt. Defensive und neutrale UEP-Verkäufe sind ebenso wie kurzfristige bzw. gelegentliche offensive UEP-Verkäufe regelmäßig dem Eingriff der Kartellbehörden entzogen. Lediglich solche defensiven UEP-Aktionen, die eine Antwort auf einen leistungsgerechten wettbewerblichen Angriff darstellen, erfüllen die Eingriffsvoraussetzungen des § 37a Abs. 3 GWB. Aus diesem Grunde und wegen des kartellbehördlichen Ermessensspielraums erscheint die vom Gesetzgeber gewählte Lösung des § 37a Abs. 3 GWB gegenüber einem immer wieder geforderten, wenig flexiblen allgemeinen Verbot des UEP-Verkaufs vorzugswürdig.

7. Kapitel

Zur Kritik an § 37a Abs. 3 GWB und der Untersagung von UEP-Verkäufen

Die Aufnahme des § 37a Abs. 3 in das GWB und die von dieser Norm eröffnete Möglichkeit zur Untersagung von UEP-Verkäufen hat erhebliche Kritik hervorgerufen. Soweit sich diese Kritik auf den vom Gesetzgeber gewählten systematischen Standort der Vorschrift bezieht[1], ist sie zweifellos berechtigt. Mit den Regelungen des § 37a Abs. 1 und Abs. 2 GWB, die sich lediglich auf ein unselbständiges Verfahren zur Durchsetzung bereits bestehender kartellrechtlicher Verbote beziehen, hat § 37a Abs. 3 GWB nur marginale Gemeinsamkeiten. Anders als die ersten beiden Absätze konstituiert § 37a Abs. 3 GWB eine selbständige materielle Eingriffsermächtigung. Wegen ihrer Verwandtschaft zu § 22 und § 26 Abs. 2 GWB wäre es unter systematischen Aspekten angezeigt gewesen, die „neue" Untersagungsbefugnis in der Nähe dieser Vorschriften zu verankern. Allein die Tatsache, daß der Untersagungstatbestand des jetzigen § 37a Abs. 3 erst in der Schlußphase in die parlamentarischen Beratungen zur 4. GWB-Novelle eingebracht wurde[2] und daher in einer gewissen Hektik beraten werden mußte, vermag die fragwürdige systematische Einordnung zu erklären.

A. Einzelkritik

I. Betriebswirtschaftliche Aspekte zum Einstandspreis als Preisuntergrenze

Neben der eher formalen Kritik sind gegen die vom Gesetzgeber mit § 37a Abs. 3 GWB geschaffene Möglichkeit, UEP-Verkäufe als unbillige, den Wettbewerb nachhaltig gefährdende Behinderungsmaßnahmen zu unterbinden, und gegen die konkrete Umsetzung dieser Norm durch die Kartellbehörden[3] in

---

[1] Vgl. nur *Langen*, § 37a Rdnr. 8.

[2] Hierzu *Möschel*, Recht der Wettbewerbsbeschränkungen, S. 422.

[3] Insbes. WuW/E BKartA 2029ff. „Co op Bremen"; LKartBay WuW/E LKartB 223 „Kaufmarkt".

Literatur und Rechtsprechung[4] grundsätzliche sachliche Einwände erhoben worden. Insbesondere in der Literatur[5] nimmt die Kritik an § 37a Abs. 3 GWB und den darauf gestützten kartellbehördlichen Verfügungen daran Anstoß, daß die Unterschreitung des Einstandspreises zum Ansatzpunkt für hoheitliche Maßnahmen gemacht wird. Die Einordnung des UEP-Verkaufs in die Kategorie des Nichtleistungswettbewerbs, so wird argumentiert, entbehre jeder wirtschaftlichen Grundlage[6]. Der Fehler dieses Ansatzes liege in dem durch nichts gestützten Postulat, daß der Kaufmann mit dem Verkauf jeder einzelnen von ihm gehandelten Ware einen Stückgewinn erzielen oder zumindest einen auf dieses Stück anteilig entfallenden Kostendeckungsbeitrag erwirtschaften müsse[7]. In der betriebswirtschaftlichen Lehre sei anerkannt, daß das preispolitische Ziel des Unternehmens nicht darin bestehen könne, für jede einzelne Ware einen Stückgewinn zu erzielen, sondern allein darin, mit dem Absatz des gesamten Verkaufssortiments ein möglichst günstiges Betriebsergebnis zu erreichen[8].

Betrachtet man diese Argumente allein aus betriebswirtschaftlichem Blickwinkel, so ist ihre Richtigkeit natürlich nicht zu bestreiten. Jedoch ist das einseitige Abstellen auf betriebswirtschaftliche Aspekte zur Rechtfertigung wettbewerblicher Maßnahmen im Rahmen kartellrechtlicher Verfahren verfehlt. Dies wird bei einem Blick auf das Kartellverbot des § 1 GWB und die Fusionskontrolle gem. §§ 23ff. GWB besonders deutlich. Niemand wird ernsthaft bezweifeln, daß § 1 GWB und §§ 23ff. GWB wesentliche Stützpfeiler zur Erhaltung der Institution Wettbewerb darstellen und daraus ihre legislatorische Existenzberechtigung herleiten. Gleichwohl lassen sich auch gegen diese Normbereiche Bedenken erheben, wenn man einseitig auf betriebswirtschaftliche Gesichtspunkte rekurriert. Sowohl Kartelle wie auch Unternehmenszusammenschlüsse sind in aller Regel die Ergebnisse einer konsequenten, an den Erkenntnissen der Betriebswirtschaft ausgerichteten Unternehmensführung. Ausgehend von betriebswirtschaftlichen Maßstäben lassen sich Kartelle und Unternehmenszusammenschlüsse grundsätzlich nicht beanstanden; vielmehr sind sie betriebswirtschaftlich u. U. hervorragend geeignet, zur Erreichung des

---

[4] Zur Aufhebung der „Kaufmarkt"-Verfügung des LKartBay OLG München WuW/E OLG 2942ff. u. BGH WuW/E BGH 2073ff.; vgl. aber auch BGH JZ 1984, S. 332ff. „Verkauf unter Einstandspreis II"; in dieser Entscheidung hat der BGH eine andere Beurteilung der „Co op Bremen"-Verfügung des BKartA ausdrücklich offen gelassen.

[5] Vgl. etwa *Scholz*, Verkauf unter den Selbstkosten ..., WRP 1983, S. 373ff.; *Mestmäcker*, Der verwaltete Wettbewerb, S. 241.

[6] So *Markert*, Die Wettbewerberbehinderung ..., S. 43; IM-*Markert*, § 26 Rdnr. 264f.; IM-*Möschel*, § 22 Rdnr. 121ff.; *Fikentscher*, Die Preisunterbietung ..., S. 21ff.

[7] *Scholz*, a.a.O. (siehe Fn. 5), S. 375; ähnlich *Knöpfle*, Anmerkung zum Urt. d. BGH v. 10. 12. 1985 „Abwehrblatt II", JZ 1986, S. 596.

[8] Vgl. hierzu *Gutenberg*, Grundlagen, Bd. II, S. 303; ebenso BGH JZ 1984, S. 332, 334 „Verkauf unter Einstandspreis II".

legitimen Unternehmenszieles beizutragen, größtmögliche Erträge zu erwirtschaften. Dennoch kann die Notwendigkeit der Beschränkung der Kartellbildung und des externen Wachstums wegen des hohen Vermachtungsgrades unserer Märkte nicht fraglich sein. Dies zeigt, daß gegenüber betriebswirtschaftlichen Aspekten zur Rechtfertigung wettbewerblicher Maßnahmen zumindest größte Vorsicht geboten ist.

Die besondere Problematik der Berücksichtigung betriebswirtschaftlicher Rechtfertigungsgründe liegt in der Einseitigkeit dieser Aspekte. Während es das Ziel der Betriebswirtschaft ist, dem einzelnen Unternehmer Entscheidungshilfen für den Einsatz von Mitteln zur Erreichung seiner unternehmerischen Ziele (z. B. Einkommensmaximierung, Verbesserung des Sozialprestige, Erringen wirtschaftlicher Macht) zu liefern[9], hat das Kartellrecht eine ausgleichende Funktion. Der Wettbewerb soll durch das GWB als rechtliches Ordnungsprinzip, als Teil der durch die Prinzipien der Freiheit und Gleichheit aller Rechtspersonen verfassungsrechtlich statuierten Ordnung gewährleistet werden, innerhalb deren er und die Privatautonomie sich gegenseitig bedingen und ergänzen, somit komplementäre Größen sind[10]. Mithin schützt das GWB sowohl den Wettbewerb als Institution wie auch die wirtschaftliche Entfaltungsfreiheit des Einzelnen[11]. Zwischen diesen beiden Schutzgütern einen sach- und interessengerechten Ausgleich herzustellen, ist die wesentliche Aufgabe des GWB. Aus diesem Grunde vermögen allein das Interesse des Einzelnen widerspiegelnde betriebswirtschaftliche Erwägungen, wettbewerbliche Maßnahmen im Lichte des GWB nicht zu rechtfertigen. Legitime betriebswirtschaftliche Aspekte können im Rahmen einer kartellrechtlichen Verhaltensbewertung nur einen Teil der abwägungsfähigen Kriterien darstellen. Auf der anderen Seite ist die kartellrechtliche Würdigung am Schutz der Institution Wettbewerb ausgerichtet. Für die Beurteilung von UEP-Verkäufen ist deshalb an der negativen Einschätzung festzuhalten[12]. Diese Niedrigpreisaktionen, die von betriebswirtschaftlich anerkannten Überlegungen getragen sind, stellen aus den o.g. Gründen[13] eine nachhaltige Gefährdung kompetitiver Marktstrukturen dar. Demgegenüber müssen betriebswirtschaftliche Rechtfertigungsversuche als Ausdruck freier wettbewerblicher Betätigungsgarantie zurücktreten.

Dies muß selbst dann gelten, wenn die konsequente Untersagung von UEP-

---

[9] Vgl. nur *Wöhe*, Einführung in die Allgemeine Betriebswirtschaftslehre, S. 3ff.

[10] So zutreffend *Rittner*, Wirtschaftsrecht, S. 281f., unter Hinweis auf *Schmidt-Rimpler*, Wirtschaftsrecht, HdSW, Bd. 12, S. 709ff.

[11] Vgl. *Rittner*, a. a. O. (siehe Fn. 10), S. 284, der zutreffend klarstellt, daß die Frage, ob das GWB allein als Institutsschutz oder auch als Individualschutz zu begreifen ist, fehlerhaft gestellt ist.

[12] Ob die Berücksichtigung betriebswirtschaftlicher Gesichtspunkte im Rahmen der lauterkeitsrechtlichen Bewertung von UEP-Verkäufen nach § 1 UWG zu einem anderen Ergebnis führt, kann hier offen bleiben. Vgl. auch BGH, a. a. O. (siehe Fn. 8).

[13] S. o. 6. Kap. B V.

Strategien viele Unternehmen tatsächlich in eine Existenzkrise führen sollte[14]. Hier gilt es, erneut auf den Grundsatz zu verweisen, daß die Wettbewerbsordnung eine wettbewerbliche Bestandsgarantie nicht kennt.

Die Fragwürdigkeit ausschließlich betriebswirtschaftlich ausgerichteter Argumente gegen die Untersagung von UEP-Aktionen wird durch die von den Kritikern angebotenen alternativen Lösungsvorschläge unterstrichen. So wird z.T. die Auffassung vertreten, erst wenn sich die Preispolitik einer Wirtschaftseinheit von dem Ziel eines optimalen Betriebsergebnisses entferne, spreche eine Vermutung dafür, daß das Unternehmen andere Ziele einer gegen Mitbewerber gerichteten Strategie verfolge[15]. Offenbar soll erst bei Erreichen dieser Schwelle eine kartellbehördliche Eingriffsbefugnis eröffnet sein. Hierbei wird jedoch verkannt, daß in der Praxis nahezu niemals eine Lösung vom Ziel eines optimalen Betriebsergebnisses feststellbar sein wird[16]. Die Erzielung optimaler Betriebsergebnisse dürfte vielmehr auch mit solchen Strategien untrennbar verknüpft sein, die auf die Verdrängung von Konkurrenten gerichtet sind. Gerade die Verdrängung der Wettbewerber ist ein besonders geeignetes Mittel, für das eigene Unternehmen auf Dauer größtmögliche Erträge zu erzielen.

Zusammenfassend bleibt festzustellen, daß ausschließlich betriebswirtschaftlich begründete Argumente die Notwendigkeit und Zulässigkeit der kartellrechtlichen Beschränkung systematischer UEP-Aktionen nicht in Frage zu stellen vermögen[17].

II. Sortimentsbezogene Marktabgrenzung und einzelproduktbezogene Unbilligkeitsprüfung — ein Widerspruch?

Ein weiteres, vordergründig weniger betriebswirtschaftlich ausgerichtetes Argument gegen die von § 37a Abs. 3 GWB geschaffene Möglichkeit zur Untersagung von UEP-Verkäufen ist in jüngster Zeit von Mestmäcker[18] vertreten worden. Mestmäcker ist der Auffassung, die vom BKartA vorgenommene, grundsätzlich zutreffende sortimentsbezogene Marktabgrenzung[19] stehe

---

[14] *Scholz*, Verkauf unter den Selbstkosten ..., WRP 1983, S. 373, 375, stellt diese - fragwürdige - Gefahr besonders heraus.

[15] So *Scholz*, a.a.O. (siehe Fn. 14), S. 376.

[16] Der Fall, daß für eine wettbewerbliche Maßnahme vorwiegend persönliche Gründe im Vordergrund stehen, wie z.B. in dem der Entscheidung KG WuW/E OLG 2213 „Haushaltsnähmaschinen" zugrundeliegenden Sachverhalt, dürfte in der Praxis die Ausnahme sein.

[17] Vgl. zur Kostenanknüpfung in der US-amerikanischen Antitrust-Diskussion zu Preisunterbietungen *Areeda/Turner*, Predatory Pricing ..., S. 697ff.

[18] *Mestmäcker*, Der verwaltete Wettbewerb, S. 236f., 241.

[19] WuW/E BKartA 2029, 2030 „Co op Bremen"; ebenso WuW/E BKartA 1970 „Co op-Supermagazin"; zu den m. E. notwendigen Erweiterungen des relevanten Marktes s. o. 5. Kap. B I b cc.

in unauflösbarem Widerspruch zur einzelproduktbezogenen Betrachtung bei der Beurteilung von UEP-Verkäufen im Rahmen der von § 37a Abs. 3 GWB geforderten Unbilligkeitsprüfung. Aus denselben Gründen, aus denen die sortimentsbezogene Marktabgrenzung zutreffend sei, seien produktbezogene Preisuntergrenzen mit dem Wettbewerb im Einzelhandel unvereinbar. Im Einzelhandel konkurrierten Unternehmen mit den von ihnen angebotenen Sortimenten. Daraus entstehe die Differenzierung der Vertriebsformen ebenso wie die Verteilung der einzelnen Angebotsstätten im Raum. Sei es richtig, daß die durch UEP-Verkäufe entstehenden Verluste durch überdurchschnittlich hoch kalkulierte Preise an anderer Stelle des Sortiments gedeckt werden können, glichen sich auch die Nachteile für die Wettbewerber aus.

Diese Auffassung mißt den Unterschieden der Beurteilungsmaßstäbe für die Marktabgrenzung und die Unbilligkeitsprüfung m. E. eine zu geringe Bedeutung bei. Im Rahmen der Marktabgrenzung ist rein tatsächlich unter Berücksichtigung der Sicht der Verbraucher festzustellen, hinsichtlich welcher Produkte einzelne Anbieter miteinander im Wettbewerb stehen. Für eine wertende Betrachtung ist insoweit kein Raum. Die Grenzen des relevanten Marktes sind von tatsächlichen Gegebenheiten bestimmt. Aufgabe der Kartellbehörden ist es lediglich, die Marktgrenze zu erkennen.

Demgegenüber haben die Kartellbehörden im Rahmen der Unbilligkeitsprüfung eine rein normative Bewertung unter Berücksichtigung der Zielsetzung des GWB vorzunehmen. Aus diesem Grunde kann es nicht verwundern, daß insoweit Unterschiede in der juristischen Betrachtung bestehen. Die Notwendigkeit der einzelproduktbezogenen Sicht im Rahmen der Unbilligkeitsprüfung ist die Folge der Schutzrichtung des GWB. Mithin kann die Sortimentsbezogenheit der Preispolitik der Unternehmen UEP-Verkäufe aus sich heraus nicht rechtfertigen[20]. Eine solche Rechtfertigung kann sich nur aus dem Wertsystem des GWB ergeben.Deshalb besteht der von Mestmäcker erkannte „Widerspruch“ zwischen sortimentsbezogener Marktabgrenzung und einzelproduktbezogener Unbilligkeitsprüfung nur scheinbar.

Auch die Mestmäcker'sche These vom Nachteilausgleich bei sortimentsbezogener Sicht vermag nicht zu überzeugen. Hier wird nicht hinreichend gewürdigt, daß kleine und mittlere Wettbewerber UEP verkaufender Großunternehmen nur sehr beschränkt Möglichkeiten haben, ihrerseits „nachteilausgleichende“ UEP-Verkäufe durchzuführen[21]. Allein die Tatsache, daß mehrere Unternehmen auf einem nach Sortimentskriterien abgegrenzten, sachlich relevanten Markt tätig sind, rechtfertigt nicht die Annahme, daß ihre Sortimente in Breite und Tiefe miteinander identisch sind. Vielmehr ist die Zugehörigkeit zum relevanten Markt des Lebensmittelsortimentseinzelhandels auch bei unter-

---

[20] So aber offenbar *Mestmäcker*, a. a. O. (siehe Fn. 19).

[21] S. o. 3. Kap. C II.

schiedlich strukturierten Sortimenten denkbar.[22]. Daraus resultiert die unterschiedliche Fähigkeit der Unternehmen, die aus UEP-Verkäufen entstehenden Verluste im Wege des kalkulatorischen Ausgleichs abzufangen. Dieser Nachteil kleiner und mittlerer Unternehmen läßt sich mithin auch durch eine sortimentsbezogene Betrachtung im Rahmen des § 37a Abs. 3 GWB nicht ausgeleichen.

III. Mischkalkulation

Gegen die durch § 37a Abs.3 GWB geschaffene Möglichkeit zur Untersagung wettbewerbsgefährdender UEP-Verkäufe läßt sich ein weiteres Argument anführen, das mit der betriebswirtschaftlichen Problematik des Einstandspreises als Preisuntergrenze sehr eng verbunden ist. Da UEP-Verkäufe untrennbar mit dem betriebswirtschaftlichen Instrument des kalkulatorischen Ausgleichs verknüpft sind, richtet sich ein Verbot solcher Niedrigpreisaktionen natürlich mittelbar auch gegen diese Methode der Kalkulation. Eine Bewertung von UEP-Strategien und damit des kalkulatorischen Ausgleichs als leistungsfremd, so ließe sich argumentieren, ziele letztlich darauf ab, Mehrproduktunternehmen ins Zwielicht zu bringen[23] und die unternehmerische Entfaltungsfreiheit zu Lasten des Wettbewerbs zu beschränken[24].

Dem ist zunächst entgegenzuhalten, daß es bei der kartellbehördlichen Untersagung von UEP-Verkäufen weder um die Diskreditierung bestimmter Unternehmen noch um eine grundsätzliche Beschränkung unternehmerischer Autonomie geht. Legitimation für die Untersagung systematischer UEP-Strategien ist allein die Kontrolle wirtschaftlicher Macht und die Verhinderung ihres Mißbrauchs gegenüber machtlosen Wettbewerbern[25].

Darüber hinaus darf nicht übersehen werden, daß sich die von § 37a Abs. 3 GWB eröffnete Untersagungsbefugnis bei dem hier vertretenen Normverständnis nicht gegen die Mischkalkulation schlechthin richtet. Da regelmäßig nur systematische UEP-Verkäufe die Eingriffsvoraussetzungen des § 37a Abs. 3 GWB erfüllen, richtet sich die Vorschrift nur gegen solche Niedrigpreise, die noch nicht einmal die Warenerwerbskosten decken. Allein die extremen Formen der Mischkalkulation können mithin von den Kartellbehörden untersagt werden[26]. Dies erscheint durchaus sachgerecht und den Zwecken des GWB angemessen. Eine bedingungslose Zulassung des kalkulatorischen Ausgleichs führt zur wettbewerblichen Benachteiligung kleiner und mittlerer Unterneh-

---

[22] S.o. 5. Kap. B I b.

[23] I.d.S. etwa *Möschel*, Pressekonzentration ..., S. 113.

[24] So *Scholz*, a.a.O. (siehe Fn. 14), S. 380.

[25] Hierzu *Ott*, Systemwandel im Wettbewerbsrecht, FS *Raiser*, S. 403, 426.

[26] So auch BKartA, Verfügung v.5. 5. 1983, B9 - 712000 - T - 1019/81, S. 45 „Co op Bremen“.

men, da diesen Betrieben eine so extensive Mischkalkulation, wie sie den marktmächtigen Großbetrieben möglich ist, wegen der Enge ihres Sortiments nicht offensteht[27]. Für diese Klein- und Mittelbetriebe hätte eine schrankenlose Anwendung der Kompensationskalkulation eine tendenzielle Verdrängung vom Markt zur Folge[28], ohne daß eine Rechtfertigung durch den Leistungswettbewerb vorläge.

Die durch § 37a Abs. 3 GWB geschaffene Möglichkeit, den kalkulatorischen Ausgleich in seinen Extremformen mit Hilfe kartellbehördlicher Maßnahmen zu beschränken, stimmt auch durchaus mit dem Leitbild des funktionsfähigen Wettbewerbs überein. Auch ein funktionsfähiger Wettbewerb würde die Möglichkeiten der Kompensationskalkulation beschränken. Er hielte die Ausgleichsmasse klein, indem die Preise und die Differenzierungsmöglichkeiten durch die Beweglichkeit der Nachfrager eingeengt würden[29].

Dies führt zum Abschluß zu der Feststellung, daß die Überflügelung von Wettbewerbern mit Hilfe einer weitgespannten Mischkalkulation nicht auf größere Leistungsfähigkeit, sondern auf dem Einsatz von Marktmacht beruht[30]. Extensive Formen der Mischkalkulation stellen eine innere Aushöhlung des Gedankens des Leistungswettbewerbs dar[31] und sind geeignet, den Wettbewerb nachhaltig zu beeinträchtigen[32].

IV. UEP-Verkäufe und Werbung

1. Vergleichbarkeit von UEP-Verkäufen und Werbemaßnahmen

Gegen die Untersagung von UEP-Verkäufen wird ein weiteres Argument ins Feld geführt, das letztlich auf dem Gesichtspunkt unternehmerischer Autonomie beruht. Die besondere Problematik der Eingriffsbefugnis des § 37a Abs. 3 GWB, so wird argumentiert[33], liege darin, daß die Kartellbehörden mit Hilfe der Untersagung von UEP-Verkäufen ein Unternehmen daran hindern könnten, Kosten zu verursachen, die unternehmensintern ausgeglichen werden. Kartellbehörden könnten nicht verhindern, daß das Unternehmen eine Steigerung des Geschäftserfolges durch Intensivierung der Werbung bewirkt und die entstehen-

---

[27] Zu den größenbedingten Vor- und Nachteilen bei der Durchführung des kalkulatorischen Ausgleichs vgl. 3. Kap. C II.

[28] So *Hahn*, Die Beurteilung von Niedrigpreispolitik ..., WuW 1984, S. 285, 292.

[29] So zutreffend *Munzinger*, Mißbräuchliche Preise ..., S. 141.

[30] Ebenso *Hahn*, a.a.O. (siehe Fn. 28), S. 292.

[31] I. d. S. auch *Mellerowicz*, Die wirtschaftliche Bedeutung der Lockvogelwerbung, MA 1969, S. 43, 46.

[32] Vgl. auch *Lehmann*, Wettbewerbs- und warenzeichenrechtliche Bemerkungen ..., GRUR 1984, S. 313f.

[33] So *Krause*, Eine verleumdete Strategie des Handels, FAZ v. 14. 12. 1983, S. 13.

den Werbungskosten unternehmensintern ausgleicht. Da aber UEP-Verkäufe letztlich nur — wenn auch atypische — „Werbemaßnahmen" seien, dürften auch diese wettbewerblichen Aktivitäten nicht Zugriffsobjekt kartellbehördlicher Maßnahmen sein.

Dieser Kritik an der Untersagung von UEP-Verkäufen ist zwar zuzugeben, daß das Abstellen auf Kostenstrukturen bei kartellbehördlichen Eingriffsmaßnahmen besonders problematisch ist. Soweit sie jedoch UEP-Verkäufe mit sonstigen Werbemaßnahmen gleichsetzt, verkennt sie die werbliche Effizienz solcher Niedrigpreisstrategien. Offenbar ist die Durchführung von UEP-Aktionen für ein Unternehmen im Hinblick auf das Ziel der Ertragssteigerung wesentlich erfolgreicher als die Intensivierung der allgemeinen Werbung des Unternehmens. Dies wird allein durch die starke Verbreitung von UEP-Aktionen bestätigt, die plausibel kaum zu erklären wäre, wenn UEP-Verkäufe nicht eine überragende ertragswirtschaftliche Effizienz hätten. Solche Niedrigpreisstrategien sind eben nicht mit „normalen" Werbemaßnahmen in der Weise vergleichbar, daß die Unternehmen die eine Maßnahme jederzeit durch die andere ersetzen könnten. Vielmehr haben solche Niedrigpreisaktionen sowohl für das Unternehmen wie auch für den Wettbewerb besondere Wirkungen, die die Wirkungen „normaler" Werbemaßnahmen weit übersteigen und die UEP-Verkäufe als kartellrechtlich beanstandenswert erscheinen lassen.

2. UEP-Verkäufe und begleitende Werbemaßnahmen

Die besondere Bedeutung der begleitenden Werbemaßnahmen für die wettbewerbsgefährdenden Wirkungen dieser Niedrigpreisaktionen[34] liefert ein weiteres Argument gegen die Untersagung von UEP-Aktionen. Der UEP-Verkauf allein, so wird vorgebracht[35], könne offensichtlich kaum die ihm unterstellten wettbewerbsgefährdenden Effekte auslösen, wenn nicht die niedrige Preisstellung durch massive Werbemaßnahmen besonders herausgestellt würde. Dies erkenne auch das BKartA[36]. Da mithin die Einkaufsstättenwahl der Verbraucher nicht einseitig auf die Preisbeurteilung reduziert sei, ließe sich mit der prinzipiell gleichen Willkürlichkeit jedes andere Instrument des Handelsmarketing als ursächlich für die Geschäftswahl bezeichnen. Es frage sich daher, ob es nicht konsequenter wäre, statt der Preisstellung die Werbung des Verfügungsadressaten mit UEP-Verkäufen zu untersagen.

Der Kritik ist zuzugeben, daß die Einkaufsstättenwahl der Verbraucher nicht monokausal auf das von UEP-Verkäufen beeinflußte Geschäftspreisimage

---

[34] Hierzu 3. Kap. C II.

[35] Vgl. insbesondere *Lademann*, Schutzzweck- und Rechtstatsachenprobleme ..., DB 1984, S. 758, 763.

[36] Vgl. WuW/E BKartA 2029, 2036, 2042 „Co op Bremen".

zurückzuführen ist. Wenn UEP-Aktionen aber dennoch zum Objekt kartellbehördlicher Untersagungsverfügungen gemacht werden, so haftet dem gleichwohl nicht der Makel der Willkürlichkeit an. Der Grund für die Untersagung gerade des absatzpolitischen Instruments des UEP-Verkaufs ist darin zu suchen, daß diese Maßnahme den Verursachungsschwerpunkt für die wettbewerbsgefährdenden Wirkungen bildet. Wenngleich nicht geleugnet werden kann, daß die den Wettbewerb nachhaltig beeinträchtigenden Effekte von UEP-Aktionen von den begleitenden Werbemaßnahmen in besonderer Weise gefördert werden, so darf man doch nicht übersehen, daß die Werbung letztlich nur akzessorischen Charakter hat. Von den Werbemaßnahmen gehen schädliche Wirkungen für den Wettbewerb nur deshalb aus, weil zwischen dem UEP-Verkauf und der jeweiligen Werbeaktion eine innere Abhängigkeit in der Weise besteht, daß die konkrete wettbewerbsschädigende Werbung ohne den UEP-Verkauf nicht denkbar ist. Würde man daher eine kartellbehördliche Untersagungsverfügung, soweit das juristisch überhaupt möglich ist, auf die eine UEP-Aktion begleitenden Werbemaßnahmen beschränken, so würde man das Übel nicht bei der Wurzel packen. Lediglich die Wirkungen des UEP-Verkaufs würden begrenzt, ohne daß man sicher sein könnte, daß die Maßnahme nicht aufgrund anderer, dem Zugriff der Kartellbehörden entzogener Ursachenzusammenhänge die wettbewerbsgefährdenden Wirkungen mit gleicher Intensität entfaltet.

Kausalitätsbezogene Überlegungen zwingen die Kartellbehörden vielmehr dazu, systematische UEP-Verkäufe und nicht die begleitenden Werbemaßnahmen mit Hilfe des § 37a Abs. 3 GWB zu untersagen. Demgegenüber läßt sich der Vorwurf willkürlicher Rechtsanwendung nicht rechtfertigen.

B. Wettbewerbstheoretische und -politische Aspekte der Kritik

Neben den bereits vorgestellten Kritikpunkten an der Untersagung von UEP-Verkäufen, die sich vornehmlich auf bestimmte Einzelaspekte gründen, ist § 37a Abs. 3 GWB aber auch einer eher grundsätzlichen Kritik ausgesetzt, bei der neben wettbewerbspolitischen insbesondere auch wettbewerbstheoretische Überlegungen im Vordergrund stehen.

I. GWB und Marktstrukturschutz

§ 37a Abs. 3 GWB eröffnet den Kartellbehörden eine Befugnis zur Untersagung solcher Wettbewerbsmaßnahmen, die die kleinen und mittleren Wettbewerber des Verfügungsadressaten behindern und geeignet sind, den Wettbewerb nachhaltig zu beeinträchtigen. Da diese Eingriffsvoraussetzungen dann vorliegen, wenn die Behinderungsmaßnahme dem Nichtleistungswettbewerb angehört und für die gesamtmarktrelevante Gruppe der kleinen und mittleren Wettbewerber eine schwerwiegende Existenzgefährdung darstellt, wird deutlich, daß diese Vorschrift in besonderer Weise auf den Schutz einer mittelständischen Marktstruktur ausgerichtet ist[37].

Dieser besondere markstrukturelle Ansatzpunkt des § 37a Abs.3 GWB gibt zwei Einwänden neue Nahrung, die schon in der Zeit vor der vierten Novellierung des GWB in der kartellrechtlichen Literatur als Argument gegen eine auf die strukturgefährdende Wirkung abstellende Unterbindung von Unterpreisverkäufen ins Feld geführt wurden. Zum einen, so wird argumentiert, sei es sinnwidrig, das Entstehen selbst marktbeherrschender Stellungen zuzulassen, aber ihre Innehabung zu sanktionieren[38]. Zum anderen liege diesem Denkansatz eine statische, marktformenorientierte Wettbewerbsvorstellung zugrunde („vier Wettbewerber sind besser als drei“). Wenn das Preisverhalten marktbeherrschender Unternehmen generell die Lebensfähigkeit anderer Konkurrenten zum Maßstab nehmen müsse, so sei das eine Daumenregel ohne jedes wettbewerbspolitische Sicherheitsnetz[39].

Das erste Argument der Sinnwidrigkeit, das Entstehen marktbeherrschender Stellungen zuzulassen, aber ihre Innehabung zu sanktionieren, geht über die Bedeutung des § 37a Abs. 3 GWB hinaus und stellt im Grundsatz jede kartellrechtliche, marktmachtabhängige Verhaltenskontrolle in Frage. Eine solche Auffassung vertraut insoweit ausschließlich auf die vielbeschworenen Selbstregulierungskräfte der Wirtschaft. Diese auf dem Boden der neoliberalen Wettbewerbstheorie[40] stehende Ablehnung marktmachtabhängiger Verhaltenskontrolle erfaßt das wettbewerbspolitische Problem der stark fortschreitenden Konzentration nicht hinreichend. Sie stößt überdies in ihrem Ausgangspunkt neben kartellrechtlichen auf staatstheoretische Bedenken. Wenngleich es nicht die Aufgabe der vorliegenden Arbeit sein kann, das neoliberale Wettbewerbskonzept einer umfassenden staatstheoretischen und verfassungsrechtlichen Würdigung zu unterziehen, so sollen im folgenden doch einige Gesichtspunkte hervorgehoben werden, die die o. g. Bedenken stützen.

Den Kernsatz der neoliberalen Wettbewerbstheorie formulierte Walter Eucken wie folgt: „Die wirtschaftspolitische Tätigkeit des Staates sollte auf die Gestaltung der Ordnungsformen der Wirtschaft gerichtet sein, nicht auf die Lenkung des Wirtschaftsprozesses“[41]. Danach hat der Staat nur die Aufgabe,

---

37 Vgl. Bericht des BT-Ausschusses für Wirtschaft, BT-Drs. VIII/3690, S. 28f.; *P. Ulmer*, Die neuen Vorschriften ..., WuW 1980, S. 474, 487.

38 So *Möschel*, Die Idee der rule of law ..., Ordo Bd. 30, S. 295, 309.

39 *Möschel*, a. a. O. (siehe Fn. 38); in anderem Zusammenhang *Möschel*, Preiskontrollen über marktherrschende Unternehmen, JZ 1975, S. 393, 398; *Schmidbauer*, Allokation, technischer Fortschritt und Wettbewerbspolitik, S. 253; ähnlich *Mestmäcker*, Der verwaltete Wettbewerb, S. 8f., der eine marktstrukturorientierte Verhaltenskontrolle als besonders problematisch ansieht.

40 Vgl. beispielhaft für die sog. Freiburger Schule der Nationalökonomie *Eucken*, Grundsätze der Wirtschaftspolitik, S. 334ff.

41 *Eucken*, a. a. O. (siehe Fn. 40).

das Entstehen wirtschaftlicher Machtstellungen zu verhindern. Im übrigen soll die Wirtschaft von staatlichen Eingriffen frei bleiben. In diesem Punkt zeigt die neoliberale Wettbewerbstheorie eine große Affinität zu einem dualistischen Verständnis von Staat und Gesellschaft[42], das das politische Gemeinwesen zerteilt. Auf der einen Seite erscheint der „Staat", in dessen Mittelpunkt die „Staatgewalt" steht, als „juristische Person". Auf der anderen Seite wird die „Gesellschaft" als autonomer „staatsfreier" Bereich der Wissenschaft und Kultur gesehen[43]. Dieser Dualismus hat seine historischen Wurzeln in den Vorstellungen des 19. Jahrhunderts. Danach regelte sich das Leben der von politischer Bestimmung und Gestaltung ausgeschlossenen „Gesellschaft" prinzipiell selbst. Der „Staat" hatte nur die Voraussetzungen des autonomen gesellschaftlichen Lebens zu gewährleisten und im Falle von Störungen einzugreifen[44]. Diese Polarisation von Staat und Gesellschaft sowie die Betonung der Autonomie des gesellschaftlichen Bereichs bilden eine Basis für die neoliberale Forderung nach strikter staatlicher Abstinenz gegenüber Interventionen in die Wirtschaft.

Zweifelhaft erscheint aber, ob diese Basis neoliberaler Wirtschaftsbetrachtung im Verfassungsrecht der Bundesrepublik ausreichenden Rückhalt findet. Das GG hat die Bundesrepublik in Art. 20 Abs. 1, 28 Abs. 1 als einen demokratischen, sozialen Rechtstaat verfaßt. Der „Staat" ermöglicht durch seine planende Gestaltung erst „gesellschaftliches Leben". Umgekehrt entsteht der demokratische „Staat" erst durch „gesellschaftliches" Zusammenwirken[45]. Deshalb wird in der Politik- und Rechtswissenschaft überwiegend die Auffassung vertreten, daß eine dualistische Sicht von Staat und Gesellschaft der Vergangenheit angehört[46]. Der soziale Rechtstaat der Bundesrepublik wird heute als „ein Stück Selbstorganisation der modernen Industriegesellschaft" begriffen[47], der „auch die letzten Trennwände gegenüber einer eigengesetzlichen Sphäre der Gesellschaft und der Wirtschaft eingerissen" hat[48].

Weitere Zweifel an der Vereinbarkeit der neoliberalen Wettbewerbstheorie mit dem herrschenden Staats- und Verfassungsverständnis werden durch die

---

[42] So zutreffend *Frotscher*, Grundfälle ..., JuS 1981, S. 507, 510; *Ehmke*, Wirtschaft und Verfassung, S. 55.

[43] So *Ehmke*, a.a.O. (siehe Fn. 42), S 5.

[44] *Hesse*, Grundzüge des Verfassungsrechts, S. 8.

[45] *Hesse*, a.a.O. (siehe Fn. 44); ähnlich *Scheuner*, Die staatliche Intervention im Bereich der Wirtschaft, VVDStRL 11 (1954), S. 1, 12.

[46] Vgl. statt vieler *Hesse*, a.a.O. (siehe Fn. 44), S. 7ff.; *Ehmke*, Wirtschaft und Verfassung, S. 5f.; *derselbe*, Staat und Gesellschaft, FS *R. Smend*, S. 23ff.; *Frotscher*, a.a.O. (siehe Fn. 42); a.A. *Böckenförde*, Die Bedeutung der Unterscheidung von Staat und Gesellschaft, FS *Hefermehl*, S. 11ff., der versucht, das Prinzip des sozialen Rechtsstaats mit der Trennung von Staat und Gesellschaft zu verbinden.

[47] *Hesse*, a.a.O. (siehe Fn. 44), S. 7ff.

[48] So *Frotscher*, a.a.O. (siehe Fn. 42).

Verabschiedung des StabilG und die Neufassung des Art. 109 GG genährt. Mit der Einführung der Globalsteuer hat der Gesetzgeber dem Staat die Einflußnahme auf die wirtschaftlichen Makrorelationen aufgetragen[49]. Darin könnte eine Absage an das neoliberale Wirtschaftskonzept zu sehen sein[50].

Letztlich kann die Frage, ob die staatstheoretischen bzw. verfassungsrechtlichen Bedenken gegenüber der neoliberalen Wettbewerbstheorie begründet sind, aber offen bleiben. Denn das Kartellrecht selbst liefert wichtige Gesichtspunkte, die eine Ablehnung dieses Wettbewerbskonzeptes rechtfertigen. Durch die Verhaltenskontrollvorschriften der §§ 22 Abs. 4, Abs. 5, 26 Abs. 2 GWB hat der Gesetzgeber klargestellt, daß der Staat mit Hilfe der Kartellbehörden zu Eingriffen in den Wirtschaftsablauf ermächtigt ist. Durch die im Rahmen der 4. GWB-Novelle verabschiedeten Änderungen des § 22 Abs. 4 S. 2 und der Erweiteung des § 26 Abs. 2 S. 3 hat der Gesetzgeber diese staatlichen Eingriffsbefugnisse weiter verbessert. Schlußstein in dieser Entwicklung ist schließlich § 37a Abs. 3 GWB, der eine beträchtliche Ausdehnung der kartellbehördlichen Eingriffsbefugnisse darstellt. Diese kontinuierliche Fortentwicklung des Kartellrechts zu einer effektiveren Kartellaufsicht schließt es m. E. aus, § 37a Abs. 3 GWB dem Vorwurf der Systeminkonformität auszusetzen. Die Norm ist insoweit Ausdruck staatlicher, d.h. auf dem Zusammenspiel gesellschaftlicher Kräfte beruhender Wettbewerbspolitik in der Form eines Gesetzes, das der Kartellrechtler zunächst zu akzeptieren hat. Mithin kann es sich beim neoliberalen Konzept nicht um ein wirtschaftsrechtliches, sondern nur um ein wirtschaftspolitisches Modell handeln, das lediglich de lege ferenda von weitreichender Bedeutung sein kann.

Aber auch eine wirtschaftspolitische Sinnwidrigkeit des § 37a Abs. 3 GWB läßt sich mit Hilfe neoliberaler Anschauungen nicht belegen. Die neoliberale Wirtschaftstheorie und die daraus resultierende Forderung nach weitestgehender Enthaltsamkeit des Staates gegenüber Eingriffen in den Wirtschaftsprozeß bieten keine trägfähige Lösung für die Bekämpfung solcher Gefahren für den Wettbewerb, die sich aus dem rasanten, auf internem Unternehmenswachstum beruhenden Konzentrationsprozeß ergeben. Unstreitig dürfte sein, daß weitere ungebremste Vermachtungsprozesse, insbesondere im Lebensmittelhandel, den jedenfalls durch eine Vielzahl von Unternehmen unterschiedlicher Struktur und Größe gewährleisteten Wettbewerb als Institution gefährden[51]. Dieser inneren Vermachtung der Märkte läßt sich wirksam nur mit Hilfe einer kartellbehördlichen Verhaltenskontrolle begegnen. Insbesondere läßt sich die Verhaltenskontrolle nicht durch die Fusionskontrolle ersetzen. Fusionskontrolle kann letztlich nur ein Instrument unter vielen sein, um der Vermachtung der Märkte

---

[49] Hierzu *Badura*, Wirtschaftsverwaltungsrecht, in: *v. Münch*, Besonderes Verwaltungsrecht, S. 255, 270f.

[50] So *Frotscher*, a.a.O. (siehe Fn. 42).

[51] So *Baur*, Wettbewerbsregeln ..., ZHR 141 (1977), S. 293, 304.

entgegenzuwirken[52]. Die Gründe hierfür liegen darin, daß eine Zusammenschlußkontrolle aus Gründen der Praktikabilität stets relativ hohe Freigrenzen enthalten muß. Überdies ist dieses Kontrollinstrument nicht in der Lage, die Tendenz zur inneren Vermachtung der Märkte zu begrenzen. Letztlich kann nur eine effektive Verhaltenskontrolle den Ersatz für die fehlenden Kontrollmechanismen des Wettbewerbs in tendenziell vermachteten Märkten darstellen[53].

Das zweite Argument, einer marktstrukturorientierten Verhaltenskontrolle, wie sie § 37a Abs. 3 GWB ermöglicht, liege eine verhältnismäßig statische Wettbewerbsvorstellung zugrunde, vermag ebenfalls nicht zu überzeugen. Richtig ist, daß mit dem Abschied der Wettbewerbspolitik vom neoliberalen Konzept und dem zugrundeliegenden Leitbild der atomistischen Konkurrenz[54] sowie ihrer Hinwendung zum Konzept funktionsfähigen Wettbewerbs das Ziel nicht darin bestehen kann, eine möglichst große Anzahl von Konkurrenten zu erhalten. Ziel der neuen wettbewerbspolitischen Ausrichtung ist es vielmehr, ein Nebeneinander von Unternehmen verschiedener Größe und unterschiedlicher Betriebsform anzustreben[55]. Dieses Ziel versucht § 37a Abs. 3 GWB mit seiner mittelstandsschützenden Ausrichtung zu erreichen. Dabei geht es nicht darum, optimale kompetitive Marktstrukturen zu erzielen bzw. zu erhalten. Vielmehr soll mit Hilfe dieser Vorschrift nur verhindert werden, daß die auf den einzelnen Märkten ohnehin schon eingeschränkte Mischung von Groß-, Mittel- und Kleinbetrieben nicht noch weiter zu Lasten der Klein- und Mittelbetriebe verschlechtert wird[56].

II. Untersagung von UEP-Verkäufen und das Preisbindungsverbot

Der von § 37a Abs. 3 GWB eröffneten Untersagungsbefugnis gegenüber systematischen UEP-Verkäufen könnte man entgegenhalten, sie werfe das Kartellrecht zurück auf den Stand von 1973. Die kartellbehördliche Untersagung von UEP-Verkäufen bedeutet wegen der weitgehenden Identität von Einstands- und Herstellerabgabepreis die Wiedereinführung der Preisbindung

---

[52] Vgl. hierzu die Ausführungen bei *Sölter*, Nachteilsausgleich ..., WuW 1974, S. 657, 660.

[53] Hierzu *P. Ulmer*, Kartellrechtswidrige Konkurrentenbehinderung ..., FS *Kummer*, S. 565, 586.

[54] Vgl. *Kartte*, Ein neues Leitbild ..., S. 38ff., der die ausdrückliche offizielle Abwendung der deutschen Wettbewerbspolitik von der neoliberalen Wirtschaftstheorie klar herausstellt.

[55] Hierzu *Lindacher*, Lockvogel- und Sonderangebote, S. 30f.; ebenso *Kubista*, Unternehmensgrößenbezogene Strukturpolitik ..., S. 41f.; *Sölter*, a.a.O. (siehe Fn. 52); zur Dynamik der Betriebsformen *Nieschlag / Kuhn*, Binnenhandel ..., S. 104ff.

[56] Ebenso *Gotthold*, Neuere Entwicklungen der Wettbewerbstheorie, ZHR 145 (1981), S. 286, 334; *Hahn*, Die Beurteilung von Niedrigpreispolitik ..., WuW 1984, S. 285, 293.

der zweiten Hand[57]. Überdies, so ließe sich argumentieren, habe § 37a Abs. 3 GWB eine noch stärkere preisbindende Wirkung, da nunmehr anstelle der Hersteller die Kartellbehörde mit allen ihnen zur Verfügung stehenden Sonderrechten über die Einhaltung der Preisuntergrenzen wachten.

Die Auseinandersetzung mit diesem zunächst schlagkräftigen Argument gegen die Untersagung von UEP-Verkäufen erfordert eine kurze Besinnung auf die kartellrechtliche Problematik der vertikalen Preisbindung.

Mit der Schaffung des § 15 GWB hat der Gesetzgeber ein grundsätzliches Verbot der vertikalen Preisbindung aufgestellt[58]. Allerdings war das Verbot des § 15 GWB ursprünglich nur von geringer praktischer Bedeutung, da in § 16 GWB u.a. für Markenartikel eine Ausnahme vom Preisbindungsverbot vorgesehen war. Für die Zulässigkeit der vertikalen Preisbindung bei Markenartikeln wurden zahlreiche Argumente angeführt. U.a. wurde darauf hingewiesen, eine vertikale Preisbindung trage der Vorstellung der Verbraucher Rechnung, Waren, die überall zum gleichen Preis zu kaufen seien, hätten stets die gleiche Qualität[59]. Darüber hinaus war man der Ansicht, die Preisbindung sei deshalb vorteilhaft, weil sie dem Unternehmer erlaube, durch Festlegung der Preise für die einzelnen Absatzstufen, seine Absatzpolitik autonom zu gestalten und auf den Teilmärkten die Preise so festzulegen, daß er optimale Gewinnspannen erziele. Schließlich würden durch den gebundenen Preis der Ware Preisschleuderei und Gelegenheitsangebote der preisgebundenen Artikel, die dem Ruf des Herstellers und des Markenartikels schaden könnten, weitgehend verhindert[60].

In der Zeit nach Inkrafttreten des GWB traten die Nachteile der vertikalen Preisbindung für die gesamtwirtschaftliche Entwicklung deutlich hervor. Dies hatte auch die Bundesregierung in ihrem Kartellbericht 1962 klar erkannt. Eine Ausdehnung des Preisbindungsverbots des § 15 GWB auf Markenartikel scheiterte jedoch zunächst an dem erheblichen Druck der Markenartikelindustrie[61]. Erst im Rahmen der 2. GWB-Novelle 1973 wurde dann die Preisbindung für Markenartikel dem Verbot des § 15 GWB unterstellt. An ihre Stelle trat die umstrittene Erlaubnis zu unverbindlicher Preisempfehlung durch § 38a GWB[62]. Die Abschaffung der vertikalen Preisbindung wurde offiziell in wenig überzeu-

---

[57] Insbesondere *Mestmäcker*, Der verwaltete Wettbewerb, S. 226ff., hält die Untersagung von UEP-Verkäufen für mit dem Preisbindungsverbot unvereinbar.

[58] Aus dem Bericht des BT-Ausschusses für Wirtschaft, BT-Drs. II/3644, S. 20, ergibt sich, daß der Gesetzgeber den Schwerpunkt des § 15 GWB beim Verbot der vertikalen Preisbindung gesehen hat.

[59] Vgl. Begr. z. RegE, BT-Drs. II/1158, S. 36.

[60] Vgl. die Zusammenfassung der Argumente bei *Lukes*, Aktuelle Probleme der Preisbindung ..., JuS 1962, S. 161, 162; allerdings auch *Sölter*, Der Januskopf ..., S. 16ff.

[61] Hierzu IM-*Emmerich*, § 16 Rdnr. 8 m.w.N.

[62] Zum Streit über die unverbindliche Preisempfehlung *Möschel*, Recht der Wettbewerbsbeschränkungen, S. 235f. m.w.N.; *Emmerich*, Kartellrecht, S. 109 m.w.N.

gender Weise u.a. damit begründet, daß sie überlebt sei[63]. Im Vordergrund dürften jedoch die erkannten gesamtwirtschaftlichen Nachteile der Preisbindung gestanden haben. Hier ist besonders zu unterstreichen, daß die Preisbindung der zweiten Hand auf der gebundenen Stufe wie ein Preiskartell der Händler wirkt und dadurch nicht nur die Senkung der Verbraucherpreise, sondern auch die Herausbildung rationeller Betriebsformen im Handel verhindert. Überdies führt eine vertikale Preisbindung wegen des Nachlassens des Wettbewerbsdrucks auf der Handelsstufe mittelbar auch zu einem Nachlassen des Wettbewerbsdrucks auf der Herstellerstufe, da die Händler kein Interesse mehr an niedrigen Preisen, sondern nur noch Interesse an hohen gebundenen Spannen haben. Schließlich kann die Preisbindung auch auf der Herstellerstufe wie ein Preiskartell wirken; dies gilt jedenfalls dann, wenn auf dieser Marktstufe ein enges Oligopol vorherrscht. Führt einer der Oligopolisten eine vertikale Preisbindung ein, so liegt darin das Signal, auf einen offenen Preiskampf zu verzichten[64].

Mißt man die Untersagung von systematischen UEP-Verkäufen an diesen wettbewerbsbeschränkenden Wirkungen von vertikalen Preisbindungen, so verbietet sich eine Gleichsetzung. Zwar kann zunächst nicht geleugnet werden, daß die Untersagung von UEP-Verkäufen eine gewisse wettbewerbsberuhigende Wirkung hat. Diese beruhigende Wirkung betrifft jedoch nur besonders extensive Randbereiche des Wettbewerbs. Darüber hinaus korrespondiert diese Wettbewerbsberuhigung durchaus mit dem System des GWB, dessen besonderes Schutzgut der Leistungswettbewerb ist. Da UEP-Verkäufe diesem Bereich schutzwürdigen Wettbewerbs nicht angehören, ist ihre Untersagung durch die Kartellbehörde mithin auch nicht systemwidrig.

Im übrigen hat die Untersagung von UEP-Verkäufen nicht die gleiche wettbewerbslähmende Wirkung wie eine vertikale Preisbindung. Eine solche Untersagung führt vielmehr zu einer Intensivierung des Wettbewerbs auf der Herstellerstufe. Da die Händler die von ihnen vertriebenen Produkte nicht — jedenfalls nicht systematisch — unter dem Einstandspreis verkaufen können[65], sind sie gezwungen, ihre Einstandspreise zu senken. Dies könnten sie insbesondere dadurch erreichen, daß sie bei den Herstellern günstigere Verkaufspreise zu erzielen versuchen. Insoweit sind mithin die Hersteller einem gesteigerten Wettbewerbsdruck ausgesetzt. Anders als bei der vertikalen Preisbindung, bei der der Prozeß der Preisbildung von oben nach unten erfolgt, steigert die

---

[63] Vgl. Bericht des BT-Ausschusses für Wirtschaft, BT-Drs. VII/765, S. 4.

[64] Hierzu und zu den Argumenten gegen die Zulässigkeit der vertikalen Preisbindung insgesamt *Eckstein*, Vertikale Preisbindung..., in: *Mestmäcker*, Wettbewerb als Aufgabe, S. 244ff.; *Emmerich*, Kartellrecht, 3. Aufl., S. 123f. m.w.N.; IM-*Emmerich*, § 1 Rdnr. 7 m.w.N.; *Lukes*, a.a.O. (siehe Fn.60); kritisch gegenüber dem Preisbindungsverbot für Markenartikel aber *Sölter*, a.a.O. (siehe Fn.60).

[65] Dies setzt allerdings eine hinreichend effektive kartellbehördliche Kontrolle voraus.

Untersagung von UEP-Verkäufen den Einfluß der nachgeordneten Marktstufen auf die Preisbildung.

Aber auch auf der Händlerebene hat die Untersagung von UEP-Verkäufen keine der vertikalen Preisbindung vergleichbare kartellähnliche Wirkung. Während die Preisbindung der zweiten Hand wegen der gebundenen, überall gleichen Einkaufspreise einen Preiswettbewerb der Händler ausschließt, ist dies bei der Untersagung von UEP-Verkäufen nicht der Fall. Vielmehr läßt diese kartellbehördliche Maßnahme die individuelle Preisgestaltung des einzelnen Händlers grundsätzlich unberührt. Da die Einstandspreise der einzelnen Konkurrenten niemals völlig identisch sein dürften, sind auch die unter dem Blickwinkel des § 37a Abs. 3 GWB nicht zu beanstandenden, niedrigsten Verkaufspreise von Wettbewerber zu Wettbewerber verschieden. Im Rahmen der individuell unterschiedlichen, kartellrechtlich unbedenklichen Preisspanne, die sich zwischen mißbräuchlich überhöhten Preisen i.S.d. § 22 Abs. 4, Abs. 5 GWB und unbilligen UEP-Verkäufen i.S.d. § 37a Abs.3 GWB erstreckt, können die Unternehmen ihre wettbewerblichen Aktivitäten frei entwickeln, ohne der Gefahr kartellrechtlicher Sanktionierung ausgesetzt zu sein.

Angesichts dieser Situation läßt sich der Untersagung von UEP-Verkäufen eine kartellähnliche Wirkung nicht beimessen. Das Preisbindungsverbot des § 15 GWB vermag mithin die durch § 37a Abs. 3 GWB eröffnete kartellbehördliche Niedrigpreisaufsicht nicht in Frage stellen. Berücksichtigt man überdies, daß von einer auf diese Vorschrift gestützten Untersagung nur systematische UEP-Aktionen von relativ marktstarken Großunternehmen „bedroht" sind, so verliert das Schlagwort vom verwalteten Wettbewerb viel von seiner Berechtigung.

III. § 37a Abs. 3 GWB und der Mittelstandsschutz

Ein weiteres Argument gegen § 37a Abs. 3 GWB kann sich aus der mittelstandsschützenden Ausrichtung der Norm ergeben. Ziel des Kartellrechts kann es nur sein, den Wettbewerb auf dem Markt, nicht einzelne Wettbewerber zu schützen[66]. Deshalb ist die Errichtung von „Schutzzäunen" zugunsten einzelner Wettbewerber mit dem Wertsystem des GWB grundsätzlich unvereinbar. Da aber die Untersagungsbefugnis des § 37a Abs. 3 GWB von einer unbilligen Behinderung der Gruppe der kleinen und mittleren Wettbewerber abhängt, könnte diese Norm wegen ihrer einseitigen Ausrichtung auf den Schutz einzelner Wettbewerber mit dem Wertsystem des GWB nicht vereinbar sein[67].

Die Gefahr, daß § 37a Abs. 3 GWB grundsätzlich einen übermäßigen Individualschutz entfalten kann, ist auch vom Gesetzgeber durchaus gesehen

---

[66] So zutreffend *Mestmäcker*, a.a.O. (siehe Fn. 64), S. 51.

[67] I.d.S. wohl *Mestmäcker*, a.a.O. (siehe Fn. 66).

worden[68]. Er hat diese Gefahr jedoch dadurch gebannt, daß die Untersagung einer unbilligen Behinderung von einer nachhaltigen Gefährdung des (Gesamt-) Wettbewerbs abhängig gemacht worden ist. Damit läßt sich gegen § 37a Abs. 3 GWB nicht der Vorwurf erheben, es würden für kleine und mittlere Wettbewerber „Schutzzäune" errichtet, die die Aufgabe hätten, für diese Unternehmen wettbewerbliche „Ruhezonen" zu erhalten. Der Systematik der Eingriffsvoraussetzungen des § 37a Abs. 3 GWB ist vielmehr zu entnehmen, daß der Gesetzgeber nicht den Schutz einer bestimmten Wettbewerbergruppe an sich bezweckt hat. Die kleinen und mittleren Betriebe sind dem Schutz des § 37a Abs. 3 GWB nur insoweit unterstellt worden, als ihre Gefährdung mit einer Gefährdung des Gesamtwettbewerbs gleichbedeutend ist. Ein solcher wettbewerbsorientierter Mittelstandsschutz ist mit den Zielen des GWB durchaus vereinbar. § 37a Abs. 3 GWB ist insoweit ein überzeugendes Beispiel für die Verschmelzung von Wettbewerbs- und Strukturpolitik[69]. Diese Vorschrift ist eine konsequente Ausprägung des Leitbildes des funktionsfähigen Wettbewerbs, das ein wettbewerbliches Nebeneinander von Unternehmen verschiedener Größe und unterschiedlicher Betriebsform anstrebt. Aus der Tatsache, daß jedenfalls zur Zeit ein Zusammentreffen der Interessen mittelständischer Einzelhandelsunternehmen auf Bestandsschutz und des gesamtwirtschaftlichen Interesses an der Erhaltung bzw. Nichtverschlechterung der Marktstrukturen erkennbar ist[70], kann mithin nicht geschlossen werden, § 37a Abs. 3 GWB habe eine spezifisch mittelstandsschützende Funktion.

---

[68] Vgl. Bericht des BT-Ausschusses für Wirtschaft, BT-Drs. VIII/3690, S. 29f.

[69] Zum Verhältnis von Wettbewerbsrecht, Strukturpolitik und Mittelstandsschutz *Lehmann*, GRUR 1977, S. 580ff., 633ff.; vgl. auch *Kartte*, Der Schutz des Leistungswettbewerbs ..., WRP 1976, S. 1ff.

[70] So auch *Lehmann*, a.a.O. (siehe Fn. 69), S. 635 m.w.N.

8. Kapitel

Kartellrechtliche und wettbewerbspolitische Bedeutung des § 37a Abs. 3 GWB im Lichte der Selbsthilfebemühungen der Wirtschaft

Die vorangegangene Untersuchung hat gezeigt, daß das Wettbewerbs- und Kartellrecht bis zur 4. Kartellnovelle im Jahre 1980 keine effektiven Instrumente zur Eindämmung des konzentrationsfördernden Preiswettbewerbs durch UEP-Verkäufe bot. Erst mit der Einführung des § 37a Abs. 3 in das GWB ist eine wesentliche Verbesserung der Rechtslage eingetreten. Die Vorschrift erlaubt den Kartellbehörden ein wirkungsvolles, aber gleichwohl differenziertes Einschreiten gegenüber UEP-Strategien. Ob diese Norm allerdings in der Zukunft die an sie geknüpften Erwartungen erfüllen kann, hängt von verschiedenen Faktoren ab. Besonderes Gewicht hat in diesem Zusammenhang die Leistungsfähigkeit der zuständigen Kartellbehörden. Die im Einzelfall äußerst aufwendige Feststellung der Eingriffsvoraussetzungen erfordert einen hohen Ermittlungsaufwand, den die Kartellbehörden zur Zeit nur mit großen Schwierigkeiten leisten können. Die bislang magere Entscheidungspraxis der BKartA und die lange Dauer des „Co op Bremen“-Verfahrens dokumentieren dies anschaulich.

Überdies dürfte der Einsatz des § 37a Abs. 3 GWB auch im Rahmen der Aufsicht über marktmächtige Nachfrager die Anforderungen an die Kartellbehörden beträchtlich steigern. Wegen der Begrenzung der Niedrigpreiskalkulation durch den Einstandspreis werden diese Unternehmen ggf. unter Einsatz ihrer Nachfragestärke versuchen, bei den Lieferanten günstigere Abgabepreise durchzusetzen. Dies führt zu einer Intensivierung der auf § 26 Abs. 2, Abs. 3 GWB gestützten kartellbehördlichen Aufsichtstätigkeit. § 37a Abs. 3 GWB und § 26 Abs. 2, Abs. 3 GWB stehen für die kartellbehördliche Praxis mithin in einem untrennbaren Zusammenhang.

Schließlich hängt die Bedeutung des § 37a Abs. 3 GWB für die kartellrechtliche Verhaltenskontrolle in hohem Grade von den Selbsthilfebemühungen der Wirtschaft ab. Im sog. „Berliner Gelöbnis“ vom 14. 10. 1983, das auf eine Initiative des Präsidenten des BKartA zurückgeht, sagten die 31 führenden Unternehmen des Lebensmittelhandels zu, vom systematischen UEP-Verkauf in Zukunft Abstand zu nehmen. Eine Ausnahme sollte nur für den Eintritt in Niedrigpreise von Wettbewerbern gelten.Von dieser Möglichkeit, so wurde vereinbart, sollten die Unternehmen nur Gebrauch machen, wenn sie auf dauerhafte Preisunterbietungen starker Konkurrenten reagieren müßten[1]. Am 18. 10 1984 wurde das „Berliner Gelöbnis" in einem Gespräch mit dem Präsidenten des BKartA von den beteiligten Unternehmen bekräftigt und wegen der Schwierigkeiten bei der Auslegung einzelner Tatbestände präzisiert[2]. Es wurde insbesondere eine genauere Definition des Einstandspreises vorgenommen. Maßstab für diese Neubestimmung war der vom BKartA in der „Co op Bremen"-Verfügung[3] verwendete Einstandspreisbegriff.

Eine weitere Selbsthilfemaßnahme der Wirtschaft, die auch auf die Unterbindung von UEP-Aktionen abzielt, ist die „Gemeinsame Erklärung" von Organisationen der gewerblichen Wirtschaft zur Sicherung des Leistungswettbewerbs vom 25. 6. 1984[4]. Die Gemeinsame Erklärung verfolgt das Ziel, Störungen des Leistungswettbewerbs zu vermeiden und zu verhindern[5]. Sie geht auf das sog. „Sündenregister" des BMWi[6] zurück und ist das Ergebnis einer Initiative der Verbände der Industrie, des BDI unter der Federführung des DIHT[7]. Die Gemeinsame Erklärung bestimmt in Ziff. 19, daß nach übereinstimmender Auffassung der beteiligten Organisationen der systematische und ohne sachliche Rechtfertigung durchgeführte Verkauf unter Einstandspreis den Leistungswettbewerb gefährdet.

Eine Würdigung beider Selbsthilfeinitiativen im Hinblick auf § 37a Abs. 3 GWB hat unter zwei Aspekten zu erfolgen. Zum einen sind diese konzertierten Aktionen an den Maßstäben der Rechtsordnung, insbesondere des Kartellrechts zu messen. Zum anderen ist zu fragen, welchen Nutzen diese Selbsthilfemaßnahmen nach sich ziehen.

Die juristische Wertung beider Initiativen muß von den Regelungen des GWB ausgehen. Danach ist der Schutz des Wettbewerbs in erster Linie in die Hände der Kartellbehörden gelegt worden[8]. Lediglich in Ausnahmefällen erlaubt das GWB eine Beteiligung Privater am Wettbewerbsschutz. So räumt § 28 GWB Wirtschafts- und Berufungsvereinigungen das Recht ein, für ihren Bereich Wettbewerbsregeln aufzustellen[9]. Die Wirtschaft sollte dadurch die Mög-

---

[1] Vgl. WuW 1983, S. 843; *Mestmäcker*, in: Freier oder selbstverwalteter Wettbewerb?, Schriftenreihe der Ludwig-Erhard-Stiftung, Heft 1, S. 11.

[2] WuW 1984, S. 852; DB 1985, S. 102.

[3] WuW/E BKartA 2029.

[4] Vgl. WuW 1984, S. 712ff.; insoweit handelt es sich um die Fortschreibung der Erklärung vom 7. Oktober 1975, WuW 1976, S. 17 = IM-*Kellermann*, § 28 Rdnr. 140.

[5] So die Präambel der Gemeinsamen Erklärung, WuW 1984, S. 712.

[6] Vgl. WRP 1975, S. 24ff.; IM-*Kellermann*, § 28 Rdnr. 139.

[7] So *Meier*, Regelungsverantwortung des Staates und Subsidiaritätsprinzip im Wettbewerbsrecht, BB 1983, S. 1229, 1232f.; vgl. auch *Hinz*, Fortschreibung der Gemeinsamen Erklärung ..., MA 1985, S. 18ff.

[8] Hierzu *Rittner*, Wirtschaftsrecht, S. 193.

[9] Vgl. auch oben 4. Kap. CIII.

lichkeit erhalten, notfalls auch durch Einschränkung des Kartellverbots, selbst für einen „fairen und seriösen Leistungswettbewerb" zu sorgen[10]. Allerdings erlangt die „freiwillige Selbsthilfe" durch Wettbewerbsregeln ihre kartellrechtliche Anerkennung erst nach Prüfung und Eintragung der Wettbewerbsregeln durch die Kartellbehörde in das entsprechende Register (§§ 29ff. GWB). Damit läßt das GWB zwar freiwillige Selbsthilfemaßnahmen zu, unterstellt sie jedoch gem. § 31 GWB einer förmlichen, kartellbehördlichen Kontrolle.

Den Einsatz Privater im Interesse des Wettbewerbsschutzes erlaubt das GWB auch an einer anderen Stelle. Sedes materiae ist § 35 GWB. Diese Vorschrift ermöglicht einer Art private Kartellaufsicht durch Eröffnung eines Schadensersatzanspruches[11]. Trotz beträchtlicher Bemühungen in der Literatur, die Effektivität des § 35 GWB zu vergrößern[12], hat die Norm in der Praxis nur geringe Bedeutung[13]. Auch die durch § 35 GWB eröffnete kartellrechtliche Privatinitiative steht unter strenger Kontrolle. Sie wird durch die Gerichte ausgeübt, mit deren Hilfe der Schadensersatzanspruch durchgesetzt wird.

Der kartellrechtliche Grundsatz, Selbsthilfemaßnahmen nur unter dem Vorbehalt einer kartellbehördlichen bzw. kartellgerichtlichen Kontrolle zuzulassen, hat seinen Grund im Marktordnungskonzept des GWB. Danach soll sich der wirtschaftliche Wettbewerb in einem anonymen Prozeß, ohne staatliche Lenkung oder private Einflußnahme vollziehen. Den Schutz dieser Marktordnung kann das Recht nur dadurch sichern, daß es auf eine Unterbindung von Wettbewerbsbeschränkungen hinwirkt. Dabei würde eine Beteiligung Privater zu einer neuen Verzerrung des Mechanismus führen[14].

Werden das „Berliner Gelöbnis" und die „Gemeinsame Erklärung" zur Sicherung des Leistungswettbewerbs an diesen Grundsätzen gemessen, so fällt das Urteil negativ aus[15]. Beide Selbsthilfemaßnahmen zielen auf eine Begrenzung des extensiven Preiswettbewerbs ab. Sie stellen eine Art „soft law" dar, das, so hofft man, von den Beteiligten eingehalten wird, ohne daß an die Nichteinhaltung dieser Regeln unmittelbar andere Sanktionen als die einer etwaigen moralischen Verfemung geknüpft werden[16]. Die fehlende förmliche Kontrolle dieser Selbsthilfemaßnahmen wird nicht dadurch ersetzt, daß sich das

---

[10] So *Emmerich*, Kartellrecht, S. 87.

[11] Zu diesem Problemkreis *Schwark*, Individualansprüche Privater aus wirtschaftsrechtlichen Gesetzen, JZ 1979, S. 670ff.

[12] Vgl. etwa *Mestmäcker*, Das Verhältnis des Rechts der Wettbewerbsbeschränkungen zum Privatrecht, DB 1968, S. 787ff.; *Steindorff*, Gesetzgeberische Möglichkeiten ...,ZHR 138 (1974), S. 504ff., 508; *Emmerich*, Die höchstrichterliche Rechtsprechung zum GWB, ZHR 139 (1975), S. 476ff.

[13] So auch IM-*Emmerich*, § 35 Rdnr. 14.

[14] Hierzu GK-*Benisch*, § 35 Rdnr. 3.

[15] I.E. ebenso *Meier*, Regelungsverantwortung des Staates ..., BB 1983, S. 1229ff.

[16] Vgl. *Meier*, a.a.O. (siehe Fn. 15), S. 1234.

BKartA — wie im Fall des „Berliner Gelöbnisses" — an ihrer Formulierung unmittelbar beteiligt. Schlichtes Verwaltungshandeln stellt keine juristisch tragbare Alternative zu einer rechtsförmigen Kontrolle dar. Auf diese Weise entsteht eine kartellrechtliche Grauzone ohne rechtsstaatliche Legitimation. Gerade das Kartellrecht ist aber auf eine solche Legitimation angewiesen, weil das kartellrechtliche Instrumentarium z.T. sehr weit in unternehmerische Freiheiten eingreift[17]. Die fehlende rechtsstaatliche Verankerung dieser Selbsthilfemaßnahmen fällt m.E. auch deshalb besonders ins Gewicht, weil in der Praxis offenbar eine erhebliche Unsicherheit über die Tragfähigkeit des § 37a Abs. 3 GWB für Maßnahmen gegenüber UEP-Strategien besteht. Besonders deutlich wird dies in den zahlreichen Bemühungen, den Gesetzgeber zu einer Konkretisierung der Vorschrift bzw. zu einem generellen Verbot von UEP-Verkäufen anzuregen[18]. Diese Ungewißheit über die kartellrechtlichen Eingriffsmöglichkeiten läßt sich mit den o.g. Selbsthilfemaßnahmen nicht beseitigen. Hierzu bedarf es förmlicher Kartellverfahren, die allen Beteiligten die Zulässigkeit und Grenzen von UEP-Verkäufen verdeutlichen.

An die juristische Würdigung schließt sich die Frage nach dem praktischen Nutzen des „Berliner Gelöbnisses" und der „Gemeinsamen Erklärung" an. Es erscheint zweifelhaft, ob es mit Hilfe der freiwilligen Initiativen der Wirtschaft gelingt, UEP-Verkäufe einzuschränken. Solche „Spielregeln" sind in besonderer Weise der Gefahr der Nichtbeachtung bzw. Durchbrechung ausgesetzt. Es entspricht der Lebenserfahrung, daß „freiwillige Spielregeln" von den Betroffenen insbesondere dann nicht eingehalten zu werden pflegen, wenn das Ergebnis des Spiels sich gegen sie wendet[19]. Überdies muß, insbesondere im Hinblick auf das vom BKartA initiierte „Berliner Gelöbnis" die Frage gestellt werden, welchen Vorteil diese „lockere Art der Mißbrauchsaufsicht auf der Basis des § 37a Abs. 3 GWB"[20] gegenüber einer förmlichen kartellbehördlichen Kontrolle hat. Als ein Vorteil des „Berliner Gelöbnisses" kommt dessen Breitenwirkung in Betracht. Da sich alle führenden Unternehmen des Lebensmittelhandels, so könnte man argumentieren, verpflichtet haben, auf systematische UEP-Strategien zu verzichten, ist mit einer schnellen spürbaren Einschränkung dieses Phänomens zu rechnen. Diese Auffassung wird jedoch von der neueren Entwicklung im Lebensmittelhandel nicht bestätigt. Vielmehr ist nur ein marginaler Rückgang der UEP-Verkäufe in dieser Branche zu verzeichnen[21]. Im

[17] Vgl. auch *Mestmäcker*, a.a.O. (siehe Fn. 1), S. 16; ebenso MK-Sondergutachten 14, S. 112.

[18] Vgl. nur die Initiative des bayrischen Ministerpräsidenten, WuW 1985, S. 187; ähnlich die Anregungen der CDU / CSU-Mittelstandsvereinigung, HB v. 14. 3. 1985, S. 6; MK-Sondergutachten 14, S. 110.

[19] Vgl. *Meier*, a.a.O. (siehe Fn. 15), S. 1234.

[20] Zu dieser Formulierung *Kartte*, in: Freier oder selbstverwalteter Wettbewerb?, Schriftenreihe der Ludwig-Erhard-Stiftung, Heft 1, S. 19.

[21] Vgl. etwa HB v. 18. 2. 1985, S. 12.

übrigen darf der generalpräventiven Wirkung kartellbehördlicher Verfügungen nicht zu geringe Bedeutung beigemessen werden. Wenn die Kartellbehörden die von § 37a Abs. 3 GWB eröffneten Befugnisse konsequent wahrnehmen, kann ähnlich wie in anderen Bereichen der Mißbrauchsaufsicht mit einem allgemeinen Rückgang der beanstandeten Maßnahmen gerechnet werden.

Für die freiwilligen Selbsthilfemaßnahmen kann mit Erfolg auch nicht angeführt werden, sie seien geeignet, den Gesetzgeber von der Einführung eines generellen Verbots des UEP-Verkaufs abzuhalten[22]. Das setzt voraus, daß die Selbsthilfebemühungen der Wirtschaft erfolgreich sind. Unter Berücksichtigung der tatsächlichen Entwicklung erscheint dies jedoch eher zweifelhaft. Führen das „Berliner Gelöbnis“ und die „Gemeinsame Erklärung“ aber nicht zu dem erstrebten Erfolg, so dürfte die Einführung eines allgemeinen Verbots des UEP-Verkaufs, das weder aus wettbewerbs- noch aus mittelstandspolitischen Aspekten wünschenswert sein kann, kaum zu verhindern sein. Für einen effektiven Einsatz des § 37a Abs. 3 GWB, dessen Tragweite noch durch u. U. langwierige kartellrechtliche Verfahren ausgelotet werden müßte, dürfte es dann zu spät sein. Die Selbsthilfebemühungen sind insoweit ein zweischneidiges Schwert. Auf der einen Seite bieten sie die relativ geringe Chance der Begrenzung des konzentrationsfördernden Wettbewerbs. Auf der anderen Seite bergen sie dadurch, daß sie die Effektivität des § 37a Abs. 3 GWB verdecken, die Gefahr in sich, den Gesetzgeber zu neuen, härteren Schritten gegenüber UEP-Strategien anzuregen. Es wäre wünschenswert, daß die Kartellbehörden nicht übermäßig auf den Erfolg der Selbsthilfebemühungen vertrauen. Die Einführung eines weitreichenden generellen Verbots des UEP-Verkaufs kann m. E. nur durch den konsequenten Einsatz des § 37a Abs. 3 GWB verhindert werden. Die Selbsthilfemaßnahmen der Wirtschaft sind hierzu nicht geeignet.

---

[22] So wohl das BKartA, vgl. *Kartte*, a. a. O. (siehe Fn. 20), S. 28.

Literaturverzeichnis

Ahlert, Dieter: Die besondere Problematik der Untereinstandspreispolitik im Handel bei hochwertigen, technischen Markenartikeln des aperiodischen Bedarfs, Arbeitspapier Nr. 7 des Lehrstuhls für Betriebswirtschaftslehre, insbes. Distribution und Handel, Münster 1983.

Andersen, Eduard: Lockvogelangebote für Markenspirituosen aus der Sicht des Verbrauchers und des Einzelhandels, WRP 1978, S. 427 ff.

Areeda, Philipp / *Turner*, Donald F.: Predatory Pricing and Related Practices under Section 2 of the Sherman Act, Harvard Law Review 88 (1975), S. 679 ff.

Axster, Oliver / *Reimann*, Thomas: Relevanter Markt und Marktbeherrschung, WRP 1975, S. 193 ff.

Backhaus, Klaus: Die Abgrenzung des relevanten Marktes vor dem Hintergrund kartellrechtlicher Mißbrauchsaufsicht, Arbeitsbericht Nr. 18 des Instituts für Unternehmungsführung und Unternehmensforschung der Ruhr-Universität Bochum, 1979.

Badura, Peter: Wirtschaftsverwaltungsrecht, in von *Münch*, Ingo: Besonderes Verwaltungsrecht, 7. Aufl., S. 255 ff.

Baudenbacher, Carl: Zusammenhänge zwischen Recht des unlauteren Wettbewerbs und Kartellrecht, ZBJV 1983, S. 161 ff.

— Zur funktionalen Anwendung von Art. 1 des deutschen und Art. 1 des schweizerischen UWG, ZHR 1980, S. 145 ff.

— Machtbedingte Wettbewerbsstörungen als Unlauterkeitstatbestände, GRUR 1981, S. 19 ff.

Baum, Herbert: Der relevante Markt als Problem der Wettbewerbspolitik, WuW 1980, S. 401 ff.

Baumbach, Adolf / *Hefermehl*, Wolfgang: Wettbewerbsrecht, 14. neubearb. Auflage des von A. Baumbach begr. Werkes, München 1983.

Baur, Jürgen F.: Der Mißbrauch im deutschen Kartellrecht, Tübingen 1972.

— Die Gesamtbetrachtungsweise im Fusionskontrollrecht ß Besprechung der Entscheidung BGHZ 79, S. 62, ZGR 1982, S. 324 ff.

— Wettbewerbsregeln und Außenseiter, ZHR 141 (1977), S. 293 ff.

— Das Tatbestandsmerkmal „Wettbewerb", ZHR 134 (1970), S. 97 ff.

— Der relevante Markt — eine durchaus notwendige Figur des Rechts der Zusammenschlußkontrolle, Festgabe für Max Kummer, 1980, S. 293 ff.

von Beckerath, Erwin / *Bente*, Herrmann / *Brinkmann*, Carl u. a. (Hrsg.): Handwörterbuch der Sozialwissenschaften, Stuttgart 1956 - 1968.

Beckmann, Peter: Die Abgrenzung des relevanten Marktes im Gesetz gegen Wettbewerbsbeschränkungen, Münster 1968.

Böckenförde, Ernst-Wolfgang: Die Bedeutung der Unterscheidung von Staat und Gesellschaft, Festschrift für Wolfgang Hefermehl zum 65. Geburtstag, 1972, S. 11 ff.

Böcker, Franz: Die Bestimmung der Kaufverbundenheit von Produkten, Berlin 1978.

Böhm, Franz: Wettbewerb und Monopolkampf, Berlin 1933.

Borck, Hans-Günther: Streifzug durch das Rabatt- und Zugaberecht, WRP 1969, S. 10 ff.

Brown, Francis E.: Price Image versus Price Reality, Journal of Marketing Research 1969, S. 185 ff.

Bunte, Hermann-Josef: Die Beurteilung von Lockvogel- und Sonderangeboten nach § 1 UWG, GRUR 1981, S. 397 ff.

von Burchard: Sonderangebote für Stammkunden, BB 1957, S. 629 ff.

Diller, Hermann: Das Preisbewußtsein der Verbraucher und seine Förderung durch die Bereitstellung von Verbraucherinformationen, Mannheim 1978.

— Die Wirkung von Verkäufen unter Einstandspreis im Lebensmitteleinzelhandel, DBW 1980, S. 409 ff.

— Markenschädigung durch Untereinstandspreisverkäufe?, MA 1983, S. 52 ff.

Diller, Hermann / *Schneider*, Karl-Heinz: Die Wirkung von Verkäufen unter Einstandspreis auf den Wettbewerb — Ergebnisse einer empirischen Studie im Lebensmittel-Einzelhandel, WRP 1981, S. 243 ff.

Ebel, Hans-Rudolf: Vierte Kartellgesetznovelle in Kraft getreten, DB 1980, S. 1105 ff.

Eckstein, Wolfram: Vertikale Preisbindung und Produzentenwettbewerb unter besonderer Berücksichtigung des Preiswettbewerbs in § 16 GWB, in: Mestmäcker, Ernst-Joachim (Hrsg.), Wettbewerb als Aufgabe, 1968, S. 244 ff.

Edwards, Corwin D.: Business Concentration and Price Policy, Boston 1955.

Ehmke, Horst: Wirtschaft und Verfassung, Die Verfassungsrechtsprechung des Supreme Court zur Wirtschaftsregulierung, Karlsruhe 1961.

— „Staat" und „Gesellschaft" als verfassungstheoretisches Problem, Festgabe für Rudolf Smend zum 80. Geburtstag, 1962, S. 23 ff.

Einzelhandelsverband Baden-Württemberg (Hrsg.): Untersuchung über die Einstellung der Baden-Württembergischen Bevölkerung zu ausgewählten Betriebsformen, Stuttgart 1977.

Emmerich, Volker: Zulässigkeit der Kooperation von Unternehmen auf Grund des reformierten GWB, Tübingen 1974.

— Fusionskontrolle und überragende Marktstellung unter besonderer Berücksichtigung der Unternehmenskonzentration bei der öffentlichen Hand. 2. Festschrift für Franz Böhm, 1975, S. 119 ff.

— Die höchstrichterliche Rechtsprechung zum GWB, ZHR 139 (1975), S. 476 ff.

— Kooperationen im Wettbewerbsrecht, ZGR 1976, S. 167 f.

— Das Recht des unlauteren Wettbewerbs, München 1982.

— Kartellrecht, 4. Aufl., München 1982.

Emmerich, Volker / *Sonnenschein,* Jürgen: Konzernrecht, 2. Aufl., München 1977.

Eucken, Walter: Die Grundlage der Nationalökonomie, 8. Aufl., Berlin 1965.

— Grundsätze der Wirtschaftspolitik, 3. Aufl., Tübingen 1960.

Ewald, Heinz: Zur Abgrenzung des relevanten Marktes in § 22 GWB, BB 1975, S. 255ff.

Fikentscher, Wolfgang (Hrsg.): Die Preisunterbietung im Wettbewerbsrecht, 2. Aufl., Heidelberg 1962.

— Das Verhältnis von Kartellrecht und Recht des unlauteren Wettbewerbs im deutschen und europäischen Recht, Festschrift für Walter Hallstein, 1966, S. 127ff.

— Wirtschaftsrecht, Bd. 2, Deutsches Wirtschaftsrecht, München 1983.

Fischötter, Werner: Zum Tätigkeitsbericht des Bundeskartellamtes 1978, WuW 1980, S. 14ff.

Friedrich, Manfred: Die neuen Mißbrauchstatbestände in der 4. Novelle zum GWB, BB 1980, S. 1553ff.

Frotscher, Werner: Regierung als Rechtsbegriff, 1975.

— Grundfälle zum Wirtschaftsverfassungs- und Wirtschaftsverwaltungsrecht, JuS 1981, S. 507ff.

Gaedertz, Alfred-Carl: Ist eine UWG-Novelle erforderlich? WRP 1977, S. 681ff.

— Lockvogelangebote unter Berücksichtigung von § 1 UWG, GRUR 1980, S. 613ff.

von Gantzel, Klaus-Jürgen: Wesen und Begriff der mittelständischen Unternehmung, Köln 1962.

Geiger, Herbert: Sonderangebote werben für das gesamte Sortiment, MA 1968, S. 414ff.

Glinz, Matthias: Sonderpreisaktionen des Herstellers und des Handels, Wiesbaden 1978.

*Gloy,*Wolfgang: Werbung mit der Preisstellung in der neueren höchstrichterlichen Rechtsprechung, GRUR 1980, S. 395ff.

Gotthold, Jürgen: Neuere Entwicklungen der Wettbewerbstheorie, ZHR 145 (1981), S. 286ff.

Greipl, Erich / *Würl,*Dieter: Untersuchung zur Konzentrationsentwicklung in der Nahrungsmitteldistribution in Deutschland, Brüssel 1978.

Gross, Herbert / *Skaupy,* Walter: Das Franchise-System, Düsseldorf 1968.

Grützner, Winfried: Projektgemeinschaften ohne Fusionskontrolle, WuW 1978, S. 193ff.

Gutenberg, Erich: Grundlagen der Betriebswirtschaftslehre, Bd. II: Der Absatz, 16. Aufl. 1979.

Hahn, Rüdiger: Die Beurteilung von Niedrigpreispolitik und Mischkalkulation marktbeherrschender Unternehmen im Rahmen der Mißbrausaufsicht nach § 22 Abs. 4, S. 2 Nr. 1 GWB, WuW 1984, S. 285ff.

Hansen, Ursula: Absatz- und Beschaffungsmarketing des Einzelhandels, Bd. 1, Göttingen 1976.

Hecker, Wulf: Kurzfristige Erfolgsrechnung im Einzelhandel, Stuttgart 1968.

Hefermehl, Wolfgang: Entwicklungen im Recht gegen unlauteren Wettbewerb, Festschrift für Robert Fischer, 1979, S. 197ff.

Heger, Heinz: Kalkulation im Handel, in: Handwörterbuch der Absatzwirtschaft, Stuttgart 1974, Sp. 966ff.

Hesse, Konrad: Grundzüge des Verfassungsrechts der Bundesrepublik Deutschland, 14. Aufl. 1984.

Hinz, Werner: Fortschreibung der Gemeinsamen Erklärung zur Sicherung des Leistungswettbewerbs, MA 1985, S. 18ff.

Hölzler, Heinrich/*Satzky,* Horst: Wettbewerbsverzerrungen durch nachfragemächtige Handelsunternehmen, Köln 1980.

Hörschgen, H./*Kachel,* H.: Größenbedingte Vor- und Nachteile im Absatzbereich, in: Treis, Bartho, Der mittelständische Einzelhandel im Wettbewerb, München 1981, S. 77ff.

Hoppmann, Erich: Preismeldestellen und Wettbewerb, WuW 1966, S. 97ff.

— Workable Competition als wettbewerbspolitisches Konzept, Festschrift für Theodor Wessels zum 65. Geburtstag, S. 145ff.

— Die Abgrenzung des relevanten Marktes im Rahmen der Mißbrauchsaufsicht über marktbeherrschende Unternehmen, Baden-Baden 1977.

— Marktmacht und Wettbewerb, Tübingen 1977.

— Behinderungsmißbrauch, Tübingen 1980.

Hoppmann, Erich/*Mestmäcker,* Ernst-Joachim: Normzwecke und Systemfunktionen im Recht der Wettbewerbsbeschränkungen, Tübingen 1974.

Hoth, Jürgen: Übertriebenes Anlocken, GRUR 1974, S. 547ff.

Humbel, Peter: Preispolitische Gewinndifferenzierung im Einzelhandel, Zürich 1958.

Immenga, Ulrich/*Mestmäcker,* Ernst-Joachim (Hrsg.): Gesetz gegen Wettbewerbsbeschränkungen, Kommentar zum Kartellgesetz, München 1981.

Kalveram, Gerhard: Der Verkauf unter Einstandspreis, MA 1985, S. 29ff.

Kantzenbach, Erhard: Funktionsfähigkeit des Wettbewerbs, 3. Aufl. 1967.

Kartte, Wolfgang: Der Schutz des Leistungswettbewerbs im Kartellrecht, WRP 1976, S. 1ff.

— Ein neues Leitbild für die Wettbewerbspolitik, Köln 1969.

Kaufer, Erich: Die Definition des relevanten Marktes in der amerikanischen Antikonzentrationsrechtsprechung, ZHR 1967, S. 301ff.

Kellermann, Alfred: Zwanzig Jahre Kartellgesetz in der Rechtsprechung des Bundesgerichtshofes, WM Sonderbeilage IV/1978.

Kilger, Wolfgang: Einführung in die Kostenrechnung, 2. Aufl., Wiesbaden 1980.

Kilian, Wolfgang: Marktinformationsverfahren und Wettbewerbsbeschränkungen, NJW 1974, S. 291 ff.

— Diskriminierungsverbot und Kontrahierungszwang für Markenartikelhersteller, ZHR 142 (1978), S. 453 ff.

Kirchhof, Paul: Die Bestimmtheit von Ermächtigungsgrundlage und Inhalt eines Verwaltungsakts nach § 37a Abs. 3 GWB, ZHR 150 (1986), S. 303 ff.

Kisseler, Marcel: Die Bedeutung des Wettbewerbsrechts in Zeiten wirtschaftlicher Rezession, WRP 1974, S. 649 ff.

Knöpfle, Robert: Die marktbezogene Unlauterkeit, Tübingen 1983.

— Anmerkung zum Urteil des BGH vom 10. 12. 1985 „Abwehrblatt II", JZ 1986, S. 594 ff.

Koenigs, Folkmar: Wechselwirkungen zwischen Gesetz gegen Wettbewerbsbeschränkungen und Recht des unlauteren Wettbewerbs, NJW 1961, S. 1041 ff.

Kopp, Ferdinand: Verwaltungsverfahrensgesetz, 3. Aufl. 1983.

Kraft, Alfons: Gemeinschaftsschädliche Wirtschaftsstörungen als unlauterer Wettbewerb?, GRUR 1980, S. 966 ff.

Kramm, Dietrich: Verlustpreisunterbietung durch Verkauf unter Einkaufspreis, MA 1983, S. 52 ff.

Kreuzer, K.: Wettbewerb um jeden Preis?, Zur Problematik des Verkaufs zu Verlustpreisen, WRP 1985, S. 467 ff.

Kroeber-Riel, Werner: Konsumentenverhalten, 2. Aufl., München 1980.

— Kritik und Neuformulierung der Verbraucherpolitik auf verhaltenswissenschaftlicher Grundlage, DBW 1977, S. 89 ff.

Kroitzsch, Hermann: Wirtschaftspolitische Entscheidungen durch Wettbewerbsregeln oder durch die UWG-Rechtsprechung?, BB 1977, S. 220 ff.

Krüger-Nieland, Gerda: Schwerpunkte der wettbewerbsrechtlichen Rechtsprechung des Bundesgerichtshofes, WRP 1979, S. 1 ff.; WRP 1980, S. 311 ff.

Kubista, Bernd: Unternehmensgrößenbezogene Strukturpolitik und Wettbewerb, Göttingen 1975.

Lademann, Rainer: Schutzzweck- und Rechtstatsachenprobleme bei der Untersagung von Verkäufen unter dem Einstandspreis nach § 37a Abs. 3 GWB, DB 1984, S. 758 ff.

Langen, Eugen / *Niederleithinger,* Ernst / *Rittner,* Lennart / *Schmidt,* Ulrich: Kommentar zum Kartellgesetz, 6. Aufl. 1982.

Larenz, Karl: Methodenlehre der Rechtswissenschaft, 3. Aufl. 1975.

Lehmann, Michael: Verkauf unter Einstandspreis und Lockvogelwerbung, GRUR Int. 1977, S. 135 ff.

— Wettbewerbsrecht, Strukturpolitik und Mittelstandsschutz, GRUR 1977, S. 580 ff., S. 633 ff.

— Schutz des Leistungswettbewerbs und Verkauf unter Einstandspreis, GRUR 1979, S. 368 ff.

— Der Verkauf unter Einstandspreis aus rechtsvergleichender Sicht, Rüdesheim 1979.

— Wettbewerbs- und warenzeichenrechtliche Bemerkungen zur Entscheidung des Bundesgerichtshofes vom 6. Oktober 1983 - Verkauf unter Einstandspreis II, GRUR 1984, S. 313 ff.

Lieberknecht, Otfried: Darf ein Zusammenschluß von Verbänden Geschäftsbedingungen empfehlen?, MA 1958, S. 231 ff.

Lindacher, Walter F.: Lockvogel- und Sonderangebote, Köln 1979.

Lobe, Adolf: Die Bekämpfung des unlauteren Wettbewerbs, Leipzig 1907.

Lorenz, Monika: Lockvogel- und Sonderangebote, GRUR 1976, S. 512 ff.

Ludwig-Erhard-Stiftung (Hrsg.): Freier oder selbstverwalteter Wettbewerb?, Schriftenreihe Standpunkte, Heft 1, Bonn 1984.

Lukes, Rudolf: Aktuelle Probleme der Preisbindung zweiter Hand und der Preisempfehlung, JuS 1962, S. 161 ff.

Markert, Kurt: Kartellrechtliche Beurteilung von Preismeldeverträgen, DB 1963, S. 1455 ff.

— Die Wettbewerberbehinderung im GWB nach der 4. Kartellnovelle, Heidelberg 1982.

Marquard, Jürgen: Verkäufe unter Einstandspreis aus betriebswirtschaftlicher Sicht, Arbeitsbericht Nr. 23 des Instituts für Unternehmungsführung und Unternehmensforschung der Ruhr-Universität Bochum, 1982.

Meier, Gert: „Orderly marketing“ ß Veränderung der Struktur des deutschen Wettbewerbsrechts?, WRP 1979, S. 593 ff.

Mellerowicz, Konrad: Die wirtschaftliche Bedeutung der Lockvogelwerbung im Einzelhandel, MA 1969, S. 43 ff.

Merkel, Rudolf: Die Bekämpfung unzulässiger Preisunterbietungen, 1962.

Mestmäcker, Ernst-Joachim: Das marktbeherrschende Unternehmen im Recht der Wettbewerbsbeschränkungen, Tübingen 1959.

— Der verwaltete Wettbewerb, Tübingen 1984.

— Das Verhältnis des Rechts der Wettbewerbsbeschränkungen zum Privatrecht, DB 1968, S. 787 ff.

von Mises, Ludwig: Markt, HdSW, Bd. 7, S. 132 ff.

Möhring, Philipp: Kontrahierungszwang nach neuem Kartellrecht, DB 1974, S. 223 ff.

Möschel, Wernhard: Preiskontrollen über marktbeherrschende Unternehmen, JZ 1975, S. 393 ff.

— Die Mißbrauchsaufsicht über marktbeherrschende Unternehmen, NJW 1975, S. 753 ff.

— Pressekonzentration und Wettbewerbsgesetz, Tübingen 1978.

— Die Idee der rule of law und das Kartellrecht heute, Ordo Bd. 30, 1979, S. 295 ff.

— Recht der Wettbewerbsbeschränkungen, Köln 1983.

— Anforderungen an eine kartellbehördliche Mißbrauchsverfügung bei Verkäufen unter Einkaufspreis, BB 1986, S. 1785ff.

Monopolkommission: Mißbräuche der Nachfragemacht und Möglichkeiten zu ihrer Kontrolle im Rahmen des GWB, Sondergutachten 7, 1977.

— Die Konzentration im Lebensmittelhandel, Sondergutachten 14, 1985.

Müller, Heinz / *Gießler,* Peter / *Scholz,* Ulrich: Wirtschaftskommentar, Kommentar zum Gesetz gegen Wettbewerbsbeschränkungen, Kartellgesetz, 4. Aufl. 1981.

Müller, Stefan / *Beeskow,* Werner: Einkaufsstättenimage und Einkaufsstättenwahl, Jahrbuch der Absatz- und Verbrauchsforschung, 1982, S. 400ff.

Müller-Henneberg, Hans / *Schwartz,* Gustav / *Benisch,* Werner: Gesetz gegen Wettbewerbsbeschränkungen und Europäisches Kartellrecht, Gemeinschaftskommentar, 4. Aufl. 1982.

Munzinger, Dieter K.: Mißbräuchliche Preise, Preisbildungssysteme und Preisstrukturen nach § 22 GWB, Köln 1977.

Nette, Claus-Georg: Die kartell- und wettbewerbsrechtliche Beurteilung der Preisunterbietung, Köln 1984.

Nieschlag, R.: Der Klein- und Mittelbetrieb im Handel, Schicksal und Chancen, Berlin 1976.

Nieschlag, R. / *Dichtl,* E. / *Hörschgen,* H.: Marketing, 11. Aufl. 1980.

Nieschlag, R. / *Hörschgen,* H.: Marketing, 11. Aufl. 1980.

Nieschlag, R. / *Kuhn,* G.: Binnenhandel und Binnenhandelspolitik, 3. Aufl. 1980.

Nipperdey, Carl: Wettbewerb und Existenzvernichtung, Eine Grundfrage des Wettbewerbsrechts ß Gutachten zum Benrather Tankstellen-Fall des Reichsgerichts, Berlin 1930.

Noelle-Neumann, Elisabeth / *Schramm,* Carl: Höhe der Verkehrsgeltung, GRUR 1966, S. 70ff.

Oberender, Peter: Zur Problematik der Marktabgrenzung unter besonderer Berücksichtigung des Konzeptes des „relevanten Marktes", WiSt 1975, S. 575ff.

Obermayer, Klaus: Kommentar zum Verwaltungsverfahrensgesetz, München 1983.

Ott, Claus: Systemwandel im Wettbewerbsrecht, Festschrift für Ludwig Raiser, 1974, S. 403ff.

Raisch, Peter: Zu den grundsätzlichen Aufgaben der Rechtswissenschaft gegenüber dem neuen Aktiengesetz, JZ 1966, S. 501ff.

Raiser, Ludwig: Marktbezogene Unlauterkeit, GRUR Int. 1973, S. 443ff.

Rebmann, Kurt / *Säcker,* Franz-Jürgen (Hrsg.): Münchener Kommentar zum Bürgerlichen Gesetzbuch, Bd. 2, Schuldrecht, Allgemeiner Teil, 2. Aufl. 1985.

Riebel, Paul: Deckungsbeitragsrechnung im Handel, in: *Tietz,* Bruno (Hrsg.): Handwörterbuch der Absatzwirtschaft, 1974, Sp. 433ff.

Rittner, Fritz: § 22 GWB im Spannungsfeld wirtschaftswissenschaftlicher Theorien und rechtsstaatlicher Postulate, Festschrift für Gunther Hartmann, 1976, S. 251ff.

— Zum gegenwärtigen Stand neoliberaler Rechtstheorie, AcP 180, S. 392 ff.

— Wirtschaftsrecht, Heidelberg-Karlsruhe 1979.

Sack, Rolf: Lauterer und leistungsgerechter Wettbewerb durch Wirtschaftsregeln, GRUR 1975, S. 297 ff.

— Der Verkauf unter Selbstkosten im Einzelhandel, WRP 1983, S. 63 ff.

Säcker, Franz-Jürgen: Zur Berücksichtigung der Marktposition des Unternehmens im Recht der Wettbewerbsbeschränkungen, BB 1967, S. 681.

Sandrock, Otto: Grundprobleme der sachlichen Marktabgrenzung, Festschrift für Max Kummer, 1980, S. 449 ff.

— Grundbegriffe des Gesetzes gegen Wettbewerbsbeschränkungen, München 1968.

Samwer, Sigmar-Jürgen: Verbraucherschutz und Wettbewerbsrecht, GRUR 1969, S. 326 ff.

Scheuner, Ulrich: Die staatliche Intervention im Bereich der Wirtschaft, VVDStRL 11 (1954), S. 1 ff.

Schmidbauer, H.: Allokation, technischer Fortschritt und Wettbewerbspolitik, Tübingen 1974.

Schmidt, Ingo: Wettbewerbstheorie und -politik, Stuttgart 1981.

— Relevanter Markt, Marktbeherrschung und Mißbrauch in § 22 GWB und Art. 86 EWGV, WuW 1965, S. 453 ff.

Schmidt, Karsten: „Unternehmen“ und „Abhängigkeit“: Begriffseinheit und Begriffsvielfalt im Kartell- und Konzernrecht, ZGR 1980, S. 277 ff.

Schmidtchen, Dieter: Wettbewerbspolitik als Aufgabe, Baden-Baden 1978.

Schneider, Erich: Einführung in die Wirtschaftstheorie, Teil II, 13. Aufl. 1972.

Schneider, Karl-Heinz: Die Preisstellung unter Einstandspreis im Einzelhandel, Berlin 1982.

Scholz, Ulrich: Verkauf unter den Selbstkosten oder zurück zur Verordnung über Wettbewerb von 1934?, WRP 1983, S. 373 ff.

Schricker, Gerhard: Möglichkeiten zur Verbesserung des Schutzes der Verbraucher und des funktionsfähigen Wettbewerbs, ZHR 139 (1975), S. 208 ff.

Schultes, Werner: Preisdifferenzierung unter wettbewerbspolitischem Aspekt, 1964.

Schulz-Klingant, Hans-Viktor: Selbstbedienung, Düsseldorf 1960.

Schwark, Eberhard: Individualansprüche Privater aus wirtschaftsrechtlichen Gesetzen, JZ 1979, S. 670 ff.

— Strukturpolitik durch Kapitalbeteiligungsgesellschaften, WD 1971, S. 42 ff.

Schweizerischer Bundesrat: Botschaft zu einem Bundesgesetz gegen den unlauteren Wettbewerb (UWG) vom 18. Mai 1983.

Skiba, Günther: Preisdiskriminierung und Wettbewerbspolitik, Frankfurt a. M. 1971.

Sölter, Arno: Nachteilausgleich für mittelständische Unternehmen, WuW 1974, S. 659 ff.

— Der Januskopf des Preiswettbewerbs, Heidelberg 1984.

von Stackelberg, Heinrich: Grundlagen der theoretischen Volkswirtschaftslehre, 2. Aufl. 1951.

Stehlin, Hanspeter: Der Wandel des Verkaufssystems im Detailhandel, Basel 1955.

vom Stein, Werner: Wie weit sind bei Streitigkeiten des gewerblichen Rechtsschutzes Kosten demoskopischer Gutachten von der unterlegenen Prozeßpartei zu erstatten?, GRUR 1972, S. 314ff.

Steindorff, Ernst: Gesetzgeberische Möglichkeiten zu verbesserter Durchsetzung des Gesetzes gegen Wettbewerbsbeschränkungen, ZHR 138 (1974), S. 504ff.

Stern, Hawkins: The Significance of Impulse Buying Today, Journal of Marketing 1962, S. 59ff.

Thomas, Heinz / *Putzo,* Hans: Zivilprozeßordnung, 12. Aufl.

Tietz, Bruno: Konsument und Einzelhandel, 3. Aufl., Frankfurt a.M. 1983.

Tietz, Bruno / *Mathieu,* Günter: Das Franchising als Kooperationsmodell für den mittelständischen Groß- und Einzelhandel, Köln 1979.

Tilmann, Winfried: Über das Verhältnis von GWB und UWG, GRUR 1979, S. 825ff.

— Die Verkehrsauffassung im Wettbewerbs- und Warenzeichenrecht, GRUR 1984, S. 716ff.

Treis, Bartho / *Kepper,* Ulrich: Wettbewerb im Lebensmittelhandel, MA 1977, S. 128ff.

Ulmer, Peter: Schranken zulässigen Wettbewerbs marktbeherrschender Unternehmen, Tübingen 1977.

— Der Begriff „Leistungswettbewerb“ und seine Bedeutung für die Anwendung von GWB und UWG-Tatbeständen, GRUR 1977, S. 565ff.

— Kartellrechtswidrige Konkurrentenbehinderung durch leistungsfremdes Verhalten marktbeherrschender Unternehmen, Festschrift für Max Kummer, 1980, S. 565ff.

— Die neuen Vorschriften gegen Diskriminierung und unbillige Behinderung, WuW 1980, S. 474ff.

Veltins, Michael Alexander: Die Mittelstandskooperation in Kartellrecht und Praxis, DB 1978, S. 239ff.

Welzel, Klaus: Marketing im Einzelhandel, Wiesbaden 1974.

Westrick, Klaus / *Loewenheim,* Ullrich: Gesetz gegen Wettbewerbsbeschränkungen, 4. Aufl., 1980.

Wöhe, Günther: Einführung in die Allgemeine Betriebswirtschaftslehre, 14. Aufl. 1981.

Zöller, Richard: Zivilprozeßordnung, 13. Aufl. 1981.

Zöllner, Wolfgang u.a. (Hrsg.): Kölner Kommentar zum Aktiengesetz, Bd. 1, 1. Lieferung, Köln 1970.

Schriften zum Wirtschaftsrecht

1 **Die Teilhaberschaft an der Offenen Handelsgesellschaft und ihre Vererbung.** Von N. Rokas. 119 S. 1965. DM 22,60

2 **Rechtsprobleme beim Bau und Betrieb von Erdölfernleitungen.** Von H. H. Kindermann. 180 S. 1965. DM 35,60.

3 **Die Kartellgenehmigung im Recht des Gesetzes gegen Wettbewerbsbeschränkungen der Europäischen Gemeinschaft für Kohle und Stahl und der Europäischen Wirtschaftsgemeinschaft.** Von G. Greiffenhagen. 263 S. 1966. DM 51,60.

4 **Das Recht der Allgemeinen Geschäfts- und Versicherungsbedingungen.** Von J. Schmidt-Salzer. 291 S. 1967. DM 53,80.

5 **Die wirtschaftliche Deutung der Rechtsprechung zum Montanvertrag.** Von E. Vollmer. 223 S. 1967. DM 47,80.

6 **Die Rechtsnatur der Geschäfte des Internationalen Währungsfonds.** Von J.-D. Kramer. 121 S. 1967. DM 26,80.

7 **Das Ausscheiden aus der Doppelgesellschaft.** Von J. Treeck. 169 S. 1968. DM 35,60.

8 **Die Behandlung unzulässiger Wettbewerbsverbote.** Von D. Löffl. 73 S. 1968. DM 14,80.

9 **Schaden und Interesseneinbuße.** Von H. Reinecke. 242 S. 1968. DM 52,80.

10 **Grundsätze der Gewinnhaftung.** Von Chr. Kellmann. 167 S. 1969. DM 35,60.

11 **Ausgleich von Verkehrsunfallschäden im Licht internationaler Reformprojekte.** Von D. Güllemann. 176 S. 1969. DM 38,60.

12 **Nachträgliche Anforderungen an Gewerbebetriebe.** Von H. P. Adler. 145 S. 1970. DM 35,60.

13 **Werkfrachtführer und Werkspediteur im Güterkraftverkehrsrecht.** Von R. Höfel. 166 S. 1972. DM 34,80.

14 **Die Ausweitung des Gutglaubensschutzes beim Kauf beweglicher Sachen im amerikanischen Recht durch den Uniform Commercial Code.** Von R. Pfetsch. 187 S. 1973. DM 36,60.

15 **Der Benutzungszwang im Markenrecht.** Von K.-H. Fezer. 198 S. 1974. DM 44,60.

16 **Rechtsberatung durch Juristen und Nichtjuristen, insbesondere durch Wirtschaftsprüfer.** Von W. B. v. Schweinitz. 243 S. 1975. DM 64,60.

17 **Die „Verwässerung“ berühmter Kennzeichen.** Von H. Kohl. 142 S. 1975. DM 38,60.

18 **Die Patentierbarkeit von Computerprogrammen.** Von O. Kienzle. 92 S 1975. DM 24,60.

78,–

19 **Der Gesellschaftszusatz in der Handelsfirma.** Von D. Sternberg. 161 S. 1975. DM 44,60.

20 **Territorialitätsprinzip im Patentrecht und Gemeinsamer Markt.** Von J. Andermann. 176 S. 1975. DM 44,60.

21 **Die Unterbeteiligung an einem OHG-Anteil.** Von U. Wagner. 156 S. 1975. DM 39,80.

22 **Summenversicherung und Schadensersatz.** Von I. Rokas. 185 S. 1975. DM 56,60.

23 **Die Firma der GmbH & Co. KG.** Von C. Aschenbrenner. 116 S. 1976. DM 29,80.

24 **Qualitätsrecht.** Von Th. Brendel. 184 S. 1976. DM 56,—.

25 **Folgenerwägungen im Richterrecht.** Von T. Sambuc. 149 S. 1977. DM 44,60.

26 **Erweiterte Kommanditistenhaftung und atypische Kommanditgesellschaft.** Von S. Elsing. 156 S. 1977. DM 48,—.

27 **Leistungsklagen zwischen Organen und Organmitgliedern der Aktiengesellschaft.** Von K.-J. Lewerenz. 160 S. 1977. DM 48,—.

28 **Eingliederung und Beherrschungsvertrag als körperschaftliche Rechtsgeschäfte.** Von Ch. Praël. 129 S. 1978. DM 44,60

29 **Die Problematik der Fusionskontrolle bei Konglomeraten.** Von H. M. Emrich. 276 S. 1978. DM 78,—

30 **Recht und Wirklichkeit der Aktiengesellschaft.** Von W. Huppert. 169 S. 1978. DM 28,—

31 **Werbung und Marktleistung.** Von K.-E. Wirtz. 132 S. 1979. DM 49,80

32 **Die Bildung gegengewichtiger Marktmacht nach dem Gesetz gegen Wettbewerbsbeschränkungen.** Von R. Moog. 124 S. 1980. DM 49,80

33 **Marktbeherrschungsbegriff „überragende Marktstellung“ (§ 22 I Nr. 2 GWB) und Diversifikation.** Von R. Jüngst. 68 S. 1980. DM 68,—

34 **Vertrag und Unwirksamkeit.** Von G. J. van Venrooy. 220 S. 1980. DM 76,—

35 **Der private Rechtsschutz gegen unzulässige Beschränkungen des Wettbewerbs um mißbräuchliche Ausübung von Marktmacht im deutschen Kartellrecht.** Von H.-M. Müller-Laube. 76 S. 1980. DM 32,60

36 **Die Aufgabe der Zusammenschlußkontrolle.** Von A. Catranis. 168 S. 1981. DM 58,60

37 **Die Praxis der deutschen Fusionskontrolle.** Von J. Neiser. 357 S. 1981. DM 88,—